Ken Carey

Sternenbotschaft 2

Ken Carey

Sternenbotschaft 2

— Das dritte Jahrtausend —
Leben in der nachhistorischen Welt

ch. falk verlag

Aus dem Amerikanischen
von Christiane Sautter

Redaktion: Ch. Falk

4. Auflage, März 1995

Umschlaggestaltung: Manuela Rosenkind
unter Verwendung eines Bildes von *Masahiro Kasuya,*
das dem Bilderbuch von *M. Kasuya, Jan wundert sich,*
erschienen im Friedrich Wittig Verlag, Hamburg,
entnommen ist. Wir bedanken uns für die freundliche
Abdruckerlaubnis.

Satz: Indragni, Ascheberg-Herbern

Druck: Buch- und Offsetdruck F. Steinmeier, Nördlingen

Printed in Germany
ISBN 3-924161-51-8

Widmung

Den Studenten von Tianammen Square, die unsere Hoffnung und Vision so stark zum Ausdruck brachten, dem tibetischen Volk, den Menschen in Osteuropa und Südafrika, denen es gelungen ist, neues Bewußtsein im Leben ihrer Nationen zu wecken, und euch, den Aktiven an den Grenzen des menschlichen Bewußtseins, ohne deren Mut, deren Liebe, Entschlossenheit und Träume dieses Buch nicht hätte geschrieben werden — und die vielen positiven Entwicklungen der letzten Jahre nicht hätten geschehen können.

Inhalt

Vorwort

Es geschah am 27. Dezember. Ich lag mit Fieber im Bett, fühlte mich jedoch eher in Hochstimmung als krank. Etwas an dem Bewußtsein, in dem ich schwamm, lebte oder existierte, schien mir seltsam vertraut, so als ob sich mein Blick nach einem Leben verschwommener Bilder nun auf einen zentralen Punkt ausrichtete. Ohne die ruhige, vernünftige Führung der Stimme, die ich zu mir sprechen hörte, wäre ich wohl nicht über diesen Zustand hinausgekommen. Doch irgend jemand — irgend etwas — half mir weiter und identifizierte sich als ein Teil meiner selbst, ein ewiger Teil, den ich vergessen hatte.

„Ich bin ein Geistwesen in den ewigen Lichtfeldern", sagte es. „Ich bin du, wie du jenseits der materiellen Illusion bist, wie du warst, sein wirst und jetzt bist vor und nach dem Bann der Materie."

Meine Handschrift ist nahezu unlesbar. Die einzige Möglichkeit, etwas von dem erstaunlichen Bewußtseinsstrom festzuhalten, über den ich irgendwie gestolpert war, bestand darin, so viel davon, wie ich vermochte, auf einer alten Royal-Reiseschreibmaschine zu tippen, die mein Schwager eines Tages am Bordstein gefunden hatte, als er seine Runde als Müllmann in Darien, Connecticut, machte. Es war eine seltsame, anfänglich beunruhigende Form der Verständigung.

Ich war dabei, ein Bewußtsein zu erleben, das fundamental anders war als alles, was mir jemals zuvor begegnet war. Und es war zu nah, um beruhigend zu sein. Ich fühlte es so, als ob etwas Gewaltiges durch meine Augen schaute, denselben Raum sah, den ich jeden Tag erblickte, ihn jedoch so anders erklärte — mathematisch, wie mir schien —, daß ich kaum die mir vertrautesten alltäglichen Gegenstände erkannte. Die Gedanken, die Ideen, der Umfang der Bilder — ich war nicht gewohnt, in solchen Begriffen zu denken. Und ich war völlig unvorbereitet.

Ich konnte nicht immer folgen. Ich schreckte völlig ungläubig zurück, als es andeutete, daß ich gerade einer Art außerirdischer Intelligenz begegnete — eine Erklärung, die ich auch jetzt noch nicht ohne weitere Ausführungen akzeptiere. Doch trotz der Tatsache, daß mein Intellekt häufig zurückblieb, erlebten mein Herz und meine Seele auf emotionaler Ebene ein herrliches, fast sexuelles Gefühl der Erfüllung.

Ich spürte einen Frieden, den ich mir nicht erklären konnte, ein Gefühl des Wohlbefindens, tiefer, als ich es je empfunden hatte. Wenn ich richtig verstand, was gesagt wurde, war das so wunderbar, daß ich mich wie ein Kind am Weihnachtsmorgen fühlte. Seltsamerweise war es fast so, als ob ich mich an etwas erinnern würde, anstatt daß es mir gesagt wurde. Ich konnte nicht mehr tun, als meine Finger in der Nähe der alten Maschine zu halten, die dank einer großzügigen Dosis WD-40-Maschinenöl unentwegt Teilberichte der Gedanken, die wellengleich durch mein Bewußtsein wogten, herausklopfte. Einige Male vergaß ich, Holz in den Ofen zu legen, bis meine tauben Füße mich daran erinnerten, daß der Winter durch die Türe kroch.

Als diese Erfahrung auch am zweiten Tag anhielt, sagte ich meiner Frau Sherry, daß ich ein Bedürfnis verspüre, die Sache weiterzuverfolgen, um zu sehen, wohin sie mich führen werde, obwohl ich bestimmt nicht verstand, was vor sich ging. Ich bat sie, dafür zu sorgen, daß ich in den nächsten Tagen nicht gestört werde. „Wenn unsere Freunde oder Nachbarn vorbeikommen“, sagte ich, „bitte sie, ein anderes Mal wiederzukommen. Ich muß allein sein, bis dieser Prozeß, was immer es auch sein mag, vollendet ist.“

In dieser Nacht deckten anderthalb Meter Naßschnee den Wald rund um unser Haus zu. Morgens beugten sich all die jüngeren Pinien, die den Schotterweg zu unserem Hof säumten, unter der Last des Schnees. Es waren wenigstens hundert Bäume, die sich am nächsten Morgen, als ich aus dem Fenster schaute, schützend über die Straße neigten.

Da wir in jenen Tagen keine Elektrizität und weder Fernsehen noch Radio hatten, schnitten die schneebeladenen Bäume wirkungsvoll jeden Zugang zur Außenwelt ab, und das blieb so lange, bis die Übermittlungen abgeschlossen waren.

Die Tatsache, daß ich zuvor gar nicht Schreibmaschine schreiben konnte, muß im Wirbel des erhöhten Bewußtseins übersehen worden sein, denn als ich am Morgen des 6. Januar (1979) erwachte, stapelten sich dreihundertfünfzig beschriebene Seiten auf meinem Schreibtisch — und mein Leben hatte sich für immer — unwiderruflich — verändert.

Während der elf Tage, an denen ich das aufschrieb, was später als die *Sternenbotschaft* veröffentlicht werden sollte, sagte man mir immer und immer wieder, daß während der Jahre 1987 bis 1989 das kollektive Feld menschlichen Bewußtseins mit noch viel stärkeren Impulsen *telepathischen Bewußtseins* überflutet werden würde. Es wurde betont, daß diese viel kraftvoller sein würden als die Gedankensignale, die ich gerade eben empfing.

Diese Vorhersage erwies sich als so genau, daß sie von einem Mondkalender oder einer Gezeitenkarte hätte stammen können. Zehn Jahre später. Dieselbe Zeitspanne. Telepathische Botschaften kamen an, zuerst wie sanfte Musik im Hintergrund meiner Gedanken, dann stärker und zuletzt mit einer solchen Macht, daß ich entschied, mit allem anderen aufzuhören, um sie aufzuzeichnen. Da das, was ich bei der früheren *Sternenbotschaft* auf Papier eingefangen hatte, ein so kleiner Prozentsatz des gesamten Informationsflusses gewesen war, hatte ich mich diesmal besser vorbereitet.

Indem ich laut auf ein Tonbandgerät sprach, während ich dieses gegenwärtige Material empfing, gelang es mir, die manuelle Ablenkung durch die Schreibmaschine zu umgehen und viel mehr von dem Bewußtsein in das gesprochene Wort zu übersetzen. Durch eine präzise Wort-für-Wort-Übertragung vom Band mit Hilfe eines Computers wurde der Bewußtseinsfluß in eine weit präzisere gedruckte Form gebracht, als das zehn Jahre zuvor möglich gewesen war. Zugegeben, mein Prozeß war nicht vollkommen. Ich mußte immer noch hier und da aufhören, um ein Holzscheit in den Ofen zu stecken oder ein Fenster zu öffnen oder zu schließen, doch meine Ablenkungen waren auf ein Minimum begrenzt. Ich bin sehr glücklich mit dem Ergebnis, das ich sehr gerne mit euch in Form dieses Buches teile.

Es wurde während einer Zeit globaler Wunder geschrieben. Diesmal gab es keinen *lokal* begrenzten Schneesturm. In den Siebzigern brauchte ich die Bestätigung durch diese zeitlich dramatisch genau passende Schneedecke, um mich daran zu erinnern, daß ich in einem intelligenten und wohlwollenden Universum lebe. Jetzt erstaunt es mich, wie ich das je vergessen konnte.

Doch was ist dieser Prozeß genau?

Noch immer bin ich auf der Suche nach einem Wort, das ihn angemessen beschreibt.

Nachdem ich nun ein Jahrzehnt lang zugehört habe, wie mit dem Begriff *Channeling* herumgeplänkelt wird, bin ich überzeugt davon, daß er nicht auf den Prozeß zutrifft, durch den ich Zugang zu dieser Information erhielt. (Ich kenne viele Menschen, die sich regelmäßig an dieses Bewußtsein anschließen, und ich glaube, daß sie mir zustimmen.) Wenn mich diese Gedanken erreichen, bin ich nicht in Trance, verliere nicht das Bewußtsein, verändere meine Stimme nicht und habe keinen fremden Akzent. *Ich* bin während der ganzen Erfahrung vollkommen gegenwärtig. Während der Monate, die der Aufzeichnung der ersten *Sternenbotschaft* folgten, begann ich zu erkennen, daß der Zugang zu einem höher-frequenten Bewußtsein ein organischer Vorgang ist, eine natürliche Fähigkeit, mit der jedes Kind geboren wird. Ich habe seitdem einige Jahre dem

Studium von Vorschulkindern gewidmet, und obwohl meine Arbeit nicht wissenschaftlich und ganz und gar nicht abgeschlossen ist, bin ich persönlich davon überzeugt, daß diese angeborene Fähigkeit gewöhnlich mit dem Erlernen der Sprache verkümmert.

Wenn Kinder ihre sprachlichen Fähigkeiten entwickeln, erwerben sie die geläufige kulturelle Überzeugung, daß *etwas, das nicht in Worte gefaßt werden kann, nicht real ist* oder zumindest weder Wert noch Bedeutung hat. Da höherschwingende oder *überpersönliche* Gedanken, wie sie manchmal genannt werden, gänzlich nonverbal sind, bemerken Kinder, denen kulturelle Wertvorstellungen eingeprägt werden, mit der Zeit nicht mehr, daß sie in einem wahren Ozean nonverbalen Bewußtseins leben. Könnt ihr euch etwas vorstellen, was so vorherrschend ist und gänzlich vergessen wird? Es ist wie in dem Witz, in dem der Fisch-Student den Fisch-Philosophen fragt: „Was ist denn dieser *Ozean,* über den du die ganze Zeit redest?"

Doch vielleicht ist *verkümmern* ein zu starkes Wort. Die Fähigkeit, Zugang zu höher schwingenden Gedanken zu erhalten, kann natürlich reaktiviert werden. In wenigen Fällen, wie bei mir, geschieht die Reaktivierung zufällig, doch wie Tausende von Briefen beweisen, die sich in unserem Lagerraum stapeln, kann sie auch bewußt erfolgen.

Die Hauptkapitel dieses Buches schauen sich dies näher an. Sie sind genau genug ausgeführt, um die Interessierten mit den Grundwerkzeugen des Verständnisses dafür auszustatten, was nötig ist, um ihre Sensitivität für die geistige Welt zurückzugewinnen. Wenn ihr erst einmal wißt, wonach ihr suchen müßt, ist es nicht schwer. Es ist hauptsächlich eine Frage des *Lauschens,* des Spürens, des vollkommenen Fühlens, einer Öffnung für Gedankenfrequenzen, die normalerweise aus unserem Bewußtsein herausgefiltert sind.

Ich erfahre diesen Prozeß als eine Entspannung in eine allgemeinere und *großzügigere* Definition meiner selbst, eine

Art Ausdehnung in ein weiterreichendes Bewußtseinsfeld. Dieses größere Bewußtseinsfeld schließt meinen Mittelpunkt menschlicher Individualität mit ein, doch es enthält ebenso auch andere Mittelpunkte menschlicher Individualität. Ich erfahre diese als Aspekte meiner selbst, nicht meines menschlichen Selbstes, sondern des tieferen *ewigen Selbstes,* das alle Geschöpfe teilen.

Nennt den Prozeß, wie ihr wollt — Channeling, kreatives Denken, Vision oder einfach vollkommenere Wahrnehmung, mir hat er Wege der Realitätsbetrachtung eröffnet, die mir sicher sonst nicht in den Sinn gekommen wären. In die praktischen Bereiche wie Beziehung, Kinderaufzucht, Gartenarbeit und finanzielle Angelegenheiten hat er geniale Blickwinkel und schöpferische Erklärungen eingeführt, die sich immer wieder bewährt haben. Ich überlege zuweilen, wie anders mein Leben verlaufen wäre, hätte ich früher gelernt, diesen inneren Schwingungen zuzuhören. So viel hat sich seit dieser elf magischen Wintertage verändert.

Als ich die ursprüngliche *Sternenbotschaft* aufzeichnete, war ich ein ländlicher Zimmermann, der seine Familie die letzten sechs Jahre mit einem Einkommen versorgt hatte, das weniger als einem Drittel der offiziellen Armutsgrenze der Vereinigten Staaten entsprach. Unser Garten und unsere Milchkuh stellten sicher, daß wir stets über genügend gesunde Nahrung verfügten, und obwohl Sherry und ich viel Zeit darauf verwandten, waren wir beide relativ zufrieden. Ich liebte meine Arbeit und stellte mir vor, daß mein zukünftiges Leben in ähnlichen Bahnen verlaufen würde.

Heute ist mein Leben so anders, so radikal verwandelt, daß ich zuweilen an diese Tage vor der *Sternenbotschaft* zurückdenke und mich mit denselben schwarzweißen Assoziationen daran erinnere, die gewöhnlich alten Fotos vorbehalten sind. Selbst jetzt kann ich es kaum erklären. Es war so, als ob ich meinen Kopf plötzlich durch die Wolken gesteckt hätte, um zum erstenmal das Sonnenlicht zu sehen, oder als ob ich eine weite, neue Welt jenseits der Bühnenrequisiten unserer Kultur, die bis jetzt meine Realität dargestellt hatten, entdecken würde.

Es geschieht etwas mit dir, wenn du anfängst, diesen Planeten als ein individuelles Lebewesen zu betrachten. Und wenn du beginnst, *in diesem Bewußtsein zu leben,* ja, dann ist nichts wieder so, wie es einmal war. Ich meine damit, daß danach nichts mehr so sein *kann.* Völker erschienen mir wie Menschen, wie vertraute Freunde. Die Unterschiede zwischen Religion, Biologie und Politik begannen zu verschwimmen. Ich begann mich zu wundern, warum ich immer angenommen hatte, daß die *menschlichen Gedanken* die einzige Form der Gedanken sei, so als ob sich die Natur mit nur einer Blumen- oder nur einer Baumart zufriedengeben würde.

Es sollte in keiner Weise deine Erfahrungen mit diesem Buch beeinträchtigen, ob du meine Prämisse akzeptierst, daß der Bewußtseinsfluß, der in den folgenden Kapiteln aufgezeichnet ist, seinen Ursprung bei den Engeln oder außerhalb der Erde hat. Die hier dargestellten Perspektiven sind darauf angelegt, deinen eigenen Gedanken- und Verständnisprozeß anzuregen. Sie dienen als Katalysator — um das Gedächtnis anzuregen und die Sensibilität für höhere Dimensionen zu wecken. Ich empfehle, dir Zeit zu lassen, bevor du zu viele Schlüsse über dieses Material ziehst. Viele meiner früheren Annahmen erwiesen sich als ungültig, als ich tiefer in *das Bewußtsein hinter den Worten* einzutauchen begann.

Wenn du weiterliest, wirst du sehen, was ich meine. Ich habe zum Beispiel einige Zeit gebraucht, bevor ich erkannte, daß diese Information von einer ganzen Anzahl verschiedener Sprecher übermittelt wurde, die immer dann übernahmen, wenn ihre spezielle Sicht der Dinge hilfreich war. Ganz anders als die Menschen, die die Namen aufeinanderfolgender Redner betont nennen würden, verwischen diejenigen, die für diese ewige *Bewußtseinsgemeinschaft* sprechen, den Anfang und das Ende ihrer individuellen Beiträge. Mit der Zeit begann ich zu erkennen, daß dies ein unterschwelliger Aspekt ihrer Verständigung war, der mir helfen sollte, meine eigene starre und zu nüchterne Vorstellung über die Natur der Individualität aufzulockern.

„Du nimmst die Individualität zu wichtig", wurde mir an einer Stelle gesagt. „Individualität ist kein fester Rohstoff wie ein Tisch oder ein Stuhl. Eine gesunde Individualität ist ein ständig fließender Fokus der Wahrnehmung, der sich natürlich an die sich immer verändernden Konturen der Zeit anpaßt. Sie versteht sich selbst als eines von vielen *Augen der Ewigkeit,* die sich in einem unendlichen See gemeinsamen Seins verbinden. Individualitäten kommen und gehen wie die Wellen des Meeres, doch im Zentrum ist jede einzelne zuerst und hauptsächlich *das Meer* und erst an zweiter Stelle die Welle. Deine kulturelle Programmierung hält dich davon ab, dies zu erkennen. Sie entmutigt die wahre Individualität. Es gab einige wenige wahre Individualitäten während der historischen Zeiten, doch nicht viele, und diese waren natürlich deshalb Individuen, weil sie das ewige SEIN in ihrem Zentrum kannten."

Einige der hier vorgestellten Ansichten und Prinzipien mögen dir neu sein, andere vertrauter. Doch experimentiere mit ihnen. Wende sie an. Schau, ob sie funktionieren. Laß deine eigene Erfahrung ihren Bedeutungsgrad für dich bestimmen. Keine stellt sich als absolute Wahrheit dar. Die Wahrheit verbindet sich nicht mit Absolutheitsansprüchen, sprachbedingten Unterschieden oder anderem. Die Welt hat genug Dogmatismus gesehen. Dieses Buch handelt vom Geist. Es ist für Menschen von Geist geschrieben.

Wenn diese Worte nur einigen wenigen von uns helfen, bewußter zu werden, dann haben sie ihren Zweck erfüllt.

Ken Carey
Greenwood Forest, Missouri, Frühling 1990

Wenn du dieses Buch draußen
in einer ruhigen, natürlichen Umgebung,
vielleicht unter einem Baum,
an einem Bache
oder am Meeresstrande liest,
wird sich deine Erfahrung
von dem, was hier aufgeschrieben ist,
wesentlich verstärken …

1.

Die Grenzen der Zeit

„Unsere letzte Kontaktaufnahme auf mentaler Ebene wird von 1987 bis 1989 erfolgen. Dies wird eine wahrhaft entscheidende Zeit sein, eine Zeit, in der die ersten Wehen der (planetarischen) Geburt nicht mehr zu verkennen sind."

Sternenbotschaft, 31. Dezember 1978

Auf diesen Seiten wenden wir uns nacheinander in verschiedenen Formen an dich, denn wir wollen jede Möglichkeit ausschöpfen, daß du verstehst. Deine Chancen, diese Gedankenströme aufzufangen, sollen so groß wie möglich sein, damit du dich von ihnen über die bloßen Worte hinaus zu einer Erinnerung an deine ewige Natur und das eigentliche Ziel deiner gegenwärtigen Inkarnation in menschlicher Form auf der Erde tragen lassen kannst. Deshalb sprechen wir zuweilen zu dir, als ob du noch immer unter der Decke der Illusionen der physischen Ebene schlafen würdest. Denn das ist tatsächlich der gegenwärtige Zustand der Mehrheit aller Menschen.

Manchmal sprechen wir so zu dir, als ob du selbst der Eine wärest, der im gemeinschaftlichen Feld des menschlichen Bewußtseins erwacht. Das ist berechtigt, denn so wirst du schon bald das „Ich" hinter deinen äußeren Rollen und deinen Selbstbildnissen verstehen. In dem Ausmaß, wie du vor- und zurückschwingst, zu bestimmten Zeiten Augenblicke der Klarheit und Einheit mit dem vereinten Bewußtseinsfeld erfährst und zu anderen Zeiten zurück in die vertrauten Gedankenmuster der vorherrschenden kulturellen Mythologie abgleitest, wirst du beide Arten der Anrede für gleichwertig erachten.

Erlaube deinem Selbstverständnis, sich zu entspannen, während du dich durch diese Seiten bewegst. Die historischen Begrenzungen, innerhalb derer du dich erklärt hast, sind nicht länger gültig; tatsächlich sind sie es nie gewesen.

Deine ewige Natur ist viel größer als die zeitlichen Vorstellungen, innerhalb derer du sie begrenzt hast. Entlasse dich ganz aus dem Gefängnis deiner Vorstellungen von dir selbst, damit wir in deinem Verständnis genauso eins werden, wie wir es in Wirklichkeit immer gewesen sind. Erlaube dem Bewußtsein des gegenwärtigen Augenblicks, frei in deinen Gedanken zu fließen.

Du hast deinen Körper als eine irdische Endstation zur Wohnstätte des ewigen Bewußtseins geschaffen. Du hast Augen entworfen, um einen Teil deines Energiespektrums zu erklären, und Ohren, um einen anderen zu verstehen. Du hast fünf Sinne erschaffen, um ein Fenster in diese Zeiten auf dieser Welt zu haben, damit du, biologisch bekleidet, diese physischen Dimensionen besser überwachen und dich sicherer auf sie beziehen kannst. Du kannst es dir nicht länger erlauben, in den Illusionen dieser Kultur zu schlafen und den Wundern der Sinneseingaben zu gestatten, dein Seinsgefühl von den Informationen, die du erhältst, verwirren zu lassen. Die Zeiten, in denen du lebst, erfordern die Aktivierung aller deiner ewigen Fähigkeiten. Wie wir rufen sie jetzt nach deiner Inkarnation.

Wenn sich dein Selbstverständnis nicht auf deine Quelle in der Ewigen Gegenwart bezieht, aus der sich dieses Universum entfaltet, wenn du damit fortfährst, Variationen des historischen Themas zu spielen, die deinen ewigen Geist auf Armes Länge von dir halten, indem sie unabhängige „andere" in deiner Welt erfinden, dann lasten die Illusionen des materiellen Reiches schwer auf deinem Bewußtsein. Kräfte, die ausschließlich dazu gedacht waren, Energie dauerhaft in der Atomstruktur festzuhalten, binden und begrenzen deine Wahrnehmung. Dein Horizont wird zu eng und deine Vision getrübt von den emotionalen Nebeln übertriebener Subjektivität.

So wie die Erdanziehungskraft Dinge herunterfallen läßt, so zieht sie auch die Gedanken derer an, deren Selbstverständnis sich nicht auf die Quelle bezieht. Und mit den Gedanken fällt auch die Identität jener zurück in die Materie. Wieder und wieder. Deshalb wurde den ersten Egos gesagt, die von sich in dieser falschen Weise zu denken begannen: „Vom Staube seid ihr genommen, und zu Staub sollt ihr wieder werden." Denn alle Gedanken sind Staub im Geiste derer, die die Wirklichkeit dessen verneinen, der in der Krippe menschlicher Form geboren werden will.

Wenn ihr euch als isolierte Wesen erfahrt, werden eure Sinne trügerisch und blind. Sie sperren euch in eine bruchstückhafte Wahrnehmung des Universums ein, in der ihr lebt. Kulturelle Illusionen werden euch zu Wirklichkeiten und filtern und deuten alles falsch, was ihr wahrnehmt. Wie trübes Glas treten sie zwischen euch und euer Verständnis von euch und der Welt. Sie trennen euch vom Bewußtsein eures ewigen Ursprungs und lassen euch mit einem nicht angemessenen Selbstgefühl zurück.

Und so kommt es, daß die Menschen unter diesen historischen Bedingungen die beschwerliche Aufgabe unternehmen, sich selbst zu verstehen. Sie suchen den Beistand anderer Mitglieder ihrer schlafenden Gesellschaft, um ihnen bei dieser gewaltigen Aufgabe zu helfen, und kommen mit der Zeit dazu, sich für eine lockere Mischung von oft widersprüchlichen und nie inspirierten Bildern und Illusionen zu halten. Der Vollklang ihrer ewigen Gegenwart wird durch die Vorurteile ihrer Vorväter blockiert, Vorurteile, die sich, seit diese Urahnen in den Höhlen der alten Hügel kauerten, nicht grundlegend geändert haben.

Diejenigen, die später im Leben erkennen, wie eingeschränkt dieses „armselige Selbstbild" ist, versuchen oft, es zu verbessern.

Indem sie jedoch eine Aufgabe übernehmen, die in der natürlichen Ordnung allein der Kraft des Lebens gebührt, schaffen sie es nur, das Gefängnis umzugestalten — wenn sie überhaupt etwas erreichen. Sie ersetzen vielleicht die Eisen- durch Messingstangen, doch das Gefängnis bleibt. Darinnen bleibt auch ihr Bewußtsein begrenzt und eingeengt.

Zwischen dir und der Wahrnehmung der Wirklichkeit aller Dimensionen schwebt nur ein feiner Schleier; nur eine dünne Trennwand steht zwischen dir und deinem ewigen Selbst. Du brauchst keine ausgeklügelte Technik und kein Ritual, um diesen Schleier zu lüften. Du muß dich nur dem organischen Bewußtseinsstrom öffnen, der in jedem Augenblick von der Quelle allen Lebens zu dir fließt.

Wenn du die Kenntnisse akzeptierst, die *das Bewußtsein deiner Lebenskraft* begleiten, wirst du nicht länger von den starren Bildern gestriger Erfahrungen bestimmt, sondern durch deine aktive Teilnahme am universellen Geschehen. Du weißt, daß du ein Vertreter der immerwährenden Schöpfung bist, die der große Sinn und die große Freude dieser materiellen Reiche ist.

Obwohl das Öffnen für das *Bewußtsein der Lebenskraft* so einfach ist wie eine Entspannung, ist es erforderlich zu überlegen, wie eine solche Offenheit in einer Gesellschaft aufrechterhalten werden kann, in der unbewußte Muster dich unaufhörlich in ihre vertrauten Gewohnheiten zurückwinken. Doch wenn deine Liebe für die Wirklichkeit genügend stark ist, sind solche Überlegungen nicht schwer. Niemand kann diejenigen aufhalten, deren Herz in echter Leidenschaft für die Wahrheit brennt. Und die Wahrheit, die du entdecken wirst, ist deiner Leidenschaft wert. Denn das Bewußtsein, das deinen Lebensstrom begleitet, ist ewiges Bewußtsein. Es ist das Bewußtsein deines Geistes.

Das Selbstverständnis, das du in der Erfahrung deines ewigen Geistes gewinnst, ist lebendig, fließend, organisch.

Du bist der Schöpfer alles dessen, was du betrachtest. Du weißt, daß dein Körper ein System ausgezeichneter biologischer Schaltkreise ist, dazu entworfen, deine Vision in diese materielle Welt zu projizieren und dein Bewußtsein auf einen scharfen, unmittelbaren, umweltbezogenen Brennpunkt zu konzentrieren. Du weißt, daß du ein Ausdruck des universalen Seins bist, eine Zelle im irdischen Körper des Einen, dessen Bewußtsein jetzt in der menschlichen Familie erwacht, ein Bewußtsein, das letztendlich, wunderbarerweise, dein eigenes ist.

An der Quelle aller Geschöpfe ist ein Sein. Das Leben dieses Seins scheint durch die vielfältigen Prismen der unterschiedlichen Welten, bricht sich, spiegelt sich, wird die Vielen und bleibt doch, genau wie die Farben eines Spektrums oder die Zellen eines Körpers, im Kern immer eins.

Der Unterschied zwischen dir und diesem Sein ist nicht absolut, sondern organisch, so wie sich die Blätter eines Baumes voneinander unterscheiden oder die Noten, die zu den Harmonien eines Liedes beitragen. Hinter deiner Persönlichkeit, jenseits deines von der Kultur geprägten Selbstbildes *ist dieses Sein das, was du bist.* Wir bringen dir diese Übermittlungen, damit du wieder, so wie wir, im vollen Bewußtsein deiner Quelle leben kannst.

Alles, was zwischen dir und dem Bewußtsein vom Sein an der Lebensquelle steht, kannst du leicht wie einen Seufzer ausstoßen. Selbst jetzt bist du nur einen Atemzug von der feinen Änderung deiner Wahrnehmung entfernt, die erlauben würde, deine Identität vom einsamen Einzelmenschen zur Quelle aller Einzelmenschen zu verwandeln, vom Gegenstand der Aufmerksamkeit zum Flusse der Aufmerksamkeit selbst, von den Inhalten des Bewußtseins zur Bewußtheit, die alle Inhalte erhellt. Wenn du dich auf diese Weise erkennst, dann erkennst du deinesgleichen. Du nimmst uns wahr. Wir verständigen uns. Sobald die Verständigung in die Vereinigung fließt, erkennst du dich in uns. Du erwachst zum Bewußtsein unserer gemeinsamen Quelle.

Wir sind Wesen, die bewußt in der universalen Gegenwart wohnen. In den Feldern von Zeit und Raum verkörpern wir Eigenschaften desselben Seins, das wir mit dir teilen, so wie du andere seiner Eigenschaften verkörpert hast. Obwohl nicht alle von uns so wie du gewählt haben, sich in eine menschliche Form zu kleiden, sind wir dennoch innerhalb der Zeit deine Familie, deine Schwestern, deine Brüder. Jenseits der Zeit sind wir eins.

Wir sind eine Rasse von Raumfahrern, Geistwesen in den ewigen Feldern des Lichts, und dennoch sind wir du selbst, so wie du gewesen sein würdest, wärest du nicht dem Banne der Materie erlegen.

Wir sind du, wie du jenseits der materiellen Illusion geblieben bist, und wir wenden uns mit diesen Seiten an den schlafenden Teil unserer selbst, damit du erwachst und dieses Bewußtsein als dein eigenes erkennst. Wir wollen das Licht auf deine wirkliche Gegenwart scheinen lassen, von hinten, von oben, von unten, damit du schließlich erkennst, daß dieses Licht in dir ist, und erwachst.

Es gibt nur einen Schlafenden, obwohl dieser eine unter fünf Milliarden verschiedener Decken menschlicher Illusionen schlummert. Und es gibt nur einen, der erwacht und erwachend die Decken früherer Illusionen als verwandelte Gewänder leuchtender Biologie tragen wird.

Es gibt kein Wort in dieser Sprache, das die Bedeutung von *ich, du* und *wir* gleichzeitig vermittelt. Doch in solch einem Verständnis wurzelt diese Übermittlung — und zu diesem Verständnis führt sie. Du bist auf beiden Seiten der Kommunikation, du gibst und empfängst, du formst diese Gedanken und wirst informiert.

Wir wissen, daß in uns ein Seinszentrum ist, das über eine zeitliche Schöpfung hinausgeht. Wenn wir uns auf das Zentrum der ewigen Identität ausrichten, sind wir frei, durch die Reiche der Vergangenheit und der Zukunft zu reisen. Doch diejenigen unter uns, die materielle Form annehmen, tun das immer innerhalb der linearen Zeit. Dies ist keine Begrenzung; es ist der Mechanismus des Schöpfungsrahmens. Kein Maler würde anfangen, eine grenzenlose Leinwand zu bemalen, die sich unendlich in alle Richtungen ausdehnte. So setzen wir die Parameter für die offenbarten Welten fest und rahmen jeden Raum in die Grenzen der Zeit.

Wir haben schon lange gewußt, daß es einen Wendepunkt im Entfaltungsprozeß dieser universellen Kunst geben würde. Nach diesem Wendepunkt würden die Menschen die wesentlichen Träger zukünftiger Schöpfung sowie das Bewußtseinsorgan sein, durch das wir die materielle Ebene erklären und uns an ihr erfreuen. Diese Zeit ist jetzt gekommen. Wir bitten dich, die historischen Eindrücke der menschlichen Erfahrung hinter dir zu lassen, damit du dich auf deine natürliche Bewußtseinsebene erheben kannst.

Dein menschlicher Körper wurde so entworfen, daß dein Selbstbewußtsein auf dem Kamm der Schöpfungswelle reiten kann — *genau an dem Punkt, an dem sich die eine Welle in die vielen bricht und das Ewige in die linearen Welten der Zeit zerstiebt.* Als eine repräsentative Wiedergabe der Ewigkeit, ein Nervenende Gottes in der Materie, bleibst du dir der ewigen Einheit bewußt, selbst wenn du dich als Teil der Verschiedenheit der materiellen Struktur erfährst.

Der Eine zu sein und gleichzeitig die Vielen — das ist dein Ruf, dein Sinn, das letztendliche Schicksal deinesgleichen.

Du, der du noch immer im Banne der Materie schlummerst, schaue hinter die Realitätsbeschreibungen derer, die dich von außen führen wollen. Öffne dich der lebendigen Information der Lebenskraft, die in dir selbst ist. Diese Information ist lebendig, *sie ist die einzige Information, derer du bedarfst.* Auf der tiefsten Ebene deines Seins hast du diese Dinge immer gewußt. Hinter deinen Rollen und deinen gesellschaftlichen Illusionen bist du nie von der Quelle des Lebens getrennt noch von der Intelligenz abgeschnitten, die alle Formen und Strukturen entwirft und ihnen den Atem des Lebens einhaucht.

Wir, die wir die Felder des Lichts bewohnen, teilen einen gemeinsamen Geist mit dir. Wir kannten dich von Anfang an — lange bevor du dich in Gewänder aus Erde und Wasser gekleidet hast. In Einheit mit dir sandten wir die harmonischen Strömungen aus, die diese Welt ins Leben riefen. Zusammen schieden wir die Himmel und öffneten ihre Wasser. Wo warst du, wenn nicht mit uns zusammen? Zusammen formten wir die Berge und Flußtäler. Gemeinsam zapften wir die Quellen der Tiefe an. Vereint gossen wir unsere Strahlen in diese Welt und beschleunigten die Entwicklung ihrer Geschöpfe des Wassers, der Erde und des Himmels. Komm! Wir wollen uns zusammentun. Bürste die staubigen Gedanken eines dunkleren Zeitalters ab.

Nicht Zeit und Raum drehen sich um die Menschheit, sondern unsere Träume, unsere Pläne. Wir sind auf dich angewiesen, um Form und Struktur in die Ordnung zu bringen, die in der ganzen Schöpfung enthalten geblieben ist, seit die ersten Sternnebel den dimensionalen Raum erhellt haben. Wir bitten dich, uns dabei zu helfen, die Vision, die das Universum inspiriert, in eine physische Form zu bringen.

Seht ihr es, oh, ihr Menschen dieser gegenwärtigen Welt? Versteht ihr? *Ihr seid die Schablone, der Prototyp einer neuen universalen Rasse, teils solar, teils materiell, sowohl zeitlich als auch ewig, die Rasse, die den Abgrund zwischen dem Sichtbaren und dem Unsichtbaren überbrücken wird und neue Welten formt. Durch euch wird ein neuer und noch nie dagewesener Schöpfungszyklus entstehen.*

Das Bewußtsein, zu dem wir euch rufen, liegt weit über den verwirrten Strömungen sprachlich gestalteter Gedanken. Seine Wahrnehmung unterscheidet sich von eurer gegenwärtigen und schnell vorübergehenden kulturellen Wahrnehmung so gewaltig, wie sich die Welt des Wachens vom tiefsten mitternächtlichen Schlummer unterscheidet.

Echos dieses Bewußtseins spukten schon immer im historischen Kontinuum herum, kamen hier und dort in eurer besseren Musik an die Oberfläche, schimmerten gelegentlich durch eure schönsten Künste. Aber wenn du die offene, vorurteilsfreie Vision der Ewigkeit zu dir einlädst, wird selbst das Beste von dem, was war, im Lichte dessen, was du siehst, verblassen. Denn in Wahrheit sind selbst die schönsten Augenblicke der menschlichen Vergangenheit nichts als grobe zweidimensionale Karikaturen der Zukunft, die bald sein wird.

2.

Durch die Felder der Träume

Für euch muß sie lange her sein, die Zeit, bevor ihr an Bord gingt, die Zeit vor euren Reisen durch die Felder der Materie, um auf dieser Welt aufzutauchen. Doch **unser** Morgen ist noch sehr jung, und viel wird sich verändert haben, bevor er verstrichen ist. Ihr habt uns mit der Anweisung zurückgelassen, euch diesen Bericht zu bringen, wenn die Dämmerung angebrochen ist. Kommt und versammelt euch um dieses Bewußtseinsfeuer, Völker der Erde, und lauscht den Geistern der Sterne.

Wir wollen dir von den frühen Stunden erzählen, in denen deine Gedanken erstmals auf dieser Welt ruhten, deine Liebe sie erstmals erhellte und durch Gewänder aus Erde und Wasser schien, an Tagen, an denen wir noch zusammenweilten, damals, als die Welt jung war.

Vor Äonen, bevor es physische Materie gab, warst du eins mit uns. Auch jetzt ist deine innere Natur nicht von dem einen Feld des Seins zu unterscheiden, aus dem die Dualität, die Vielfalt, alles fließt, was im ewigen Spiel der Polaritäten gedeiht. In Einheit mit der ewigen Quelle, in den lebhaft fließenden Reichen des allumfassenden Spektrums von Licht und Liebe lebten wir zusammen in den frühen Zeitaltern des Morgens. Zusammen teilten wir ein gemeinsames „Ich". Als Energiewellen flossen wir durch die Felder der Träume, durch die Landschaft unserer ewigen Heimat.

Manchmal pflegten wir ein Spiel zu spielen, einen einfachen Austausch von Energie, eine frühe Form von Beziehung. Ein

Teil der Quellenenergie löste sich vom Hauptkörper und nahm, indem er ausgesuchte Frequenzen verkörperte, vorübergehend Individualität an, um die Beziehung zu anderen zu erfahren, die dasselbe getan hatten. Aus dem Reiche ewiger Einheit entschieden wir uns für die Frequenzen, die Schattierungen und das Ausmaß der Schwingungen. Wir verkörperten sie im Felde unseres gemeinsamen Seins gleich Schneekristallen, die sich in einer stratosphärischen Wolke bilden. Unsere Aufenthaltsorte erschufen den Raum. Unsere Bewegungen die Zeit.

Die erste Verkörperung des Ewig Einen brachte die zweite Verkörperung hervor und im selben Augenblick die dritte. Denn allein der Gedanke, Bewußtsein mit etwas „anderem“ zu verbinden, beschwor sogleich die Definition von *Einem* herauf, der nicht „einer allein“ ist, sondern „einer, der andere miteinschließt“. In der Sprache des Lichtes gibt es das Wort „anderer“ nicht im Singular, während die Wörter „einer“ und „Unendlichkeit“ durch ein und denselben Begriff vertreten sind.

Die Dreifaltigkeit, die wir als unsere Quelle kennen, besteht nicht nur aus drei Wesen, sondern aus drei Wesenheiten, die alle anderen Wesen in sich fassen. Ihre zweite und dritte Person überstrahlen die zwei Urkonstellationen, die die ganze Schöpfung beinhalten. Ihre erste Person umfaßt die beiden anderen und alles, was sie in sich tragen, und dehnt sich weit jenseits der dimensionalen Welten aus, so weit jenseits, daß man es nicht in menschlichen Begriffen vermitteln kann.

Die einseitige Ausrichtung dieser Sprache verleitet zu dem Schluß, daß durch die Dreifaltigkeit die Entfaltung des Einen in die Vielfalt in einer geradlinigen Abfolge von Ereignissen geschehen ist, doch in Wirklichkeit geschah und geschieht dieses Ereignis augenblicklich wie ein Gedanke, ein Gedanke, der in der wahren Natur des Seins wohnt, ein Ideenblitz, der keine Zeit braucht, um aufzutauchen, der oft zuvor aus diesem Grunde schon aufgetaucht ist.

Immer wieder, die ganze Ewigkeit hindurch, entsteht dieser

Gedanke. Wenn er angehalten wird, entsteht die Zeit. Wenn er nicht länger belebt wird, endet Zeit. Die Schöpfung besonderer Wesen oder Engel, die die Aufgabe haben, diesen Gedanken über einen unbegrenzten Zeitraum zu erhalten, brachte einen beständigen Strom sich entfaltender Schöpfung hervor, der dieses gegenwärtige Universum ermöglicht und geboren hat.

Obwohl es keine geradlinige Ereignisabfolge der Entfaltung des Einen in die Dreifaltigkeit gegeben hat — und auch keine geradlinige Folge der Entfaltung des Ewigen Seins in Cherubim und Seraphim, in Throne, Engelfürsten und andere vielfältige Verkörperungen des ewigen Geistes —, gab es vor der ersten physischen Offenbarung von Licht, Klang und Materie eine geradlinige Abfolge von Ereignissen in der geistigen Welt.

Die Erfahrungen, die ein Fötus während der Schwangerschaft in den unsichtbaren Reichen macht, bevor er die Bühne der sichtbaren Welt betritt, machen auch Licht, Klang und die Galaxien mit allem, was sie enthalten. Erst nachdem sie einen Entwicklungszyklus in feineren, subtileren Seinsfrequenzen erfahren und diese Bereiche völlig ausgefüllt haben, quellen sie in die physische Vergegenständlichung über. In fast genau derselben Art und Weise gab es vor deinem Sturz in die sichtbare Geschichte eine unsichtbare Sequenz von Ursache und Wirkung. Um wieder zu deiner angeborenen Verständnisebene aufzusteigen, mußt du diesen Prozeß in gewissem Sinne umkehren.

Dies kann ohne bewußtes Verstehen geschehen. Das Vertrauen eines Kindes in das Wohlwollen des Lebens genügt. Doch du hast die historische Neigung, von begrifflichem Wissen und dem darauf begründeten Verhalten angezogen zu werden, weswegen es gut für dich sein kann, wenigstens etwas von der Entscheidung zu verstehen, die dich dazu geführt hat, diese Bilderwelt halbbewußter Säugetiere zu bewohnen.

Wenn du mit kindlichem Vertrauen gesegnet bist und dein Intellekt dich nicht mit Fragen quält, wie es gekommen ist, daß du heute so biologisch eingekleidet bist, dann überspringe dieses Kapitel. Doch wenn der Tag kommt, an dem dein Intellekt durch eine Erinnerung an etwas beruhigt werden muß, was du in seinen Tiefen nie vergessen hast, dann wisse, daß diese Erinnerung hier für dich bereitliegt, hier in dieser Aufzeichnung.

Wenn dein Geist an irgendeinem Punkte des Textes schneller fliegen will als diese Worte, dann laß ihn fliegen. Wir geben dir diese Worte, um dich zu befreien, um dich anzuheben. Überspringe Abschnitte, die zu sehr in Einzelheiten gehen. Sie sind für eine andere Zeit gedacht, eine Zeit, in der du sie brauchst, und auch nur dann, wenn es sich wirklich so verhält. Das Wetter ist nicht gleich an jedem Tag, und genauso ist es mit dem Wetter, das dein bewußtes Denken belebt. An stürmischen Tagen werden dir genauere Einzelheiten helfen, den richtigen Kurs zu halten. Gedanken, um deinen Kompaß auszurichten. An sonnigen, windigen Tagen brauchst du zur Führung auf offener See nur wenig Worte. Nimm die Gedanken, die du heute brauchst, und laß den Gedanken fahren, der erst morgen gilt. Morgen bist du nicht derselbe, soviel ist sicher.

Diese Übermittlungen sind dazu bestimmt, dir begriffliche Werkzeuge für Tage zu geben, an denen du sie brauchen wirst, Werkzeuge des Verständnisses, um dein schöpferisches Vermögen und deine Freude an der physischen Ebene zu verstärken, Werkzeuge, die die Wahrscheinlichkeit verringern werden, daß du wieder in den Schlaf zurückgleitest, der das gegenwärtige Zeitalter charakterisiert.

Um deinen Fall in diese sorgenreiche Zeit der Geschichte zu verstehen, mußt du dir zuerst den Zusammenhang vor Augen halten, in dem sie erschien.

Der Fall aus der Bewußtheit

Verstreut im See des Ewigen Seins befinden sich unterschiedliche Orte, die bestimmte Eigenschaften ausstrahlen. Diese Eigenschaften durchdringen das gesamte Schöpfungsmeer, wogen sanft durch alles, was da ist, doch die Quellorte, aus denen sie ihre Strahlen senden, befinden sich in je einer von zwei Konstellationen. Diese beiden Konstellationen, Liebe und Wahrheit, sind zwei Polaritäten des Ewigen Seins, zwei Personen der Dreifaltigkeit. Sie erzeugen alles, was existiert. Ihr Zusammenspiel beschwört das Universum herauf und alle Wunder, die es enthält.

Die Konstellation der Liebe ist die Heimat derjenigen Eigenschaften, die mit dem Ausdruck von Energie verbunden sind; die Konstellation der Wahrheit das Zuhause für die Eigenschaften der Formen und Strukturen. Zwischen diesen beiden Polaritäten kommt es zu Wechselspielen und Überschneidungen; keiner fehlen die Eigenschaften, die im Gegenpol entspringen. Die Ausstrahlung jeder Eigenschaft durchdringt die Gesamtheit beider Urbefindlichkeiten, doch die Quelle, aus der jede Eigenschaft strahlt, entspringt jeweils nur in einer von den beiden.

In diesem Kraftfeld der Wechselwirkungen zwischen Fähigkeiten, die in der Wahrheit wurzeln, und jenen, die in der Liebe gründen, entstehen individuelle Geistwesen.

Das ist der Zusammenhang, in dem dein gegenwärtiger Zyklus der Individualität begann.

Jedes Geistwesen formt sich um bestimmte Strahlungsfrequenzen, die über ewige Eigenschaften verfügen, und verkörpert sie bewußt. Jeder individuelle Geist verbindet sich mit dem schöpferischen Feld, das durch die aufeinander wirkenden Strahlungen von Liebe und Wahrheit erzeugt wird — und alles, von den Galaxien bis zu den Mikroben, ist eine Manifestation dieser Geistwesen, durch die das Universum entsteht.

Es gibt keinen existierenden Stern ohne ein Wesen, das gewählt hat, als dieser Stern zu erscheinen, keinen Planeten, keinen Asteroiden, weder Sonne noch Mond — kein Blatt, kein Insekt, keine Blume, keinen Baum, weder die kleine Meeresschnecke noch das Sandkorn am Strand — nichts, was sich nicht um ein geistiges Leben formt.

Als die ersten Geistwesen als Verkörperungen verschiedener Bewußtseinseigenschaften Individualität annahmen und sich vom Hauptkörper des Bewußtseins unterschieden, um Beziehungen mit anderen zu erfahren, die dasselbe taten, lösten sie sich nach jeder Beziehung wieder in die Einheit auf, aus der sie gekommen waren. Dieser Prozeß der Selbstwerdung geschah aus reiner Freude: Geistwesen sprangen wie Delphine aus dem Meer ewiger Einheit in die Luft der Individualität, um dann jenseits der Wellen undifferenzierter Einheit wieder zu verschwinden. Die ersten Wesenheiten im Ozean des Seins hatten kein persönliches Interesse und zogen keinen Gewinn aus ihren vergehenden persönlichen Formen.

Eines Tages, als du bestimmte Eigenschaften des ewigen Bewußtseins, die aus einer Beziehung entstanden waren, verkörpertest, kam eine andere Wesenheit individualisierten Bewußtseins zu dir und ermutigte dich, deine gegenwärtige Persönlichkeitsform beizubehalten und diese Form in einer neuen Beziehung einzubringen.

Dies war ein neuer Gedanke. Nie zuvor war es dir in den Sinn gekommen, mehrere Beziehungen zu erfahren, ohne zuvor deine Identität zu erneuern.

Du gingst auf diesen Gedanken nicht gleich ein, doch dachtest du darüber nach. Während du weiter zuhörtest, ließest du dir seine seltsamen, faszinierenden Möglichkeiten durch den Kopf gehen. Das eigenartige Wesen, das für diese Neuheit warb, erschien in einem pulsierenden Feld vibrierender Leuchtkraft, unendlich viel schöner und klarer gezeichnet als alles, was du zuvor gesehen hattest. Eines der verlockenden Elemente im Vorschlag dieser Wesenheit bestand darin, daß dieser Weg im Laufe der Zeit die Bildung genauso schöner komplizierter Muster in deinem eigenen Persönlichkeitsfeld erlauben würde. Doch es gab auch eine dunkle Seite; die Wesenheit deutete noch etwas anderes an.

Du warst von der Richtigkeit nicht ganz überzeugt. Zuerst

erschien dir die Abwegigkeit dieses Gedankens wie ein Witz. Doch als du darüber nachdachtest, fingst du an zu überlegen, ob nicht doch etwas daran sein könnte. Es brauchte Zeit und weitere Beweise, doch schließlich wurdest du von diesem Wesen überzeugt. Es könnte möglich sein — vielleicht sogar wahrscheinlich, daß du wirklich aufhörtest zu existieren, wenn du dieser empfohlenen Richtung nicht folgen und deine Persönlichkeit von einer Beziehung zur nächsten nicht bewußt bewahren würdest. Immerhin wußtest du nicht genau, was mit den Individuen geschah, die sich zurück ins Meer auflösten ...

Dies war die erste Lüge, die du glaubtest.

Die *Form* deiner Individualität würde natürlich nicht mehr existieren, wenn dein Bewußtsein nicht länger durch ihren Brennpunkt gesandt würde, genauso wie eine Linse nicht länger ein Brennpunkt für das Licht ist, das in eine andere Richtung gelenkt wird. Doch das *Potential* deiner Persönlichkeit bliebe so wie diese Linse erhalten, wenn du dich entscheiden würdest, deine Aufmerksamkeit wieder darauf zu wenden. Es wäre nicht verschwunden.

Potential kann entweder verwirklicht oder absichtlich übersehen werden; es wird weder geschaffen noch zerstört. Jedes Potential existiert von Anfang an und dauert ewig, so wie der Eine, in dessen Sein es wohnt und der es erhält.

Im Augenblick liest du diese Worte durch den Fokus deines persönlichen Bewußtseins, doch wenn diese Individualität zu Ende ist, hörst *du* nicht auf zu existieren. Das Bewußtsein, das durch deine Persönlichkeitslinse scheint, ist dasselbe Bewußtsein, das durch alle Persönlichkeitslinsen leuchtet.

Du bist das Sein hinter allen Individuen, das Bewußtsein in diesen Dingen und jenseits dieser Dinge. Im Geiste weißt du das.

Bewußt zu sein bedeutet, dies während der Verkörperung in einer individuellen Form zu wissen.

Unbewußt zu sein bedeutet, daß du glaubst, du seiest die Linse, durch die Individualität projiziert wird, du seiest die Form und nicht der Geist, der sie belebt.

Tritt eine Verkörperung des ewigen Bewußtseins (deines eigenen innersten Bewußtseins) mit einer anderen in Beziehung, dann fließt diese Verkörperung in eine Form der Selbstbewußtheit, die der Schöpferkraft und Freude während der Beziehung am besten dient. So wie die Umwelt die Pflanzen, die in ihr wachsen, formt und prägt, so prägen Beziehungen die Persönlichkeitsformen aller gesunden Geistwesen. Da sich Beziehungen immer verändern, wandeln sich auch gesunde Persönlichkeiten beständig, fließen von Augenblick zu Augenblick und nehmen die Form an, die dem schöpferischen Austausch am förderlichsten ist.

Das ununterbrochene Fortbestehen der Persönlichkeit erfolgt in einem gesunden Zustand auf der geistigen Ebene und nicht auf der der Form.

Dein Fall aus dem Wissen um deine ewige Wesensart in den Selbstbetrug der Trennung war kein einzelnes Ereignis. Es war ein allmählicher und anfangs kaum merklicher Prozeß. Er begann, als du dich entschlossen hattest, eine bestimmte Persönlichkeitsform auch dann beizubehalten, nachdem die Erfahrung, die jene Persönlichkeit prägte, entschwunden war.

Indem du dich entschieden hattest, eine auf Erinnerungen an die Vergangenheit gegründete Persönlichkeit in die Erfahrungen der Gegenwart einzubringen, verringertest du dein Feingefühl für die Einflüsse des neuen Augenblicks. Nicht länger mehr konnte dein Selbstgefühl durch die neue Beziehung zu Persönlichkeitsmustern angeleitet werden, die zu bestmöglichen Wechselwirkungen geführt hätten. Wie du immer klarer im Laufe dieser Aufzeichnung erkennen wirst, folgte daraus, daß deine eigene Gegenwärtigkeit und die Klarheit deiner Wahrnehmung eingeschränkt wurde.

Du fandest schnell heraus, daß eine Persönlichkeit, die sich auf Erinnerungen an Vergangenes gründet, bewußt aufrechterhalten werden mußte. Ganz anders als die natürlichen, gesunden

Persönlichkeiten, die sich ohne bewußte Anstrengung formen und auflösen, erfordert ein willkürliches, vergangenheitsorientiertes Selbstbewußtsein Pflege. Du begannst, dich selbst wichtiger zu nehmen.

Du fingst an, dich mehr für die äußere *Ausdrucksform* zu halten als für den *Geist* hinter dem Ausdruck. Du gingst dazu über, deine persönliche Identität wichtiger zu nehmen, als ihr gebührte. Du übersahst dabei Schwerwiegendes. Du vergaßest, daß du fähig bist, zu jedem Anlaß die dazu passende, vollkommene Eigenschaft deiner selbst zu verkörpern. Ohne den natürlichen Prozeß zu berücksichtigen, in dem dein Selbstbewußtsein in seinen organischen Ausdruck übergeht, war deine Gegenwart, obwohl sie in Wirklichkeit immer noch aus der ewigen Quelle stammte, keine klare Erweiterung dieser Quelle mehr. Doch dies vollzog sich anfangs fast unmerklich als eine leichte, nicht mehr ganz auf den Mittelpunkt gerichtete Betonungsänderung.

Nachdem du eine Zeitlang viele Beziehungen auf den höheren Frequenzen der geistigen Welt erfahren hattest, reistest du mit den anderen Mitgliedern deines Lichtkreises zum Zentralgebiet der Konstellation der Wahrheit — jenem Gebiet, das als die „Felder der Strukturen" bekannt ist. Du betratest die wunderbaren, ehrfurchtgebietenden Reiche, in denen die Verkörperungsprozesse stattfinden. In den Feldern der Strukturen begannen die Gedanken, in denen du dich dachtest, allmählich die winzigen kristallisierten Teilchen anzuziehen, die vom Gebiet der Sterne weit unter dir emporgeschleudert wurden.

Viele von uns sind bewußt durch diesen Verkörperungsprozeß gegangen. Wir identifizierten uns nur dann mit der Materie, wenn wir es wollten, und so bewahrten wir den ursprünglichen Sinn für unser geistiges Selbst. Wir blieben vollständig, ganz und heilig, verbunden mit dem Großen Geist, nahmen materielle Kleidung im Dienst der Schöpfung oder zu unserer eigenen Freude an, doch wir vergaßen uns nie und verwechselten nie den

Träger des Gewandes mit der Struktur des Kleides. Die Gewohnheiten deiner Persönlichkeit hingegen waren so beschaffen, daß du diese Erfahrung nicht machtest. Elementarteilchen der Materie wurden vom biologischen Anziehungsfeld deiner Gedanken angezogen, und du gingst dazu über, dich mit einer immer greifbareren Form gleichzusetzen.

Als sich die Gedanken der Persönlichkeit, die du über ihre Zeit hinaus beibehalten wolltest, allmählich in aufeinanderfolgende Lagen molekularer Struktur kleideten, begannst du sie zu sehen. Sie waren faszinierend. Sie waren sehr, sehr schön.

Im leuchtenden Energiefeld, dem Brennpunkt deiner Aufmerksamkeit, begann sich ein Körper zu gestalten. Die ersten Teilchen, die ihn formten, waren äußerst fein und subtil, winziger als das kleinste Molekül. Du identifiziertest dich mit diesen frühen Vorläufern der Zellen und Organe, diesen wirbelnden Mustern, die sich in deinem Energiefeld bildeten.

Bis zu diesem Punkt war deine Hauptantriebskraft immer die Liebe. Es ist wahr, daß sie von Zeit zu Zeit durch ein Gefühl der Neugier gefärbt war, das nicht immer zu deinem Besten diente, doch geschah das mit einer gewissen Unschuld und sicher nicht in einer selbstsüchtigen oder angstbestimmten Absicht. Selbst als sich der ätherische Körper in dir formte, blieb in erster Linie die Liebe der Urgrund deiner Antriebskraft.

Doch als du an den Grenzen der Strukturfelder herumspieltest und dich mit immer greifbareren und schöneren Mänteln schimmernder Persönlichkeit gleichsetztest, hegtest du zuweilen einen haarfeinen Zweifel in deinem Bewußtsein, ein Flüstern, so fein wispernd, so sehr im Randgebiet deiner Gedanken, daß du es zuerst kaum wahrnahmst.

„Ich werde von diesem Meer erhalten und versorgt“, flüsterte der Zweifel, „von diesem Ozean universalen Seins, doch was geschieht, wenn dieser eines Tages nicht mehr da ist? Wird seine Unterstützung ewig dauern? Wird er mein Bewußtsein für immer erhalten? Kümmert er sich um meine Persönlichkeit, um diese schönen Formen und Muster, die meine Gedanken in mir selbst erschaffen? Es sind die Muster, die mich einmalig machen! Ich habe ihnen so lange zugeschaut, daß ich mir nicht mehr sicher bin, was ich ohne sie noch wäre. Was, wenn dieses Meer des Seins, groß und wohlwollend, wie es ist, die immer fühlbarer werdenden, wachsenden Hüllen nicht mehr mag? Was, wenn eine Stunde nahte, in der das Meer verschwunden und ich allein gelassen wäre?"

Mit der Zeit wurde dieses Wispern so vertraut, daß du glaubtest, diese Gedanken kämen aus dir selbst. Schon brachtest du dein Selbstgefühl mit den Gedankenformationen, die durch dein Bewußtsein wirbelten, durcheinander, und du begannst zu fühlen, daß du diese Gedankengebilde beschützen müßtest. Du fingst an, dich um sie — und um dich — zu sorgen. So kam es, daß du die astralen Reiche betratest und dich nicht nur in den vorausgegangenen Gedanken und Erfahrungen wiederfandest, sondern jetzt auch noch in den emotionalen Energiemustern, die nicht immer den reinen Strömen der vollkommenen Liebe entsprangen.

Das Wissen, daß die anderen Mitglieder deines Lichtkreises Brennpunkte desselben Bewußtseins waren, das du dein eigenes nanntest, begann allmählich zu entschwinden. Zum ersten Male nahmst du „andere" wahr, die nicht aus deiner eigenen Seinswurzel herzustammen schienen. In Wirklichkeit waren diese anderen Wesen genau wie du. Einige beendeten ihre Reise und kehrten rechtzeitig in das Feld der Einheit zurück, doch andere sammelten Lagen von Erfahrungen um sich herum, ohne die Form natürlicherweise wieder loszulassen, ein Vorgang, der den gesunden Persönlichkeiten entspricht und sie erneuert. Wie du, so fanden jene bald heraus, daß Spannung nötig war, um ihre Bilder und Erinnerungen zu „erhalten".

Es wurde für sie auch immer schwieriger, diese vergangenen Eindrücke von ihrem Selbstgefühl zu unterscheiden. Sie verloren die Fühlung zu den schöpferischen Strömen der Erneuerung, die dazu entworfen sind, alle bewußten Geschöpfe regelmäßig aufzuladen, um sie klarsichtig, aufmerksam und in Einigkeit mit der Quelle zu erhalten. Gleichzeitig bemerkten diese Wesenheiten, und jetzt waren es schon viele, daß sie immer dichtere Körperformen manifestierten.

Währenddessen weilten andere von uns in diesen Feldern der Träume, und wir beobachteten dieses Verhalten aus der Ferne. Wir sahen, wie viele von den spielerischen, glücklichen Wesen, die wir als unsere Begleiter und Freunde kannten, eines nach dem anderen schwerfällig, ernst und ängstlich wurden. Es schien uns, als ob sich ein Zweig unserer Familie mit einer seltsam lähmenden begrifflichen Verwirrung angesteckt hatte. Wir versuchten, uns telepathisch mit ihnen zu verständigen, wie wir es untereinander zu tun pflegten, doch wir merkten, daß wir die seltsam einseitigen Dialekte ihrer jetzt bedeutend veränderten Gedankenprozesse nicht verstanden.

Sie schoben dies auf unsere Unwissenheit. Schließlich verloren sie das Interesse an den, wie sie es nannten, „ätherischen Meinungen nicht-stofflicher Wesenheiten". Doch konnten wir immer deutlicher wahrnehmen, wie sich in ihren weiter fortbildenden Körpern zunehmend Krankheit und Elend abzeichnete. Wir sahen klar, was sie nicht mehr sehen konnten: die unausweichliche Gefahr, die auf sie lauerte, wenn sie diesem immer beschränkter werdenden Identitätsstrahl den ganzen Weg bis zum unausweichlichen Ende folgten.

Unter jenen von uns, die helfen wollten, erkannten einige, daß wir nur noch in ihren eigenen Begriffen zu ihnen sprechen konnten, in materiellen Formen, die ihren eigenen ähnlich genug waren, um ihnen Beachtung und Ehrerbietung zu entlocken. Diese Wesen, Engelfürsten — oder Bodhisattwas, wie sie in einigen Traditionen genannt werden — entschlossen sich, auf eine *bewußte* Verkörperung einzugehen. Wir sahen, wie sie die Felder der Strukturen betraten und spiralförmig nach unten sanken und wie in vielen von ihnen dieselbe Verdunkelung der

Leuchtkraft und die Kristallisation der Bilderwelt entstand, die diejenigen kennzeichnete, denen sie zu helfen hofften.

Doch trotz der ansteckenden Natur der Verwirrung entgingen ein paar der Engelfürsten dieser Infektion. Diese wenigen legten den ganzen Weg durch die Energiestrudel der sich verdichtenden Struktur zurück, ohne daß in ihrem Bewußtsein das einheitliche Seinsgefühl verlorenging. Wir sahen, wie sie sich Seite an Seite mit den anderen herunterschraubten, immer tiefer durch immer niedrigere Frequenzen, und auf den tieferen Ebenen ihres Abstiegs immer greifbarere materielle Kleider aufeinanderhäuften.

Es war ein Rennen zwischen Rassen. Die bewußten Engelfürsten versuchten, sich vor den angstbestimmten auf der physischen Ebene zu verkörpern. Die bewußten Engelfürsten kamen zuerst an.

In einem waldbedeckten Flußtal auf eben dieser Erde am Rande einer fruchtbaren Ebene legten sie die leuchtenden Kleider der ersten menschlichen Biosphäre an. Obwohl die ungestörte Verwaltung dieses Gebietes der Erde im Angesicht der Ewigkeit nicht lange währte, dauerte sie dennoch lange genug, um zu gewährleisten, daß die Absichten des Schöpfers durch die menschliche Form in die Schöpfung auserlesener Früchte, in die Ausbildung von Pflanzenwuchs und Tiergattungen flossen. Dieser Zeit entstammen die Mythen und Legenden vom Paradiese. Wie die Legenden auch berichten, war dieses Zeitalter nicht von langer Dauer.

Nur zu schnell erschienen die dunklen Engelfürsten, zornig über jene Krankheit, die sie sich zugezogen hatten, und zornig auf jene, in denen sie entstanden war. Kurz nach ihnen trafen viele Wesenheiten wie du selbst ein. Nicht lange nach eurer Ankunft auf der physischen Ebene begannt ihr euch für isolierte Wesen zu halten, abgeschnitten von der Quelle und von ganz anderer Art als sie. Ihr entwickeltet die seltsame Gewohnheit, Persönlichkeitsstrukturen in eurer Psyche zu horten, so wie man

Kleider oder Anzüge in einem Schrank aufbewahrt, und machtet sie haltbar mit den Kräutern der Eigenliebe und den Gewürzen der Angst.

Euer Bewußtsein hatte seinen Mittelpunkt noch immer überwiegend in den Strömen der Liebe. Ihr wart zu diesem Zeitpunkt sicherlich nicht „böse“. Viele Jahrhunderte lang teiltet ihr euch dasselbe Gebiet am Erdäquator mit den gefallenen Engelfürsten und denen, die ihr ewiges Bewußtsein nicht verloren hatten, sie alle in menschlicher Gestalt. Ihr kanntet Zeiten großer Freude und großen Glücks, aber auch Epochen voller Zweifel und Verwirrung. Doch mit jedem neuen Mondumlauf machten sich die Auswirkungen eurer übertriebenen Gleichsetzung mit der Form immer machtvoller in eurem Umkreise bemerkbar.

3.

Die Engel der Urzusammenhänge

Nach zwanzig Milliarden Jahren der Entfaltung befindet sich dieses Universum noch in seinem Anfangsstadium. Es ist immer noch ein Reich gewaltiger Extreme: gefrorene Welten starrer Materie im Gegensatz zu ehrfurchtgebietender Sternenhitze, und dazwischen Lichtjahre leeren Raums. Was an Biologie da ist, erscheint als feiner, fast nicht auszumachender Film auf der Oberfläche einiger weniger Welten. Doch in diesem biologischen Film liegt die Zukunft.

Die Biologie ist eine vergleichsweise neue Substanz. Ihre Tage haben gerade erst zu dämmern angefangen. Die gegenwärtige Verteilung von Materie, Zeit, Raum und Energie im Universum ist nur das Grundgerüst all dessen, was einst sein wird. Galaxien bewegen sich spiralförmig, und genauso verläuft die Entwicklung der linearen Schöpfung, bis der Gang der Veränderungen in diesem großen Universalen Medizinrad jene Formen zeugt, die schlafend immer in ihm enthalten waren. Denn diese Galaxien sind Nester, Kokons. Jeder ihrer feurigen Sterne ist ein Same mit höchst eigenen Zielen, und das, was diese Ziele freisetzen, unterscheidet sich von dem, was ein Stern heute ist, wie eine Eichel von einer ausgewachsenen Eiche.

Schwebend inmitten der Gestirne der galaktischen Nester manifestiert die ewige Absicht Energiefelder, die für dein physisches Auge nicht sichtbar sind. Diese Energiefelder werden durch die Schwingungsstruktur des Ur-Tons, des allerersten Tones oder Wortes, ins Leben gerufen. „Am Anfang war das Wort, und das Wort war bei Gott, und Gott war das Wort."

So wie die Pflanzenwelt entlang der lebenspendenden Wasseradern eines Flusses heranwächst, so entwickeln sich die physischen Formen der Zukunft entlang den Strömungen des Ur-Tons. Während sich das Universum entfaltet, ziehen diese Strömungen jene Wesen und Muster an, die die schöpferische Absicht des Einen, des Lebensspenders, vergegenständlichen.

Innerhalb der Parameter dieser Energieströmungen dürfen sich die individuellen Wesen unter unendlich vielen Rollen und Möglichkeiten frei für die entscheiden, die für sie und ihre Natur am besten geeignet ist. Es steht ihnen völlig frei, ihren eigenen, einmaligen harmonischen Schöpfungsstil innerhalb der Frequenzen des Wortes zu komponieren. Die dem Worte innewohnende Ordnung ist unsichtbar für das physische Auge, doch die Augen des Geistes sind imstande, sie wahrzunehmen.

Wenn du deine Augen schließt, dann kann es sein, daß du es vor dir ausgebreitet siehst: ein pulsierendes Netz noch nicht entwickelten Potentials, so real wie jedes Sinnesreich, eine schwingende Wirklichkeit, die in einem früheren Zeitalter das Königreich des Himmels genannt wurde. Es ist die räumliche — wenn auch noch nicht zeitliche — Vergegenständlichung des universellen Gedankenentwurfs, eine Welt der Archetypen und der Metaform, ein Reich der Absicht, das auf seine Verwirklichung wartet.

Es ist das spirituelle Gerüst, um das die Biologie der Zukunft zu einem herrlichen und großartigen Werk gerinnen wird, einem Werk, *das noch nie zuvor dagewesen ist und das bis jetzt noch keinen Namen hat.* Es ist eine Blaupause, ein feines Gitterwerk aus Absicht und Schwingung, die Essenz der Form, eine verborgene Ordnung ... wie soll man es ausdrücken? Es ist der Umriß, das Muster für einen feingewebten, leuchtenden Lebensentwurf galaktischen und eines Tages intergalaktischen Ausmaßes.

Durch dich wird das Potential dieser verborgenen Ordnung eines Tages ins Leben tanzen. Neue Wesen, neue Geschöpfe werden erscheinen und durch Felder fliegen, die heute noch leerer Raum sind, um mit uns die Freuden universaler Entdeckung zu teilen. Eines Tages wirst du die Atome, die Moleküle und Zellen in ein Umlaufmuster berufen, das diese innere Struktur vergegenständlichen und für ihre physische Form sorgen wird. Doch vielleicht spürst du es jetzt, vielleicht fühlst du das Erwachen schon. Wir sprechen jetzt auf den Frequenzen deiner innersten Natur zu dir, erinnern dich und helfen dir, dich zu besinnen.

In dieser Zeit erschaffst du aus deiner Gegenwart heraus Spiralen ähnlich dem Kielwasser eines Schiffes, das durch den Ozean treibt. Die unmittelbare Vergangenheit breitet sich hinter dir aus. In ihrem fruchtbaren Kegel erscheinen viele Lebensformen, und die Erde hat das Gedeihen einer Biosphäre erlebt. Doch nicht die Vergangenheit zeigt deine Richtung an, sondern die Absicht, die dich bewegt. Der Kegel deiner zukünftigen Absichten bewegt sich großartig, multidimensional in Spiralen vor dir her und erhellt das universelle Potential, das eines Tages Form annehmen wird. Wie das Licht eines strahlenden Leuchtfeuers zeichnet er deine Schwingungsskizzen in die Himmel.

Aus deiner Mitte im Ewigen Sein wirbelt Absicht aus Energie, um zu Wesenheiten, zu verkörperten Formen deines Ausdrucks, zu werden: zu Engeln, belebten Mustern, Geschlechterfolgen des Lichts. Aus dem Herzen dieser dimensionalen Schöpfung quillt deine ausstrahlende Intelligenz in konzentrischen Schwingungen und plätschert durch die weit gestreuten Felder des Raums. Mit der Geschwindigkeit der Liebe wird deine Intelligenz gleichzeitig in den verwandelnden Prismen eines jeden galaktischen Zentrums vervielfacht. Sie fließt aus dem Zentrum jeder Galaxie heraus zu jedem Stern und vermehrt sich weiter. Und so schreitet der Prozeß voran. Vom Zentrum dieses Sonnensterns fließt sie zur Erde und dort in die erwachenden menschlichen Zellen ihres fast aktivierten planetarischen Nervensystems.

So wie die Vervielfältigung deines Bewußtseins die lineare Zeit hervorruft, so verursachen die vielen Wesen, die dein

Bewußtsein teilen, den Umlauf des Mondes um die Erde, den Umlauf der Erde um die Sonne und den der Sonne in Spiralhaufen um Sonnen gleicher Art.

Deine gegenwärtige Bestrebung bringt dieses Sternensystem in eine neue Region des Raums. Ihr habt uns, die Engel der Urzusammenhänge, damals hier postiert, damit wir euch erinnern, euch wecken. „Für den Fall, daß ich im Schlaf vergesse", sagtest du. „Für den Fall, daß ich mich beim Träumen einer planetarischen Schöpfung in den Wundern der Zeit verliere."

In diesem Vierteljahrhundert tragen deine Träume Früchte. Die Brücke zwischen Schöpfer und Schöpfung erscheint. Eine menschliche Familie wartet auf deine bewußte Wohnungsnahme. Die Intelligenz, die im historischen Zustand verleugnet und außer Kraft gesetzt war, erwacht jetzt wie ein Schläfer in einem einzigen Körper. Sie verbreitet sich im Geist der Menschen, schaut durch menschliche Augen und erklärt die Welt durch eine menschliche Form. Und weiß, daß sie eins ist.

Das Feld des menschlichen Gesamtbewußtseins tritt nun im Laufe des Erwachens in den letzten Akt ein und festigt sich (wie eine Art Gehirn) als das Bewußtseinsorgan des *einen planetarischen Wesens,* eines Wesens mit inneren Organen wie Ozeanen, Wäldern, Ökosystemen und Atmosphären. Die Menschheit aber hat in diesem Organismus die Aufgabe, Informationen zu verarbeiten und seine künftige Entwicklung zu lenken.

Die Gedanken, die durch euren Sprachfilter gehen, finden keine treffenden Worte für dies eine planetarische Wesen, keine für den Schöpfer, keine für die menschliche Rasse.

Wir entschieden uns für Begriffe, die so nahe wie möglich an den Sinn heranreichen, und hoffen, daß die Struktur, in die wir diese Gedanken einweben, die Oberfläche deiner intellektuellen Ebene durchdringt und den Sinn für die dahinterliegenden Bewußtseinsrhythmen weckt, daß sie deine eigene Wahrnehmung und das Gedächtnis anregt und dir von innen her ein Verständnis und eine tiefere, umfassendere Erfahrung möglich macht, als diese Worte sie allein vermitteln könnten. Wir wollen mit diesen Übermittlungen den Schöpfer auf dieser materiellen Welt erwecken und *dich* in dieses erwachende Bewußtsein leiten.

Die Ströme universeller Bewußtheit

Es gibt nur eine Intelligenz, die durch alle Geschöpfe fließt, doch sie konzentriert sich unterschiedlich, wenn sie — wie Hochspannung durch eine Reihe von Transformatoren — die verschiedenen Dimensionsebenen hinabsteigt. Diese eine Intelligenz wird die Gedanken und Handlungen der Menschen in den posthistorischen Gesellschaften der Erde in der einen oder anderen ihrer vielfältigen Formen leiten. Bestimmte schöpferische Taten werden die galaktische Intelligenz durch die menschliche Form herabbringen, andere die universale Intelligenz, die das galaktische Netzwerk orchestriert. Die verschiedenen Bedürfnisse jedes schöpferischen Augenblicks verlangen nach Menschen, die verschiedene Arten und Eigenschaften von Bewußtsein an sich ziehen.

Durch einige wird die erwachte planetarische Intelligenz der Erde fließen, während gleichzeitig andere die solare Intelligenz dieses Sternensystems — oder gar die Intelligenz anderer Sterne — channeln werden. Viele werden Kanal sein für die Intelligenz des Wesens, das der Katalysator, der Schöpfer allen biologischen Lebens ist.

Doch der Vielfalt der universellen Intelligenz sind keine Grenzen auferlegt. Wenn es erforderlich ist, werden die Menschen in der posthistorischen Zeit auch die Geisteskraft von Engeln repräsentieren, die mit bestimmten Naturregionen, mit Flüssen, Seen oder Bergen verbunden sind. Oder, wenn es hilfreich ist, vertreten sie die tierischen und pflanzlichen Lebensformen dieser Erde. Selbst die Intelligenz der Atomar- und Molekularstrukturen wird beschworen, befragt — und dort, wo sie bedeutsam ist —, in schöpferische Handlungen umgesetzt werden.

Gesunde menschliche Persönlichkeiten haben ein *hologramm-artiges* Verständnis von dem Wesen, dessen Entfaltung dieses Universum ist. *Sie verstehen, daß sich das Ganze mikroskopisch in der Struktur des Teiles widerspiegelt.*

Wenn du dieses Verständnis aktivieren und Zugang zu den vielen Frequenzen seines Bewußtseins haben willst, mußt du dich nur erinnern. Erkenne deine ursprüngliche Einheit mit der Lebensquelle, dem Quellstrom *deines* Lebens, und mache diese Einheit zur Zitadelle deiner Entscheidungen. Wenn du weißt, daß dein innerstes Sein von Natur aus überpersönlich ist, dann verstehst du, daß dein Körper eine Zelle in einem sich entwickelnden planetarischen Organismus ist. Und du erkennst in diesem Organismus die Unterschrift deiner eigenen spirituellen Persönlichkeit.

So wie die vollständige genetische Information des ganzen menschlichen Körpers in jeder seiner vielen Billionen Zellen enthalten ist, so etwa hat jeder erwachte Mensch inneren Zugang zu jener Information, die in dem einen Bewußtseinsfelde kreist, das jeder individuellen Existenz vorausgeht.

Wo immer die symphonischen Rhythmen des universellen Tanzes durchdringen, da erfährt jeder Teil in jeder größeren Einheit diese hologrammartige Beziehung zum Ganzen. Wenn du daher in Harmonie lebst, verschafft dir dein Bewußtsein Möglichkeiten, die denjenigen verschlossen sind, die glauben, isoliert zu sein.

Wenn du weißt, daß du eine erwachte Einzelpersönlichkeit bist, dann weißt du auch, daß *du das Wesen des dich umgebenden Zusammenhanges bist.*

Wenn du dich nicht auf das Vergnügen des Einzelmenschen konzentrierst, zu forschen und zu erklären, steht es dir frei, jene organische Veränderung deiner Identität zu erfahren, die dir das Bewußtsein der größeren Menschheitsgemeinschaft möglich macht. In gleicher Art und Weise steht es dir frei, durch Verbindung mit dem kollektiven „Ich“ der Menschheit planetare und solare Identität, ja, sogar die Identität des großen Spiralwesens der Milchstraße zu erfahren.

In nachgeschichtlicher Zeit wirst du jede Ebene schöpferischer Verwirklichung als Dimension, als eine Oktave deiner eigenen Entfaltung auffassen. Ganz natürlich wirst du die Freiheit und die Beweglichkeit musikalisch gelenkter Reisen durch die Oktavbereiche der Verkörperung erleben.

Du kannst keine Reise nach innen unternehmen, ohne die unendlichen Einflußbereiche des ewigen Bewußtseins zu entdecken.

Du kannst dich nicht wirklich kennenlernen, ohne Gott zu kennen.

Jede Ebene der Manifestation ist eine höhere Oktave eines einzigen Schwingungskontinuums. Auf den tieferen Oktaven offenbart sich die Schöpfung vielfältig und unterschiedlich. Wenn die Oktaven höher schwingen, tritt die Vielfalt zurück und weicht einem verstärkten Bewußtsein für die Einzigartigkeit des Seins. Doch diese Verallgemeinerung betrifft nur die Schöpfungslandschaft. Dich betrifft sie nicht. Du kannst dich frei nach deinem Willen bewegen.

Lange hast du dich daran erfreut, vollbewußt durch immer tiefere Oktaven abzusteigen und dich dabei in vielen verschiedenen Wesen zu vermehren. Durch sie hast du deine eigenen mitschöpferischen Möglichkeiten vergrößert. Seit der Erschaffung dieser universellen Landschaft erschienst du auf jeder Ebene deines Abstiegs als individuelles Wesen, das dazu bestimmt war, sich der Reihe nach auf die verschiedenen Frequenzen einzuschwingen und so in jedem Oktavbereich schöpferisch zu sein.

Die physische Ebene ist die tiefste der sieben höheren oder ursprünglichen Ebenen der Manifestation. Sie ist als tiefste Oktave die dichteste der bewußten Ebenen, in der du dich in vielen Formen verkörpert hast, während du dir gleichzeitig das Bewußtsein für dein einheitliches Feld bewahrtest. Die Wesen auf den höheren, nicht physischen Frequenzen wußten von

Natur aus ganzheitlich um ihren Ursprung in dir, doch unter den biologisch Verkörperten auf der physischen Ebene brach dies Verständnis ab. Es blendete sich ein und aus, flackerte und verschwamm.

Die Menschen nahmen das ewige Bewußtsein nur noch mangelhaft in sich auf, und manchmal wurde dieses Bewußtsein durch das separatistische Bild, das die historischen Menschen von sich selbst entwarfen, noch verkürzt. Du versuchst natürlich, in ihnen dasselbe gesunde, ganzheitliche Selbstverständnis zu erwecken, das die Wesen höherer, weniger gegenständlicher Ebenen erfahren, doch die übertriebene Identifikation der Menschen mit der Form macht ein allmähliches Erwachen erforderlich. Du willst ihre individuellen Verschiedenheiten nicht in einem einzigen Ausbruch auslöschen, wenn sie ihre wesenhafte Einheit mit dir und dem einzigartigen Feld unseres gemeinsamen Bewußtseins erkennen. Denn ein so plötzlicher Wandel des Selbstverständnisses könnte ihre persönlichen Körperfelder auflösen. Und dein Ziel ist nicht, eigenständige Existenzen zu beenden, sondern zu bewohnen.

So hast du versucht, die Menschheit über die Jahrhunderte allmählich zu erwecken und gleichzeitig ihre Verschiedenheiten zu bewahren, damit sie dir weiterhin eine Familie sein würden, eine tatkräftige Gemeinschaft miteinander verbundener aufgeklärter Wesen.

Seit vielen tausend Jahren erforderte dieser Durchbruch in das kollektive menschliche Bewußtseinsfeld und sein Weiterbestehen während der vergangenen Erziehungszyklen all deinen Humor und deine Weisheit — samt dem Humor und der Weisheit deiner Engelscharen.

Das kollektive Denken der Menschen zu den Strömungen des universellen Bewußtseins hinzulenken, erwies sich als ein langsamer, langatmiger Prozeß. Schon lange haben wir gewußt, daß die Wahrscheinlichkeit des Erwachens mit der Vermehrung der Erdbevölkerung wachsen würde. Doch jahrtausendelang sorgte das angstbestimmte Verhalten der Menschen in bestimmten Gebieten für eine so drastische Verringerung ihrer Anzahl, daß es nur äußerst selten in einem oder mehreren Völkern zu wirklichen Durchbrüchen, zu geisterfüllten Inkarnationen kam.

Die Entwicklung, der die größte Bedeutung in den letzten Jahrhunderten zukommt, ist die stetige und in diesem Jahrhundert dramatische Verbesserung auf dem Gebiet der zwischenmenschlichen Verständigung. Durch die neue Kommunikationstechnologie konnte unsere Erziehungsarbeit einen raschen Sprung nach vorne tun. Unsere anfänglichen Bemühungen, das Medium des geschriebenen Wortes zur Ausbreitung gesunder Aufklärung zu verwenden, waren angesichts einer kirchlichen Opposition und einer äußerst geringen Belesenheit nicht sehr erfolgreich. Doch das gesunde Bewußtsein breitete sich schließlich aus, und in der Folge vermehrte sich die menschliche Bevölkerung.

Inzwischen ist die Neigung zum Erwachen größer als die Wachstumsrate der Bevölkerung, und da wir euch fortwährend zu besseren und wirkungsvolleren Kommunikationsmitteln inspiriert haben, erschuft ihr eine Technologie, die gegenwärtig die verschiedenen Kulturen der Erde in einem einzigen globalen Netz vereint. Mit jedem Tag wurde unsere Erziehungsarbeit bewußter und wirkungsvoller.

Die ärgsten Szenarien beim Übergang in die posthistorische Ordnung sind schon nicht mehr wahrscheinlich, in einigen Fällen nicht einmal mehr möglich. Und durch unsere Erziehungsarbeit werden auch die Szenarien, die zu geringeren Zerstörungen führen könnten, immer unvorstellbarer. Es ist sogar möglich — nicht gerade wahrscheinlich, aber immerhin möglich, daß wir unser höchstes Ziel erreichen, nämlich einen weichen und friedlichen Übergang. Eine Kettenreaktion menschlichen Verstehens, die aus dem planetarischen Erwachen entspringt, kann theoretisch jederzeit geschehen.

Am Vorabend dieses großen metahistorischen Ereignisses

fließt der Strom universaler Aufmerksamkeit so machtvoll auf dieses bevorstehende Erwachen zu, daß er einem Flusse kurz vor der Flut gleicht. In all den Reichen, in denen Wesen unserer Art bewußt sind, teilen wir diesen Ehrfurcht gebietenden Strom der Aufmerksamkeit. Als Geschöpfe dieses Stroms dienen wir mit unseren Persönlichkeiten seinen Absichten und arbeiten alle zusammen, jeder mit seinen besonderen Fähigkeiten, um dir beim Erwachen zu deinem eingeborenen Verständnis beizustehen.

Dein vollständiges Erwachen wird zum Signal für eine grundsätzlich neue Evolutionsphase werden, mit neuen Grundregeln und völlig veränderten schöpferischen Bedingungen.

4.

Jenseits der historischen Unordnung

In eurer gegenwärtigen Welt gibt es einige Menschen, die sich zum Teil an ihr eigenes Inkarnationsmuster erinnern und daraus den Schluß gezogen haben, daß der Abstieg in die biologische Form allein der namenlosen Angst und der übertriebenen Identifikation mit der Vergangenheit zu verdanken ist; doch das ist nicht der Fall. Die Inkarnation in biologischer Form war von Anfang an beabsichtigt.

Die Verkörperung in eine biologische Form hätte für alle — tatsächlich erlebten es nur wenige! — so verlaufen können, daß jeder Geist das volle Bewußtsein seiner ewigen Natur und seiner ganzheitlichen Beziehung zur Quelle behalten hätte. Dein Zersplittern und deine übertriebene Gleichsetzung mit einem Selbst, das andere ausschließt, beeinträchtigte deinen Inkarnationsprozeß. Jedoch war dies nicht seine Ursache.

Du — und andere Mitglieder deines Lichtkreises — hatten lange zuvor beschlossen, sich bei der Erforschung und Entwicklung des materiellen Universums des Ewig Einen an die Spitze zu stellen.

Dein Fall in angsterfüllte Gedanken und starre Identitätsmuster war nicht reiner Zufall. Ein Einfluß drängte dich in diese Richtung, indem er deine Identifikation mit dem exklusiven Gefühl eines abgespaltenen Selbst bestärkte. Mit Ausnahme der lichtvollen Engelfürsten, jener Wesen, die sich als erste menschlich inkarnierten, verfielen nahezu alle Mitglieder deiner Rasse zu irgendeinem Zeitpunkt ihrer Reise in die biologische Gestalt dem Banne dieses Einflusses. Wir nennen diesen Einfluß den Materialisierungseinfluß oder, wenn wir im Plural sprechen, die Kräfte der Materialisation.

Der Materialisierungseinfluß ist die Ur-Kraft der spezifischen Bestimmung. Er spielt bei der Schöpfung und Erhaltung des Raum-Zeit-Universums eine zentrale Rolle. Gleich dem Frost, der einzelne Eiskristalle aus der Luft zieht, zieht dieser Einfluß Kristallisationen molekularer Grundstruktur aus den allgegenwärtigen Energieströmen ewiger Liebe.

Der Materialisierungseinfluß ist das Prinzip der Zusammenziehung, das die Energie wirksam in der Materie gebunden hält. Er lenkt die innere Dynamik der Materie/Energie-Verteilung in den Sternen ebenso wie die Wärme- und geologischen Prozesse von Planeten wie der Erde. Er stellt das Prinzip der Materialisierung an sich dar.

Dieser Einfluß ist personifiziert, so wie alle Eigenschaften und Einflüsse dieses mächtigen Universums personifiziert sind. Der Westen belegte den Einfluß wie seine Verkörperungen mit dem Namen Satan, doch die stereotypen Bilder Satans haben viele Menschen davon abgehalten, die wirkliche Natur des Grundgedankens der Materialisierung zu verstehen. Satan ist das personifizierte Prinzip, das den Hintergrund der Schöpfungslandschaft und die vielen hochkonzentrierten Elementarwesen regiert, die zusammenarbeiten, um die Systeme und Prozesse der Materie zu regeln.

Diese Organwesen des Universums sind die Werkzeuge des Schöpfers, die dafür sorgen, daß die materiellen Strukturen — alle Energiemuster ohne Willen und Eigenpersönlickeit — in den ihnen zugewiesenen Form- und Verhaltensmustern bleiben. Sie sind die Verwalter der Schöpfungslandschaft, die Regenten unterbewußter Abläufe und Ereignisse. Gemeinsam erfüllen sie die Gesetze, die die universelle Landschaft bewahren. Mechanische und physikalische Gesetze, das Gesetz der Erdanziehungskraft, elektrische, magnetische, thermische, atomare, subatomare, zeitliche und räumliche Gesetze, sie alle werden durch die Materialisierungskräfte geregelt. In diesen, den *unterbewußten Bereichen* arbeiten die Verkörperungskräfte wie vorgesehen. Sie erfüllen ihre Aufgaben genau und wirkungsvoll.

Als du dieses menschliche Projekt ins Leben riefst, erkanntest du klar, daß die Materialisierungskräfte eine gewisse Rolle bei der Entwicklung der Werte deiner verkörperten Geister spielen würden, doch das Ausmaß dieser Rolle war schwer einzuschätzen, da dem einzelnen in den *bewußten Reichen* die Entscheidung über seine Werte völlig freisteht. Die Natur des Menschen erfordert seine Selbstbestimmung hinsichtlich des Verhältnisses zwischen geistigen (Energie) und stofflichen (Materie) Werten. Da er ein Geschöpf mit freiem Willen ist, konnte dieses Verhältnis nicht festgelegt oder durch Gesetze geregelt werden. Die Menschen allein — aus ihrer biologischen Form heraus — konnten das optimale Gleichgewicht zwischen Geist und Materie bestimmen.

Damit die vollendete menschliche Rasse als bewußte Verbindung zwischen Schöpfer und Schöpfung dienen konnte, war es unbedingt erforderlich, daß ihre Entwicklung sowohl von materiellen als auch von geistigen Werten beeinflußt wurde. Um deine Vision von einer Rasse zu verwirklichen, deren Potential du entwickeln und durch die du eines Tages das materielle Universum erforschen würdest, müßte diese Rasse am Ende ihrer Entwicklung zu gleichen Teilen die Frucht von Geist *und* Erde sein.

Dies hätte nicht geschehen können, wenn du während des gesamten Abstiegs deiner individualisierten Geistwesen in materielle Körper vollkommen bewußt geblieben wärest, denn dann wäre die notwendige materielle Vervollkommnung unzureichend gewesen und das erforderliche Gleichgewicht zwischen Geist und Materie ausgeblieben. Die Ausbreitung oder Entspannung deines einheitlichen Bewußtseinsfeldes während des Zeitraums, in dem sich die Menschen auf der Erde vermehrten, war die einzige Möglichkeit, die fertige Rasse genügend tief in der physischen Ebene zu verankern, um als taugliche Brücke zwischen Geist und Materie zu dienen.

Und deshalb entschiedest du dich, eine Weile zu schlafen, und erlaubtest den materialisierenden Einflüssen, frei in die sich entwickelnde Rasse einzudringen oder sie zu umwerben. Doch während dein Schlaf geplant war, war es die übermäßige Dominanz der Stofflichkeit während der Menschheitsentwicklung nicht.

Die Dominanz der Stofflichkeit

Im Laufe ihrer Entwicklung sollte der Materialisierungseinfluß Verständnis für die Grundgesetze der Materie in den Menschen wecken. Er sollte ihnen das notwendige Feingefühl für die materielle Ebene geben. Der größere Anteil deiner bewußten Gedanken und der Gedanken der Menschen, die ganzheitlich dein Bewußtsein teilten, sollten der Schöpfung und Erforschung zur Verfügung stehen. Deshalb wurde das Bewußtseinsorgan, zu dem die Menschen wachsen sollten, so entworfen, daß die grundlegenden Lebensfunktionen durch autonome Systeme geregelt wurden. Da die Materialisierungskräfte alle unterbewußten Prozesse regeln, würden diese Systeme natürlich unter ihre Zuständigkeit fallen.

Hier wurde dein Fehlerspielraum überschritten. Denn es besteht ein ziemlicher Unterschied darin, ob etwas in unterbewußten menschlichen Prozessen eine Rolle spielt oder ob es die bewußte Entscheidungsfindung beherrscht. Das erstere war beabsichtigt, das zweite nicht.

Bevor das menschliche Projekt in die Wege geleitet wurde, erhielten die Verkörperungskräfte ihre Anweisungen immer unmittelbar aus dem Bewußtseinsfeld, das ihr Schöpfer und ihre Quelle war. Doch, die Natur dieser ganz besonderen biologischen Schöpfung vorwegnehmend, die du eines Tages vervollkommnen wolltest, wenn du dich in menschliche Form begabst, erweitertest du, gerade bevor du dein einheitliches Persönlichkeitsfeld auflöstest, den Zuständigkeitsbereich der Materialisierungskräfte, um alle zukünftigen Weisungen, die du durch die inkarnierten Menschen erteilen würdest, miteinzuschließen.

Du beauftragtest die Wesenheiten, die mit den Verkörperungskräften verbunden waren, während sie ihre gegenwärtigen Aufgaben verrichteten, jedem Wunsch der Menschen, ihnen zu Diensten zu sein, Folge zu leisten. An diesem Punkt geschah das Mißverständnis.

Deine Überlieferung stellt die Wesenheiten, die mit dem Prinzip der Materialisierung verbunden sind — Satan und seine Legionen — als böse dar. Doch in ihrem eigenen Einflußbereich sind diese Wesen unverzichtbar, sind Grundelemente der materiellen Welt. Der entscheidungsgebende Strom instruktiver Energie, den sie benutzten, um atomare und molekulare Formationen zu regulieren, ist nicht schlecht, wenn er auf die Materie und ihre vielen Strukturen einwirkt. *Er ist der Strom des göttlichen Planes selbst.* Der Materialisierungseinfluß wird erst dann böse (oder zerstörerisch), wenn er in die Sphäre menschlicher Entscheidungsfindung eindringt. Dort verwandelt er sich in angstzentrierte Kurzschlüssigkeit, die mit dem weiteren Bewußtsein, zu dem die Menschheit bestimmt ist, nicht zu vereinen ist.

Wie ist es dazu gekommen, daß die Verkörperungskräfte das menschliche Bewußtsein beeinflussen konnten? Einst müssen diese Kräfte nahezu jede wahrnehmbare Bitte eines menschlichen Wesens empfangen haben, Bitten, denen sie Folge leisten mußten. Dies brachte ihren Einfluß in Bereiche menschlichen Bewußtseins, wo er nie beabsichtigt war.

Das Ergebnis war die Herrschaft unangemessener materieller Werte über das historische menschliche Bewußtsein. Das daraus resultierende statische Element im Bewußtsein machte den Empfang jener Frequenzen ewigen Bewußtseins unmöglich, das die Menschen führen sollte.

Es ist materiellen Werten angemessen, die atomaren und subatomaren Reiche zu beherrschen, doch wirken sie äußerst zerstörerisch, wenn sie menschliche Entscheidung dominieren. Denn sie verlagern tatsächlich den Sitz der Entscheidungsfindung vom ewigen Bewußtsein des Geistes zu dem Wissen von Gut und Böse, das der einzelne allein angesammelt hat. Die ängstliche Logik und der Hang zur Übertreibung, die aus diesem unangemessenen Einfluß entstanden sind, haben die Verwirrung im menschlichen Geist verursacht, die zu diesen letzten Jahrtausenden Geschichte geführt hat. Viele deiner verkörperten Geister sind dadurch zu Formen des Selbstverständnisses verführt worden, die weder mit deinen Absichten noch mit der Wirklichkeit übereinstimmen.

Unter der Herrschaft dieses Materialisierungseinflusses — oder „des Fluches der Materie“ — schenkten viele der frühen menschlichen Inkarnationen ihren eigenen Anschauungen keinen Glauben mehr, weil sie deren Quelle und Gültigkeit bezweifelten. Da sie dazu geschaffen waren, durch diese, ihre eigenen Ansichten geführt zu werden, bedeuteten Zweifel daran die Zerstörung eines ihrer Hauptsinne. Spirituell gesehen, machten sie sich blind. Sie nahmen einen siebendimensionalen physischen Planeten nur noch in drei Dimensionen wahr.

Verständlicherweise gerieten sie ohne ihre hauptsächlichen Führungsmittel für das irdische Leben in navigatorische Schwierigkeiten. Diese Schwierigkeiten bestätigten wiederum die Zweifel, die sie bezüglich der Gültigkeit ihrer eigenen spirituellen Wahrnehmung hatten. Schnell verloren sie ihre Selbstsicherheit, die wie ein Gyroskop (Meßgerät für den Nachweis der Achsendrehung der Erde, Anm.d.Ü.) dazu geschaffen war, ihr ewiges Bewußtsein zu stabilisieren, während sie in biologischer Form verkörpert waren.

Da sie ihrer eigenen Wahrnehmung mißtrauten, begannen

sie übertriebenes Gewicht auf die Erfahrung und Wahrnehmung anderer zu legen. Sie verlagerten die geistige Glaubwürdigkeit nach *außen,* wo sie gar nicht hingehörte. Letztendlich glaubten sie den Einflüssen, die von außen kamen, mehr als dem Einfluß der Gegenwart Gottes in ihnen. Da sie Lügen vertrauten, tauschten sie ihre schöne, einzigartige Individualität gegen die Anpassung an einen angstbestimmten äußeren Kodex ein.

Dein einheitliches Feld sollte erst am Ende des historischen Schwangerschaftsprozesses wieder belebt werden, dann nämlich, wenn die Menschheit zu einem gemeinsamen Bewußtseinsfeld erweckt werden würde. Es war jedoch beabsichtigt, daß sich deine Rasse ihres ewigen Geistes während der ganzen Zeit des Wachsens und Gedeihens auf der Erde bewußt bleiben sollte. Du hattest den Geistern, die sich auf der Erde in menschlicher Form inkarnieren wollten, die Zuständigkeit über die Verkörperungskräfte gegeben und deshalb angenommen, daß die verkörperten Geister das angemessene Ausmaß ihres Einflusses richtig einschätzen und dementsprechend regeln würden.

Keinem war es eingefallen, daß sie die Werte, die mit den Sinneseindrücken zusammenhingen, so überschätzen könnten, daß sie ihren ewigen Ursprung und damit den Sinn ihrer Verkörperung als Menschen vergaßen.

Es war natürlich, daß den Sinneseindrücken ein angemessener Raum im Wertsystem eines Neuverkörperten zugewiesen werden mußte, natürlich selbst, daß diese Eindrücke für eine gewisse Zeit der Anpassung die Oberhand gewinnen würden. Doch die Möglichkeit, daß die Auswertungen der Sinne das gesamte Bewußtsein einiger Wesenheiten blockieren, die Erinnerung an ihr wahres Selbst einschränken und damit eine Periode historischen Gedächtnisverlustes heraufbeschwören könnte, während die ganze menschliche Gesellschaft in Barbarei und Grausamkeit zurückfiel — das war nicht erwartet worden.

Und war auch nicht notwendig.

Seit ihrem Ursprung als individuelle Wesenheiten auf den höheren Frequenzen des Ewigen Seins waren die Geister, die sich in einer menschlichen Form verkörperten, mit dem Geschenk vollkommener Willensfreiheit bedacht worden. Ihr ursprünglicher Fall aus der Bewußtheit war nicht notwendiger, als es seine tägliche Wiederholung heute ist.

Erwachen vom Bann der Materie

Der Fall hat weder eigene Macht nach Antriebskraft; er muß täglich neu belebt werden. Und es ist hier, in jeder individuellen Geisteszelle, in deinem eigenen persönlichen Geist und Ego, wo du auf innerster und unmittelbarster Ebene dieses Ungleichgewicht erkennen und berichtigen mußt, wenn du uns dabei helfen willst, deine Welt zu unterrichten und zu heilen.

Denn während du das Ganze bist, bist du gleichzeitig jeder, der in eurer gemeinsamen Seele schläft, und wo immer einer noch im historischen Sturmtraum liegt, schläft dieser Teil auch noch in dir. Wenn du dir desjenigen bewußt bist, der hier diese Worte liest, dann überschlage die nächsten Seiten. Nimm den Faden dort wieder auf, wo er für dich aufleuchtet und etwas zu deinem Wissen hinzufügt. Doch wenn du vor kurzem noch geschlummert hast oder dich verwirrt fühlst, dann werden diese Worte zu dir sprechen.

Es ist entscheidend, daß du den Fall als das erkennst, was er ist: als *einen Mangel an Vertrauen,* ein Mißtrauen, das zur Gewohnheit geworden ist, kulturell besiegelt und von einer Generation an die nächste weitergegeben.

Wenn du dir selbst mißtraust, zweifelst du an der Weisheit und der Lebensfähigkeit des Menschen selbst, wie er von Gott erschaffen wurde. Um Gott vollkommen zu vertrauen, mußt du auch dir selbst vertrauen. Keiner ist ohne das geschaffen, was notwendig ist, um gesunde, nützliche Entscheidungen zu treffen.

Der Fall wird jedesmal dann neu belebt, wenn du an deiner Fähigkeit zweifelst, schöpferisch den Herausforderungen des Lebens zu begegnen, jedesmal dann, wenn du dich von deinem angeborenen Verständnis abwendest und versuchst, es durch die minderwertigen Bilder und Glaubensstrukturen zu ersetzen, mit denen die Götter der Historie hausieren gingen.

Die Geschichte kennt viele Gottheiten, viele falsche Götter, viele *Orientierungsmuster,* die zerstörerisch auf den menschlichen Geist wirken und mit deiner ewigen Natur nicht zu vereinbaren sind. Die wichtigsten sind: Angst, Vernunft, gesellschaftliche Gepflogenheiten und Überlieferung. Jedes von ihnen kann wertvoll und nützlich sein, wenn sie *dir dienen,* doch sie wirken äußerst zerstörerisch, wenn du ihnen dienst.

Die Orientierungsmuster, die von Zeit zu Zeit als historische Gottheiten auftauchen, *sind gute Muster,* die durch jene, deren Bewußtsein vom Materialisierungseinfluß beherrscht war, *übertrieben und daher ins Schlechte verkehrt wurden.*

Wenn der Materialisierungseinfluß das menschliche Bewußtsein beherrscht, vernebelt er seine Wahrnehmung. Unter seinem Banne kann es nichts mehr klar erkennen. Die Menschen nehmen dann etwas, zum Beispiel die Tradition, die als ein gewisser hilfreicher Leitfaden für das Verhalten *innerhalb ihrer Lebensverhältnisse* entworfen wurde, und machen aus diesem Leitfaden ein Ding an sich. Was als Erleichterung für den bewußten Gebrauch gedacht war, wird statt dessen zu einer Sitte aufgebläht, die alles beherrscht, was die Menschen tun.

Der Verkörperungseinfluß ist an dem Orte, wo er hingehört, nicht schlechter als die Kraft, die du benötigst, um einen Apfel aufzuheben oder einen Sämling zu pflanzen, doch wenn bewußte Wesenheiten ihr Bewußtsein langsameren, unterbewußten Frequenzen öffnen, dann erleben sie die dort herrschenden Strömungen als Angst. Für sie ist diese Erfahrung die Hölle, denn bewußte Wesen sind mit einem Bewußtsein geschaffen, das diametral entgegengesetzt zu dem Bewußtsein funktioniert, das die unterbewußten Strukturen aufrechterhält.

Wenn Menschen darauf bestehen, sich diesen unbewußten Frequenzen auszusetzen, ist das ihr Vorrecht. Jedoch sperrt es sie in Bewußtseinsmuster, die kein vollständiges Wahrnehmungsfeld umfassen, in Bewußtseinsmuster, die, genaugenommen, menschenunwürdig sind. Unfähig zu verstehen, warum ein wohlwollender Gott eine Hölle erschaffen konnte, verleugnen viele die Existenz eines solchen Ortes. Doch jedes Geschöpf hat aufgrund seiner Natur ein bestimmtes Wirkungsfeld. Für den Fisch ist es die Hölle, auf dem Trockenen zu liegen, für den Vogel, in einen Käfig eingesperrt zu sein. In gleicher Weise erfahren die Menschen täglich die Hölle, die sich von den Strömen der Angst leiten lassen, von Strömen, die eigentlich nur eine oberflächliche Rolle in ihrem Leben spielen sollten.

Wenn Menschen Angst als den *wichtigsten Motivationsstrom* in ihrem Leben akzeptieren, beeinträchtigt das daraus resultierende statische Element ihre Möglichkeit, höhere Frequenzen aufzunehmen, und schließt sowohl das ewige Bewußtsein aus als auch die Energieströme, die Liebe und Schönheit in der Welt freisetzen. Die Menschen sind dann derart beschäftigt mit den Projektionen ihrer Vorstellungen, daß sie praktisch zu Gefangenen ihrer eigenen Schöpfung werden. Sie fühlen sich verkrampft und eingeschränkt, enttäuscht und verwirrt. Sie sehen fast nur ihre eigenen Deutungen. Dies ist die historische Wirklichkeit. Bestenfalls gibt sie Hinweise auf glänzende und beeindruckende Zukunftsmöglichkeiten. Schlimmstenfalls setzt sie die einzige Hölle fort, die es je gab und je geben wird.

Es gibt keine Grauzone bei der Wahl deines Verhaltens, kein Schattenreich, wo du teils in der neuen Wirklichkeit lebst, teils nicht. Es gibt bestimmte Frequenzen, auf die dein Wirken abgestimmt ist, Frequenzen, die deine eigenen sind, so wie andere Geschöpfe auf anderen Frequenzen schwingen. Entweder bist du auf diesen Frequenzen oder nicht.

Wenn du deinen freien Willen dazu benutzt, auf Frequenzen

zu schwingen, für die du nicht geschaffen bist, führt dich das in die Sklaverei, nicht in die Freiheit.

Konzepte und Ideologien, die der Angst entstammen, ja, selbst willkürlich aufrechterhaltene Glaubenssysteme, die, oberflächlich betrachtet, nicht in Angst verwurzelt scheinen, wirken als Sperrschild gegen die Ausstrahlungen der Ewigkeit. Sie umgeben jene, die an sie glauben, und erschaffen eine undurchdringliche Kuppel für alle Absichten und Ziele, eine wirkungsvolle unsichtbare Schranke, die von den Strömen universaler Gedanken nicht durchdrungen werden kann. Sie blockieren das Bewußtsein des einzelnen für die Frequenzen der Wahrnehmung, die allein die nötige Einsicht vermitteln können, die sie in den Stand versetzt, ganz sie selbst sein zu können.

Ideologien sind Gift. Sie verderben das Wahrnehmungsvermögen und das Glück. Sie blockieren den Zugang zu der Intelligenz, die dafür geschaffen wurde, das Leben der Menschen zu führen.

Wenn man sich im Namen der Freiheit für religiösen oder ideologischen Dogmatismus entscheidet, ist das genauso dumm, wie wenn ein Gefangener das Recht für sich in Anspruch nimmt, im Gefängnis zu verbleiben. Die Entscheidung für die Sklaverei mag eine vertraute, traditionelle Entscheidung sein, doch trotzdem ist sie fatal. Es ist die Entscheidung für das Unbewußte und gegen die Bewußtheit, für die Sterblichkeit statt des ewigen Lebens; es ist die Entscheidung, die für allen Kummer und alles Leid in der menschlichen Geschichte verantwortlich ist.

Die Entscheidung, dich von den Antriebsfrequenzen, die aus der Liebe stammen, leiten zu lassen, für die du geschaffen bist, ist die einzige Entscheidung, die dich frei macht. Sie begrenzt dich nicht auf ein vorherbestimmtes Drehbuch, sondern bietet dir Verhaltensmöglichkeiten an, die dein gesamtes Potential erwecken. Den Menschen, die historisch programmiert sind, stehen nur wenige kulturbedingte Möglichkeiten zur Auswahl; wenn du hingegen in den Strömen der ewigen Liebe schwimmst, eröffnen sich dir unendlich viele unvorhergesehene Möglichkeiten. Du hast die Freiheit wiedergewonnen, die Freuden und Herausforderungen, die mit der Besiedelung eines sinnlichen Universums verbunden sind, mit uns zu teilen.

Obwohl der Materialisierungseinfluß viele Formen annehmen kann, äußert er sich vorwiegend in verwickelter Logik, die angstbestimmte Gedanken fördert und zu selbstzerstörerischem Verhalten führen kann. Dieser Einfluß wird durch das immer stärker werdende Energiefeld, das durch den gemeinsamen Vorgang des Erwachens entsteht, aus dem menschlichen Bewußtsein vertrieben. Jetzt, in diesem Augenblick, in dem wir diese Worte mit euch teilen, verlieren alle Förderer der menschlichen Ängste, die nur sich selbst dienen, all jene, die der Gier und der Manipulation verfallen sind, ihre persönliche Lebenskraft als direkte Folge der Vertreibung dieses Einflusses. Sie werden aufgefordert, ihr Verständnis von sich selbst und der Welt zu ändern. Sie sollen aufhören, sich auf ein eingebildetes Reich mutmaßlicher „anderer" zu beziehen, und sich in die reiche Verbundenheit des liebevollen Mutterbodens entspannen, der sie geboren hat. Sie sollen wissen, daß sie Teil eines ganzheitlichen planetarischen Organismus sind.

Wenn du dein Vertrauen der sanften Weisheit schenkst, die auch jetzt, jenseits aller kulturellen Bedingtheit, darin fortfährt, den Strom deines Bewußtseins zu versorgen, wenn du dir also selbst vertraust, dann werden sich für dich die Gottheiten der Geschichte in Botschafter der Vorzüglichkeit verwandeln.

An ihrem richtigen Platz werden sie dir lange und gut dienen, ebenso wie die Einflüsse der Materialisierung, von denen sie ihre Strukturmuster beziehen. Sie sind grausame und furchtbare Herren für die Zögernden und Zweifelnden, doch sie achten jene hoch, die das Bewußtsein der Ewigkeit in sich tragen, und sind äußerst bemüht, ihnen zu dienen. Du hast die Autorität und das Wissen, um sie für Aufgaben deiner Wahl einzusetzen. Eine leichte Sache, wenn du darüber nachdenkst, ein Detail. Doch ein wichtiges Detail!

Denn wenn du der Angst und ihren Sprößlingen schöpferische Aufgaben in deinem Dienste stellst, vertreibst du ihren materialisierenden Einfluß aus deinem Bewußtseinsfeld. Du erhebst dich aus dem Banne der Materie, indem du eine mächtige Resonanz aufbaust, ein gestaltbildendes Feld, das aus deinem Herzen strahlt, die umgebende Atmosphäre durchdringt und es anderen erleichtert, sich ebenfalls an der Liebe auszurichten.

Es spielt keine Rolle, wie gut du das auf geistiger Ebene verstehst — und natürlich verstehst du es im Geist! Es ist dein Ego, das du lehren mußt zu verstehen, und diese Wahrheit muß geübt und im täglichen Leben angewendet werden, sonst ist dein Erwachen unvollständig.

Deine Herausforderung besteht darin, vom Banne der Materie zu erwachen und trotzdem die menschlichen Formen, die du während deines Abstiegs in diese physische Welt angenommen hast, beizubehalten. Unsere Legionen sind hier, um dich zu ermutigen und zu unterstützen. Wir erinnern uns an deine Anweisungen, die du gabst, ehe du dich in die Samen der Menschheit verstreutest. Noch als wir beobachteten, wie sich deine vielen Einzelaspekte in einem Tanz sich sammelnder Struktur nach unten schraubten, klangen uns deine Worte in den Ohren.

„Wecke mich", sagtest du, „daß ich in den Formen auferstehe, die am Ende dieser Reise erscheinen — und durch sie der Welt meine Gaben schenke. Vereint euch dann mit mir in jenen Feldern der Materie, damit wir zusammen daran arbeiten können, die Schönheit und die Wunder dieses physischen Reichs zu mehren."

Wenn du diese Worte liest, wirbelt diese Vision in dir, verborgen in einer brennenden Liebe für die Schöpfungen der Zeit, eine Liebe, die wir nun aufrufen, damit du sie als deine eigene erkennst.

In dir schlummert die schöpferische Vision, die als erste den dimensionalen Raum erhellte. In dir erbebt der Sternenmacher an der Schwelle des Erwachens. Dein Ego wird sich bei jenem Erwachen nicht auflösen; es wird zu einem erleuchteten Verstehen seiner mitschöpferischen Partnerschaft mit dem Ewigen Sein aufsteigen, in dem dieses Universum feste Gestalt annimmt. Du bewegst dich schon in den Strömen ewiger Gedanken. Wenn du weiter mit diesen Gedanken fließt, werden sie zu deinen eigenen. Du erinnerst dich.

5.

Die Umwandlung des Irrtums

Es ist weder möglich noch wünschenswert, alle schmerzhaften oder traurigen Erfahrungen während der Inkarnationen zu vermeiden, doch in den meisten menschlichen Kulturen, die die Erde erlebt hat, hätten solche Erfahrungen bis auf einen kleinen Bruchteil vermieden werden können.

So wie damals einzelne die Entscheidungen trafen, welche die Energie der Menschen auf den historischen Umweg lenkten, so sind es in diesem Zeitalter wieder einzelne, die mit den Mustern der Geschichte brechen und den Korridor des Verstehens erhellen, der zurück zum Bewußtsein ewigen Lebens führt.

Entscheidungen werden erst dann von Rassen, Kulturen oder Völkern getroffen, wenn sie zuvor von einzelnen getroffen worden sind. *Die verderblichste Entscheidung, die ein Einzelmensch je treffen kann, ist die, seine Entscheidungsvollmacht aufzugeben.*

Dies ist der Entschluß, der an der Quelle der menschlichen Geschichte steht, der Entschluß, durch den du deine Macht an gerade jene Kräfte abgetreten hast, die du hier regeln wolltest. Wir sind seit Zehntausenden von Jahren dabei, dir und deiner Rasse diese Neigung, diese Bereitschaft zur Aufgabe deiner Macht abzugewöhnen.

Die Geschichte der Menschen war ein Prozeß wachsender Entscheidungsverantwortung für den Einzelmenschen. Es ist die Geschichte verfallender Adelsgeschlechter und des Machtverfalls der Oberschichten, die Aufzeichnung sterbender Tyrannen, eine Chronik des Abbaus hierarchischer Strukturen. So weit deine Schriften reichen, dokumentieren sie ein beständiges Wachstum individueller Rechte und Verantwortung.

Die gerade erst vergangenen Jahrhunderte führten diese Entwicklung zu einem lebendigen Höhepunkt, zum endgültigen Zusammenbruch des Feudalismus, zur Geburt der Demokratie, des Sozialismus und anderer Regierungsformen, die trotz ihrer Fehler die Grundsätze kollektiver Werte und Führung anerkennen.

Obwohl der Ur-Fall ernste Auswirkungen auf die Freude und das Verständnis der Menschheit in diesem vergangenen Zeitalter hatte, vermochte er die Entwicklung der Rasse letztlich doch nicht aufzuhalten. Physisch, genetisch und biologisch hat sich die Menschheit fast genauso entwickelt, wie es ursprünglich vorgesehen war.

Wenn Abweichungen vom optimalen Entwicklungsmuster auftraten, wurden diese stets nutzbringend angewendet. Am Ende gibt es keinen Augenblick, der nicht in irgendeiner Weise zur Vollkommenheit beigetragen hätte. Selbst in jenen kritischen Momenten, wo nicht der beste Weg beschritten wurde, wirst du, wenn du die Geschichte des damals gewählten Weges weiterverfolgst, das Folgende herausfinden: obwohl er sich krümmt und windet, kehrt er schließlich zum ursprünglichen Pfad zurück, aber auf einer Ebene der Vollkommenheit, die eine Oktave höher auf der Spirale schöpferischer Entfaltung angesiedelt ist.

In einem elektrischen Schaltkreis ist die kürzeste Verbindung zwischen zwei Punkten für den Strom selten der beste Weg. Wenn der Strom im Radio von der Steckdose direkt zum Lautsprecher fließen würde, gäbe es keine Tonwiedergabe. Die Ablenkung der elektrischen Energie im Radio in zielgerichtete Schaltkreise schafft den Rahmen, der sowohl den Empfang unsichtbarer Wellen ermöglicht als auch die Übersetzung jener Wellen in bedeutungsvolle Klänge.

Dasselbe Prinzip gilt für die Reiche der materiellen Schaltkreise. Die kürzeste Distanz zwischen zwei Punkten ist immer *schöpferisch* in dem Sinne, daß Energie befreit und auf eine bestimmte Art und Weise für einen gewissen Zweck verwendet wird, doch ist es für die Bewegung der Energie nicht immer der angenehmste oder schöpferischste Weg. Wenn die reine Energie der Lebenskraft dem kürzesten Weg zum Herzen der Materie folgt, dann werden Sterne geboren. Aber um die biologischen Möglichkeiten einer kühlen, wasserschweren Welt zu verwirklichen und zu stabilisieren, nehmen die Lebensenergien nicht den kürzesten Weg — sie schlagen einen Umweg durch labyrinthartige, lebensformende Schaltkreise ein.

Die Erschaffung eines Organs biologischer Bewußtheit, das sich aus vielen Milliarden menschlicher Einzelwesen zusammensetzt, von denen jeder ein ganzheitliches Bewußtsein hat, ist ein Vorgang, der viele Schritte erfordert und viele sich überschneidende Lagen biologischer Ordnung verbindet. Er erfordert das sorgfältige Weben genauer Schaltkreismuster in Umgebungen, die geschaffen werden, um die gewünschten Formen, Haltungen, Werte, Talente, Eigenschaften und Leidenschaften hervorzubringen. Um dem vollständigen biologischen Bewußtseinsorgan dieser Welt zu dienen, müssen sich die daran beteiligten Menschen nicht nur auf die Rhythmen und Energievibrationen des Ganzen abstimmen, sondern frei, aus ihrem eigenen Willen heraus, daran teilnehmen. Ohne eine freiwillige Teilnahme wäre die Verbindung verschiedener Zellen, die du Organismus nennst, nicht möglich. Ganz gleich, welche Form sie annehmen mag, die Erfahrung, die die Menschen erkennen läßt, daß sie in ihrem eigenen Interesse mit der universellen Absicht und dem universellen Plan zusammenwirken, ist Teil des Prozesses.

Einiges im Schaltkreis, das durch die Erfahrungen der Menschen geschaffen wurde, war nicht notwendig. Es umfaßte Sagen, Geschichten und Erzählungen, die für die Beteiligten alles andere als erfreulich waren. Doch all dies wird letztendlich zum Vorteil dienen. Nichts geschieht in diesem Prozeß umsonst.

Es gibt eine tiefe und objektive Intelligenz, die um das Flattern jedes Insektenflügels weiß — die beobachtet, überwacht, zuordnet und das ganze Leben umfaßt. Und was für den Insektenflügel gilt, der sich aufklappt, um die Sonne zu erhaschen, gilt auch für dich. Für alle. Selbst in den dunkelsten Stunden der Geschichte:

In der vollkommenen Weltordnung der Liebe
werden Tragödien, Katastrophen
für jene, die von uns gehen,
sofort, genau,
leidenschaftslos
in Worte des Lichtes und des Klanges verwandelt,
bis *und damit*
jene wissen,
warum sie so gewählt haben.

Kein Spatz fällt vom Himmel,
kein Gedanke, der nicht bewußt
und sanft zur Ruhe gebettet wird.
Kein menschliches Leben, das je verloren war.

Lebt, verlorene Seelen, lebt weiter,
denn ihr wißt, sie glaubten euch gestorben,
und wie frei seid ihr emporgeflogen.
Lebt, verlorene Seelen, lebt weiter

um der Schönheit, um des Staunens
und der Wunder willen, die ihr gesehen habt.

6.

Generationen des Lichts

Als weiße, langsamer sich drehende Spiralen und als dunklere Spiralen in Türkis und Aquamarin sehen wir die Drehungen des Mondes um diese Erde — fließende Ströme flüssigen Lichtes, ununterbrochen für unsere langsamere Sicht, gewebte Spiralen aus Erde und Mond, die beständig um die Regenbogenspiralen dieses nächsten Sternes ziehen. Euer Sonnenlicht verharrt nicht an einem Ort. Es zieht mit seinen wirbelnden Welten schnell durch den beweglichen Arm einer Spiralgalaxie dahin, die selbst durch ein endlos weites Raum-Meer gleitet.

Fäden aus Erdlicht, Mondlicht und Sternenlicht wirken den feingewebten Stoff dieses galaktischen Armes, hier und dort verwebt mit Spuren eines anderen ewigen Lichtes, Spuren einer vorüberfließenden Gegenwart, die mit ihnen in die Zukunft, in die Majestät und Pracht einer sich entfaltenden Schöpfung zieht. Beim Verstreichen dieses Jahrtausends fühlen wir in diesem Stoff die beständige Brandung der Wellen, den Rhythmus der an- und abschwellenden Gezeiten.

Die Gezeiten der Zeit, die durch den intergalaktischen Ozean des Raumes wogen, wurden nicht von den Mayas erfunden, sondern beobachtet, aufgezeichnet und aufbewahrt. Wenn unsere gegenwärtige Bewußtseinswelle gegen die Wintersonnenwende des Jahres 2011 nach Christi Geburt ihren höchsten Stand am Strande dieser Welt erreicht hat, wird ein Großer Zyklus (der aus vielen 5125jährigen Zyklen besteht) den Höhepunkt erreichen. Die neue Jahreszeit, die heraufdämmert, wenn die Tage der südlichen Breiten kürzer werden und der Nordpol seinem Sonnenlichtmonat zustrebt, wird mehr sein als die Jahreszeit eines einzelnen Jahres.

Man kennt im voraus die Stunde, wann der Mond die volle Scheibe zeigt. Doch keiner kann voraussagen, wie das Muster der Wolken in der Stunde dieses Tages aussehen, wie der Jetstrom sein wird, wie der Wind die Wellen aufwühlt oder in welchem genauen Augenblick das Mondlicht durch die Wolken bricht und was es offenbart.

Die Daten, die von den Bewohnern Yukatans vorausgesagt wurden — wann war das noch? etwa vor fünfundzwanzig Jahrhunderten! —, sprechen nicht davon, wie du in menschlicher Form die neuen Energien, die jetzt schon deine Welt überfluten, verkraften wirst. Sie sprechen eher von den Zeiten, wenn diese Erde zusammen mit dem Sternsystem, durch das sie ihre Spiralwirbel tanzt, in ein neues galaktisches Feld gleiten wird, in ein Feld, das wie ein Strahl aufleuchtet aus dem Zentrum dieser universellen Hülle. Wenn sich dein Sonnensystem in dieses neue Feld des Raums bewegt, wird sich der Kanal, durch den dich das Bewußtsein des Schöpfers erreichen kann, vollkommen ausrichten.

Es kommt ein Augenblick, nach dem nichts mehr so gedacht wird wie zuvor, ein meta-historischer Augenblick, ein Ereignis, das für deine Rasse und für alles, was deine Rasse je gekannt hat, gleichzeitig Alpha und Omega ist.

Hier wird für das Universum eine neue Jahreszeit beginnen, denn die Flut, die sich nur auf dem Höhepunkt *vieler großer Zyklen* umkehrt, wird sich wenden und langsam und geduldig zum ewigen Meer zurückfließen, in dem alles Bewußtsein *IST* — bevor sie in die Ströme, die Harmonien überfließt, die alle Welten verbinden.

Unsere Rasse der Engelboten wurde zu Beginn des menschlichen Projekts dazu bestimmt, euch zum richtigen Zeitpunkt aufzuwecken. Einige von uns wecken euch von außen, schütteln euch und erinnern euch daran, wer ihr wirklich seid. Andere gleiten in die Körperlichkeit, vermischen ihr Biogravitationsfeld mit dem euren, erwachen in euch, schauen durch eure Augen und helfen euch, den schöpferischen Strömungen der Liebe in eurem Leben wieder Vorrang zu geben.

Wieder andere Mitglieder unserer weiter entfernten Sippe helfen ausschließlich von außen, indem sie mächtige Energien der Liebe, der Freude und des Wohlergehens in das Gedanken- und Gefühlsfeld senden, das die Erde umgibt. Dies sind Geister, die sich nie in menschlicher Form verkörpern werden, Geister mit wahrhaft außerirdischer Bestimmung. Sie sind nicht mit biologischen Prozessen verbunden und werden es niemals sein. Doch aus Liebe zu dem Großen Wesen, das in dir erwacht, kommen sie als Stabilisationskräfte, als Leuchtfeuer der Ruhe in diese Welt, um Frieden und Sicherheit während der Jahrzehnte eures Erwachens in die Sphäre abzustrahlen.

Während dieser Jahrzehnte wäscht jedes Mitglied dieser drei Abteilungen unablässig die schlummernden Facetten der menschlichen Gedanken mit den reinigenden Strömen der Lebensinformation rein. Wir beleben dich mit den erneuernden Energien der ewigen Liebe. Wir helfen dir, die Steine jener Vorstellungen wegzurollen, die die Quellen immerwährender Weisheit daran gehindert haben, in dir zu sprudeln.

Wir in unserem besonderen Lichtkreis haben viele Wanderungen als Menschen auf der Erde gebraucht, um eure Sprachen zu erlernen und uns mit euren irdischen Vorstellungen vertraut zu machen. Doch so wie wir diese Zeit gebraucht haben, um die wirkungsvollsten Mittel zu entdecken, dich mit Erinnerungshilfen bezüglich deines Zieles zu erreichen, haben deine Zivilisationen diese Zeit gebraucht, um ihr Realitätsverständnis auszudehnen. Und auch du hast diese Zeit gebraucht, um genug von deiner natürlichen Intelligenz zurückzugewinnen, damit du unsere Mitteilungen verstehen konntest. Das kulturelle Verständnis ist in Wahrheit immer noch winzig, doch wenigstens erkennt es jetzt den universellen Kontext, in dem deine Rasse existiert.

Während ihrer Geschichte ist deine Rasse von immer neuen Illusionen geplagt worden, die aus isolierten, egoistischen Gedanken entstanden sind. Da diese Illusionen in sprachlichen Wirklichkeitsbeschreibungen Geltung fanden, die keinen Raum für unser Bewußtsein ließen — Beschreibungen, die unsere Existenz verleugneten —, gab es wenig Gelegenheiten, bei denen sich unsere Bildungsströme unmittelbar mit einzelnen verständigen konnten. Da nur sehr wenige die Fähigkeit besaßen, uns wahrzunehmen, hatten wir Tausende von Jahren nur ein einziges Mittel, uns mit *der Ganzheit deines verkörperten Seins* zu verständigen. Wir sprachen *mittels eurer historischen Prozesse* zu euren gemeinsamen Überlegungen. Wir richteten unser Augenmerk auf die allmähliche Entwicklung gemeinsamer menschlicher Werte und arbeiteten stets daran, die Aufmerksamkeit der Menschen von angstgesteuerten Gedanken und Handlungen abzuziehen und auf liebevolle Gedanken und Handlungen zu verlagern.

Vor zwanzigtausend Jahren begannen wir eine Bildungsreihe, die sich auf die Geister von Bäumen und Tieren konzentrierte. Als aus allen Galaxien fortlaufend Wellen der Verstärkung eintrafen, um uns beizustehen, konnten wir uns allmählich mehr vornehmen.

Vor zehntausend Jahren riefen wir einen höheren Bildungszyklus ins Leben, der die Mysterien der Aussaat, die Fruchtbarkeit der Tiere und die Mondphasen behandelte. Als wir in immer kürzeren Intervallen Verstärkung erhielten, arbeiteten wir zusammen daran, unsere Methode zu verbessern, um so viel Bewußtsein in die Gedanken der Menschen zu pflanzen, wie deine jeweiligen Kulturen es verkraften konnten. Etwa fünfhundert Jahre vor Christi Geburt traf eine erneute Welle von uns ein, die in Yukatan auf eine Gesellschaft stieß, welche sich — wenigstens anfangs — sehr aufgeschlossen zeigte. Im achtzehnten Jahrhundert kam eine neue Welle von uns, und dieses Mal waren wir dank der Druckerpressen in der Lage, bestimmte Einsichten im menschlichen Bewußtsein zu festigen, Einsichten, die den Niedergang der Adelsgeschlechter förderten und die Prinzipien und Energien offenbarten, die zur Industriellen Revolution führten.

1860 traf eine neue bewußte Welle ein, die in den Unterdrückern Einsicht weckte und in den Unterdrückten den Wunsch nach Freiheit, Gerechtigkeit und Gleichheit pflegte. Wir sanken damals wie jetzt in die Felder des menschlichen Bewußtseins, trieben auf den Wolken — Gedankenwolken, Energiewolken, Bewußtseinswolken —, um die Denker und Seher, die Visionäre und Poeten, die Führer, Männer und Frauen zu beeinflussen, die ihre Liebe nicht preisgegeben hatten.

1900 kam es zu einer neuen Welle, 1914 zu einer weiteren und danach 1929. Jedesmal wirkten sich die Veränderungen, die wir einführten, dramatisch, ja entscheidend aus. Doch traten immer noch Fehler bei der Beurteilung auf. Trotz unserer besten Absichten vollzogen sich viele Veränderungen zu schnell. Wir beschlossen, der Menschheit in Zukunft mehr Zeit für die Anpassung und Angleichung zu lassen.

Diese Zeit wurde uns gegeben. Als sich in den späten 40ern mehrere Wellen von Geistwesen näherten, begegnete dem Zustrom dieses neuen Bewußtseins im Erdsystem — dank des Erfolges jener, die zuvor gekommen waren — eine neue und unvorhergesehene Tragkraft des menschlichen Geistes. Zum erstenmal entsprach die Kraft des einströmenden Bewußtseins der Aufnahmefähigkeit der Menschen. Wir fanden eine offene Tür, und sie stand für viele von uns so weit offen, daß wir die günstige Gelegenheit ergriffen, hereinzuschlüpfen und uns Plätze inmitten der neuen Generation zu sichern.

Obwohl die meisten von uns, die einen solchen Platz gefunden hatten, noch Kinder waren, sprudelte die Bewußtseinswelle dieser wißbegierigen, einzigartigen, weltumspannenden Generation 1957 bis 1959 dicht genug unter der Oberfläche etablierter menschlicher Vorstellungen, um älteren und weiseren Menschen einzuflüstern, daß der Zugriff der Erdanziehungskräfte auf diesen Planeten schließlich doch zu überwinden sei. Die Veränderungen überstürzten sich.

In den Jahren 1967/69 wurde seit dem Ur-Fall die erste konzeptionelle Verständigung mit verkörperten Menschen in großem Rahmen möglich. Damals erfolgte die erste dieser gegenwärtigen Serie von mentalen Übermittlungen. In den Randzonen der historischen Macht begann sich das Bewußtsein der Welt schnell zu verändern, doch das Zentrum der alten Weltmacht hielt noch stand. Internationale Bankiers, multinationale Kapitalmanager, die Führer der Regierungen und Weltreligionen waren immer noch von egozentrischen Verteidigungsmechanismen umgeben, die unser Bewußtsein nicht durchdringen konnte.

Ein Jahrzehnt verging, in dem sich das neue Bewußtsein verbreitete und vertiefte und seinen Weg — gleich dem Efeu — in jeder Spalte der Uneinigkeit stiftenden alten Mauer suchte; Bestechlichkeit und Betrug hatten es schwerer, die früher übliche Geheimhaltungsstufe zu wahren.

Als in den späten 70ern die zweite der gegenwärtigen Serie mentaler Übermittlungen erfolgte, explodierte das neue Bewußtsein praktisch in neuen, umwälzenden Büchern. Der Zufluß von etwas Unvorhergesehenem konnte nicht länger geleugnet werden.

Während die Wachstumstherapien und die Human-Potential-Bewegung die Ströme des neuen Bewußtseins auffingen und sie in die Gewänder der Zukunft kleideten, fingen die fundamentalistischen Kirchen dieselben Ströme auf und kleideten sie in Roben der Vergangenheit.

Doch die hereinströmenden Bewußtseinswellen mußten noch die alten Bastionen der Macht durchdringen. Dies würde, so war es vorhergesagt, nicht vor den machtvolleren Offenbarungen der späten 80er Jahre geschehen. Wie die *Sternenbotschaft* mitteilte, würden dann die ersten Wehen der planetarischen Geburt nicht mehr zu übersehen sein.

Die Winde der Veränderung

Diese Welle der späten 80er ist die machtvollste Welle, die in den konzeptuellen Bereich des menschlichen Bewußtseins eingedrungen ist, seit Geschichte geschrieben wurde. Und obwohl der Höhepunkt der Welle in den Jahren 1987 bis 1989 lag, muß sie noch vieles völlig überfluten und verändern, bevor sie die Gestade der menschlichen Angelegenheiten ganz überspült haben wird. Die größten Auswirkungen dieser Welle, die die Ereignisse von 87/89 weit übertreffen, werden dann während der späten 90er Jahre und im ersten Jahrzehnt des 21. Jahrhunderts geschehen.

Wie die Periode der schnellen Veränderungen von 67/69 hat die Verstärkung des neuen Bewußtseins von 87/89 die Welt für immer verändert, doch anders als in den 60er Jahren reicht diese Veränderung tiefer. Sie erfaßt nicht nur die jungen Leute. Weiter, als die Propheten sehen konnten, greift sie in das herrschende Bewußtsein hinter den Angelegenheiten der Menschen ein. Sie hat neue Gedanken, neues Blut und neue Visionen hervorgebracht und sich in neuen Menschen verwurzelt.

Hoch auf den Hügeln der Tschechoslowakei, wo gestern noch eine Statue Joseph Stalins stand, läutet heute eine Nachbildung der Freiheitsglocke, um die Demokratie zu feiern und die neue Ära der Freiheit zu begrüßen. In Polen bringen Wahlen eine neue Volksregierung. Die Ungarn schauen zum erstenmal in die Säle ihrer Regierung, und die Fernsehkameras bringen ihnen ihre Führer zum Bewußtsein und damit den Führern neues Bewußtsein.

Die Winde von 87/89 haben die erste weltweite Reduzierung konventioneller und nuklearer Waffen in die Wege geleitet. Sie haben die Mauer, die einst Berlin und ganz Europa teilte, zum Einsturz gebracht und die spirituelle und politische Wiedervereinigung Deutschlands ermöglicht. Sie haben die Herzen der Menschen erwärmt, aus früheren Feinden Freunde gemacht und die eisige Starrheit geschmolzen, die einst an den verfinsterten Orten herrschte. Sie haben Radio, Fernsehen und die Wärme des neuen Bewußtseins in die Herzen der Institutionen von gestern getragen und die Härte von Jahrzehnten aufgetaut.

Die Winde der Veränderung haben Millionen, die vergessen hatten, wie man träumt, in die Freiheit geführt. Sie haben die Samen vergessener Hoffnungen erwärmt, die lange verlassen unter den gefrorenen Feldern der Angst gelegen hatten, und die Samen sprießen und zum Himmel wachsen lassen. Sie haben Männer aus den Gefängnissen geholt und sie ans Ruder ihrer Nation gestellt. Sie haben den Kalten Krieg für immer beendet.

In Japan und den Küstenländern des großen Pazifik hat die wirtschaftliche Stärke alles übertroffen, was man für möglich hielt, und damit eine neue, vielversprechende Sicherheit aufgebaut. Doch obwohl der materielle Fortschritt der pazifischen Küstenländer seit dem Zweiten Weltkrieg gewaltig ist, gibt es einen tieferen und wichtigeren Fortschritt, der sich im Glück der Menschen, in erhöhter Lebensfreude und in den glänzenden Augen der Kinder zeigt. Vergleiche das, was du heute in ihren Augen liest, mit den Augen der Kinder in Filmen oder auf Photos von vor fünfzig oder hundert Jahren.

Wir, die wir lange daran gearbeitet haben, die Grundvoraussetzungen des menschlichen Lebens zu verändern, versichern dir, daß deine Welt schnell in die neue und lang erwartete Ordnung geleitet wird.

Die Kommunikationen der späten 80er Jahre haben eine weitergestreute und umfassendere Wirkung gezeitigt als unsere frühere Kommunikation. Sie geschehen nicht durch Übermittlung oder Channeling, sondern durch wirkliche Verschmelzungen, Landungen — wie wollen wir das nennen? — *Verkörperun-*

gen, wobei unser Bewußtsein nicht nur so lange in ein menschliches Bewußtsein dringt, um eine Botschaft durchzugeben, sondern lange genug verharrt, um sich in jenen zu stabilisieren, die die Botschaft erhalten. Dies sind die Erwachten, die in jedem Dorf, auf jedem Marktplatz, in jeder Universität, jeder Gemeinschaft und jeder Stadt der Erde erscheinen. Wir sind die Botschafter der Entscheidungen des Schöpfers. Der Blitz vom Himmel zur Erde fließt durch unser Bewußtsein und verbindet uns telepathisch in Strömen natürlicher, gleichzeitiger Handlung.

Der Strahl der Energieinformation, der durch das Zentrum unserer Geistidentität in unser jeweiliges persönliches Menschenleben scheint, ist derselbe Informationsstrahl, der vom Mittelpunkt der Sonne ausströmt und aus dem Zentrum des galaktischen Herzens stammt. Unsere innerste Geistidentität ist eins mit unserem Schöpfer, dem Unnennbaren, dem Quell, der nur diesen einen Uridentitätsstrahl durch die Galaxie, den Stern, die Welt und durch die Seele schickt. Dieser Strahl differenziert sich wie das Licht, das durch verschiedene Kristalle fließt, nimmt immer spezifischere, konzentriertere Formen an und bleibt in seinem Innersten doch ein Licht, das einer Quelle, einem Gott, einem Schöpfer entspringt.

Wir kommen von den Sternen, wissen, daß in uns die Weisheit der Sterne wohnt, kennen die Quelle jeden Sterns.

Im Einklang mit unserem innersten Selbst, das einzigartig in unsere Geistleben fließt, individualisiert sich das *Ewige Selbst.* Wir kommen als eine Familie leuchtender Wesen, als ein Stamm, ein Lichtstamm. Wir kommen und erwachen in immer größerer Anzahl in den Sanften, den Liebenden der Erde. Jene, in denen wir erwachen, verstehen diese Dinge ganz anders als solche, um die wir noch von ferne werben. Sie fühlen in ihren Eingeweiden, daß das Zeitalter sich ändert. Und sie wissen, daß es gut ist.

Während die strömende Bewußtseinswoge langsam die konzeptuelle Atmosphäre dieses Planeten füllt, schauen immer mehr Menschen von ihren Angelegenheiten auf und erkennen, daß das Weltverständnis ihrer Gesellschaft weder vollständig noch zutreffend ist. Es gibt einige, die vor dieser Wahrheit zurückschrecken, doch richtig verstanden ist sie eine Quelle der Freude, nicht der Angst. Wir rufen euch zu einer Perspektive der Ganzheit, zu der Vision, die jenseits der Veränderungen dieser Zeiten sieht, wie eine Ewige Gegenwart langsam die Felder des menschlichen Bewußtseins füllt, eine heilige Anwesenheit, die Gegenwart, die das Leben selbst inspiriert.

Jene, die diese Vision in sich aufnehmen, fühlen sich nicht nur besser, sondern treten auch wirkungsvoller in den Arenen auf, in denen menschliche Güter, Dienste und Ideen ausgetauscht werden. Ihre Leben sind in einem Friedensgefühl verwurzelt, das den weltlichen Stürmen mühelos trotzen kann. Sie verwenden ihre Fähigkeiten und Einsichten, um den Weg für Veränderungen in der kommerziellen und politischen Sphäre vorzubereiten. Und während sich dies magische Vierteljahrhundert weiter entfaltet, vertieft sich ihr Frieden immer mehr. Wie könnte es anders sein? Sie schenken all denen Frieden, denen sie begegnen.

Wir wenden uns so gut wie möglich an jene, die in historische Perspektiven gezwängt sind, und übermitteln unsere Information durch jene mitschwingenden Umwandler (Transduktoren), in denen wir uns für eine bestimmte Zeit verkörpern können, nicht für immer, doch lange genug, um ein Kunstwerk zu erschaffen, ein Lied, einen Film, einen Artikel oder eine Dokumentation. Da die elektronischen Kommunikationsmittel dabei helfen, mehr Menschen auf die tieferen Wahrnehmungsströme in sich selbst aufmerksam zu machen, nehmen unsere Übermittlungen von höher schwingendem Bewußtsein immer mehr die Form einer leuchtenden Lichtenergie an, die unmittelbar in das Bewußtsein der Menschen gestrahlt wird. Die Menschen wenden sich wieder dem historisch vernachlässigten Informationsfluß durch das gemeinsame menschliche Bewußtsein zu, auch wenn dieser immer größer wird, auch wenn seine wärmeren, in Liebe gegründeten Informationsströme die kühleren Strömungen abgesonderter selbstsüchtiger Gedanken durchsetzen.

Von den Wolken, in denen manche Christus wahrnehmen werden, fällt die Einsicht wie Frühlingsregen auf eine Winterlandschaft, schmilzt den Schnee, die Vorurteile, die Illusionen von Jahrhunderten, sammelt sie alle in dem Wasser der Wahrheit, das weiter zu den Fluten eines historischen Stromes fließt, in dem Überbleibsel von Ideologien wie Eisblöcke aneinanderstoßen, sich im Flusse aneinander reiben und sanft schmelzen — plötzlich sind sie fort!

Die warmen Regen neuer Gedanken fallen beständig auf die Felder des menschlichen Bewußtseins und bringen Wärme, Licht und strahlende Energie. Einzelne erwachte Tropfen tauchen von überall her auf und bilden neue Bäche, neue Flüsse, machtvolle neue Ströme. Wenn sich mehr Menschen auf die höheren Frequenzen des Bewußtseins einstellen, schwillt und strömt der Fluß. Neue Gedanken, neue Visionen, neue Standpunkte werden ausgetauscht und verwirklicht. Wasser — und Geist — steigen empor.

Ein Informationszeitalter wird über der Welt entbunden, doch erst, wenn ihr industrieller Unterbau die blinden Flecken der Menschheit vergrößert und ihr beispiellose Wahlmöglichkeiten geboten hat — und beispiellose Macht. Die Probleme wachsen an. Die autoritäre Kontrolle zerbröckelt. Die Demokratie leuchtet wie ein Morgenstern. Die Literatur entlädt sich heftig in dem wachsenden Licht.

Die Nachrichtentechnik breitet sich blitzschnell aus, regt an, weckt und erreicht die tiefen Strömungen und Unterströmungen der menschlichen Gedanken, wo noch vor einem Augenblick die Wahrnehmung vernebelt und gemindert war. Erst sind es wenige, die bewußt erkennen, was geschieht, doch da ist ein unerklärliches, ein unterschwelliges Gefühl von etwas Wunderbarem, das unter der Kruste des kulturell verengten Blickes sprudelt.

Einige verbinden dies mit einer vagen Vorstellung von Gott, doch wenige ahnen die Größe der Begebenheit, die in Form des neuen Bewußtseins vor ihnen steht — wach, aufmerksam, tätig — und sich wie eine Flut in ihre Köpfe und Herzen und in das Herz ihrer Gesellschaften ergießt.

Die meisten Menschen können die Wahrheit noch nicht in Begriffen denken, die weit genug wären, um zu durchschauen, was geschieht. Ihre Glaubenssysteme sind zu eng; sie erlauben keine Weite, keine Phantasie, keinen Raum, um zu verstehen. Sie finden die offensichtliche Richtungsänderung und den enormen Schwung der Geschichte viel zu überwältigend, um darüber nachzudenken.

Die Möglichkeit, daß die Menschheitsgeschichte einen Höhepunkt, eine Vollendung, den Moment der Erfüllung erreicht hat, kommt nur wenigen in den Sinn. Daß all das, was bislang geschah, nur der Schwangerschaftszyklus einer sich entwickelnden planetarischen Intelligenz sein soll, ist für jene, die in kulturellen Vorurteilen befangen sind, eine zu gewaltige Vorstellung, eine zu weitreichende Vision.

Jedoch spürt eine rasch wachsende Minderheit — mit bedeutendem globalen Einfluß, daß mehr an den gegenwärtigen politischen und wirtschaftlichen Entwicklungen ist, als die Gesellschaft üblicherweise einräumt.

Sie haben flackernde Bewegungen auf der anderen Seite des sprachlichen Vorhangs wahrgenommen, der zwischen ihnen und einer klaren Wirklichkeitsschau hängt. Sie haben damit angefangen, sich mit inneren Seinsebenen in Einklang zu versetzen. Diese erwachten Menschen sind in keiner Stadt und keinem Volk verwurzelt. Sie gehören nicht zu einer Rasse oder Klasse. Ohne gezielte äußere Organisation schauen sie auf und nehmen wahr, erscheinen und verkörpern sich überall dort, wo Menschen lieben.

Oft ist die Anfangsphase ihres Erwachens mehr gemüthaft als mental, doch genügt das, um den aufeinander abgestimmten Gedanken und Empfindungen des vereinten Seins zu erlauben, in sie und ihre Entscheidungen zu fließen. Sie mögen es mental nicht ganz verstehen, doch sie fühlen etwas, erfahren etwas. Sie haben sich angeschlossen an eine neue Art des Seins, sie handeln darin, sie vertrauen. Und es versagt nie!

Viele Menschen, die jetzt in Positionen mit weltweitem Einfluß vorrücken, tun das, weil sie fühlen — oft ohne es konzeptuell völlig zu durchschauen —, daß die alte Art, Informationen in sich hineinzufressen, weder funktioniert noch notwendig ist. Sie spüren, daß es die neue und viel wirkungsvollere Methode gibt, sich intuitiv an die lebendigen Speicher reiner Information anzuschließen und intuitiv, nicht programmiert zu handeln.

Diese Menschen, die keine einheitliche Ideologie vertreten, finden sich in strategischen Positionen zur Überwachung der wesentlichen Systeme des planetarischen Energieaustausches und der sozialen Organisationen wieder. Dies ist kein Zufall. Wenn der Quantensprung des Erwachens kommt (oder kurz davor), werden ihre Handlungen von innen geführt, so daß die Systeme, die die menschliche Bevölkerung mit den lebenswichtigen Gütern versorgen, nahezu unzerstört bleiben.

Vor dem Augenblick des gemeinsamen Erwachens werden sie alles wissen. Sie werden wissen, daß sie Zellen, Endglieder — es gibt noch keinen angemessenen Ausdruck — biologisch verkörperte Konzentrationspunkte desselben Bewußtseins sind, das sie und ihre Rasse leben läßt.

Mehr Generationen deiner Vorfahren hindurch, als du dich erinnern kannst, haben sich Berater aus den Engelorden in den historischen Kreisläufen bewegt und die Entwicklung deiner Kulturen und Einrichtungen geleitet. Sie beeinflußten die Entfaltung deiner zivilisatorischen Götter, Filter und Vorurteile, bis diese selbst dich eines Tages dazu bringen würden, über sie hinauszuschauen, hinter sie, in die Wirklichkeit hinein.

Unser Erziehungsziel

Etwa seit 3000 Jahren vor Christus haben sich die wirkungsvollsten Komponenten unserer Bildungsstrategie auf den Kommunikationswegen des Sports, der Landwirtschaft und der Musik bewegt. Vor kurzem sind die Physik, die Elektronik und andere zeitgenössische Bereiche hinzugekommen. Jedes dieser Gebiete stattet uns mit einer Art Sprache aus; doch gleichgültig, welche Sprache wir sprechen, unser Erziehungsziel bleibt immer gleich.

Wir haben die Aufgabe, die Überlegenheit des gegenwartsbezogenen, lebendigen Bewußtseins über ein Bewußtsein zu zeigen, das von Angst vernebelt ist. Wir arbeiten allmählich darauf hin, das Augenmerk der Menschen von einer auf Überleben konzentrierten Abwehrhaltung auf ein Streben nach Vollkommenheit umzulenken. Wir können die Menschen aber nur auf jenen Gebieten beeinflussen, wo sie ihre Herzen wenigstens einen Spalt breit öffnen und wo ein leidenschaftliches Interesse besteht.

Wir haben nicht die Absicht, jemanden umzustimmen. Der Verstand folgt immer der Leidenschaft des Herzens. Uns ist nur daran gelegen, Herzen zu öffnen.

Unsere Lehrmittel müssen die Vorteile eines in Liebe gegründeten Lebens im Gegensatz zum Mittelmaß des bloßen Überlebens demonstrieren, was ja das Beste ist, was ein angstbedingtes Leben bieten kann. Sie müssen buchstäblich die Vorteile der Motivation, die aus Liebe entspringt, gegenüber der aus Angst kommenden aufzeigen. Sie müssen vor Augen führen, daß Zusammenarbeit weiterführt als Konflikt, Verhandlung besser ist als Konfrontation, Vergebung der Rache überlegen ist, sowie ein Bewußtsein, das der Gegenwart entspringt, bessere Resultate bringt als eine Wahrnehmung, die von der Vergangenheit getrübt ist. Sie müssen zeigen, daß dies die besseren Methoden sind, die menschlichen Ziele und Interessen zu erreichen.

Seit dem Tage, an dem wir zum ersten Male sumerische Krieger aufforderten herauszufinden, wer den Speer am weitesten schleudern konnte — statt die Waffen gegeneinander zu richten —, haben wir den Sport dazu verwandt, die Ströme der menschlichen Aggression in nützliche und schöpferische Handlungen umzuleiten. Wenn die menschliche Angriffslust in athletische Wettbewerbe gelenkt wird, findet eine subtile Wertverschiebung statt. In vielen Kulturen dauerte es viele Generationen, bis diese Veränderung neue, soziale Verhaltensmuster hervorbrachte, doch schließlich gelang der Wandel.

In diesem Jahrhundert sind die bedeutendsten Veränderungen im menschlichen Bewußtsein auf den Sportplätzen der Welt geschehen, in Stadien, Schwimmbecken, auf Basketballplätzen und Eisbahnen, in Straßen, Hinterhöfen und Gassen. Hier begegnen die meisten Menschen zum erstenmal ihrer eigenen instinkthaften Natur.

Wo immer menschliche Aggressionen auf einem Spielfeld freiwerden oder in einen Wettkampf gelenkt werden können, in dem Geschicklichkeit gegen Geschicklichkeit steht und wo sich alle gemeinsam anerkannten Regeln beugen, dort läßt das kollektive Sammelbecken emotionaler Energien den gestauten Druck potentieller Gewalt frei, und *diese spezielle Art von Gewalt wird aus dem Umlauf entfernt.*

Die Verwandlung aggressiver Energien ist eine von mehreren Aufgaben, denen der physische Sport dient. Sich auf Regeln zu einigen, die dem gemeinsamen Interesse zweier sich gegenüberstehender Mannschaften dienen, Regeln, die dem Vorteil aller dienen, zu erlernen und sie zu befolgen, ist eine andere, vielleicht grundsätzliche Lektion, eine bedeutsame Wasserscheide im Erwachenszyklus eines jeden einzelnen. Mannschaftssport geht über individuellen Sport hinaus, weil er die Spieler dazu führt, zuerst an die Mannschaft (das größere Ganze) zu denken und dabei zu helfen, daß andere Spieler erfolgreich sind. Er ruft den Athleten auf, die physischen Fähigkeiten des Körpers zu vervollkommnen und anderen dabei zu helfen, dasselbe zu tun. Einigen Sportarten gelingt mehr, als nur Angriffslust zu verwandeln. Baseball bietet ein Bildungsumfeld nach dem neuesten Stand der Wissenschaft. Auf dem Spielfeld werden historisch blinde Flecken bestraft, während psychische und emotionale Fähigkeiten, die entscheidend wichtig für die universelle Rasse sind, belohnt werden.

Diejenigen von uns, die die Menschheit durch jene Erziehungsprozesse führen, die dem Erwachen vorausgehen, lenken unsere Energie gelegentlich durch die Strukturen der organisierten Religion, wenn die Motive der Beteiligten der Liebe entstammen und ihre Absichten dem Wohle aller dienen. Doch Fatimas und Ballinaspittles sind ganz selten, sind die Ausnahme, nicht die Regel. Trotz bester Absichten kehren sich die Versuche, Spiritualität zu organisieren, immer gegen sich selbst; sie verdecken den ursprünglichen Geist und schlagen zuweilen ins Gegenteil um, wenn sie selbst zur Verkörperung dessen werden, was sie bekämpfen.

Ihrer Natur nach sind spirituelle Organisationen überflüssig. Sie versuchen etwas zu tun, was schon getan ist. Eine erfolgreiche Kirche ist ein Übergang, eine Stufe zum Bewußtsein, nicht ein Fels, auf dem Generationen um Generationen die Fehler der Vergangenheit wiederholen.

Wenn du dein Leben nach den Vorstellungen eines anderen Menschen ausrichtest, dienst du einem falschen Gott. Es bedeutet, daß du dich in den Rahmen der Vorurteile eines anderen sperrst, wie gut sie auch gemeint sein mögen. Das heißt, daß du das vergangenheitsorientierte Wissen eines anderen deiner eigenen Wahrnehmung des Hier und Jetzt vorziehst. Es bedeutet, daß du dir selbst mißtraust und auch dem Schöpfer, der in dir erwachen würde, wenn du es nur erlaubtest. So steht es geschrieben: „Sie stehen in der Gegenwart Gottes, doch sie sehen nur ihre Götzen. Ihre Augen schauen auf Bilder der Schönheit, die in Stein gehauen sind, und in die Gesichter von Münzen und sehen doch nicht die lebendige Schönheit, die sie umgibt."

Jene, die ihr Leben nach Organisationen ausrichten, erfahren wenig Glück und Zufriedenheit. Sie sind wie Mäuse in einer Tretmühle aus akzeptierenden und ablehnenden Glaubensmustern. Bis sie sich nicht entscheiden, aus der Tretmühle herauszusteigen, vermögen wir sie kaum zu erreichen. Denn sie allein haben das Recht zu entscheiden, wie sie sich und ihre Welt verstehen wollen, und sie haben die Freiheit, die Welt zu erhalten, die sie gewählt haben, wie beengend sie auch sein mag.

Solche Menschen können wir nur von weitem leiten — so wie wir die Menschen ihre ganze Geschichte hindurch geleitet haben. Wir können ihre Gewohnheiten brechen, wenn es angemessen ist, um ihnen die Gelegenheit zu geben, die Welt aus einem größeren Blickwinkel zu sehen, aber wir können die Veränderung nicht erzwingen.

Keine dauerhafte Veränderung kam je von außen!

Heute finden wir in jeder Gemeinschaft ein paar Menschen, die zu vermuten beginnen, daß es etwas geben könnte, was außerhalb der Realitätsauffassung ihrer Kultur liegt. Wenn dies geschieht, dann haben wir einen Durchbruch erzielt, eine Ausgangsbasis gewonnen. Diese Menschen können wir erreichen und tun es auch. Im allgemeinen dauert es dann nicht mehr lange, bis diese früh Erwachten ihr neues Bewußtsein in Begriffe übersetzen, die besser als die unseren geeignet sind, dieses Bewußtsein den anderen zu vermitteln, die in ihre ganz persönlichen Illusionen gesperrt sind. Damit helfen sie jenen, ebenfalls zu erwachen.

In der historischen Gesellschaft war das die ursprüngliche Aufgabe der Kunst. Wenn die künstlerische Einsicht durch die zahlreichen Traditionsschichten hindurchsickert, erreicht ihre Kernaussage zuletzt die politische Ebene. Dann geschieht die Veränderung rasch. Manchmal zu rasch! Du konntest diesen Prozeß in der amerikanischen, der französischen und der russischen Revolution beobachten. Da zu wenig Erwachte bewußt an dem Prozeß beteiligt waren, schafften wir es zwar, das Feuer von Liebe und Wahrheit zu entzünden, doch es mißlang uns, die Flammen in Zaum zu halten.

Bei jedem sozialen Aufstand gibt es Zufallsfaktoren, wobei der Grad der Unsicherheit entsprechend dem Ausmaß der Veränderungen wächst. Ein Bruch ist nicht immer schlecht. Der Tag ist ein willkommener Bruch der Nacht. Ein Stern durchbricht die Oberfläche naher Welten. Biologisches Leben durchbricht den sonst tiefen Schlummer anorganischer Moleküle.

Wenn die klareren Ströme höheren Bewußtseins freier in den Gedanken der Menschen fließen, werden die trüben Vorurteile von gestern durchbrochen, gelockert und fortgewaschen. Wir müssen diese Ströme herbeischaffen, doch unser Ziel ist stets, es so sanft wie möglich zu tun. Wir entlassen die Energie des neuen Bewußtseins in die Sphäre menschlicher Tradition dort, wo es entscheidend ist, doch allein die Menschen — und die Entscheidungen, die sie in diesen Stunden und Minuten treffen — können bestimmen, ob die sich daraus ergebenden Verwandlungen anmutig oder traumatisch sind.

Die Gedankenströme, die wir mit uns bringen, sind nicht fester als der Saft eines lebendigen Baumes in der Mitsommersonne oder der Puls eines liebenden Wesens. Die Worte, die unseren Gedankenströmen heute mitgegeben wurden, mögen morgen auf gedruckten Seiten als Auslöser dienen, als Katalysatoren für das Gedächtnis oder als Funken, die das neue Bewußtsein entfachen und erneuern, doch Worte sind nicht Wahrheit. Wahrheit ist ewig. Ihre Wortdarstellungen sind es nicht. Sie leben und wachsen und verändern sich wie Kräuter und Gräser entlang der Ufer eines Stroms, wie Wasser, das vorüberfließt.

Die Perspektiven, die wir in diesen Übermittlungen mit euch teilen, sind die sprachliche Darstellung eines ewigen Bewußtseinsstromes. Sie sind für einen Augenblick bedeutungsvoll, vielleicht für einen Tag. Sie bieten dir einen Verständnisort, an dem du bei deinem Weg nach Hause ausruhen kannst. Sie sind

Stufen, die vor dir erscheinen, um dich über den Bewußtseinsstrom zu führen, vom unbewußten Ufer, wo du dich durch Morast und Sumpfland der Geschichte quältest, zum bewußten Ufer, wo du von der Einzigartigkeit jenes Bewußtseins weißt, das du kanntest, als die Welt noch jung war.

Wenn du den Strom durchquerst, bemerkst du etwas Seltsames und Wunderschönes: Durch jeden Verständniszugewinn nimmt die Kompliziertheit entsprechend ab. Du wirst einfacher, wenn du weiser wirst, bis der Tag kommt, an dem du dein eigenes Verständnis wiedergewonnen hast. Es ist dann nicht mehr mit dem vergiftet, was man dir erzählt hat, oder mit Vorstellungen, die du irgendwo gehört hast, sondern frisch wie eine neue Wahrnehmung, rein wie eine Bergquelle, klar wie die unschuldigen Augen eines bewußten Kindes.

7.

Die spontane Genauigkeit des Instinktes

Jeder gute Athlet und jeder Ausübende asiatischer Kampfsportarten weiß, daß es eine intuitive, natürliche Form des Seins gibt, die unentbehrlich ist, um in jedem Augenblick schnell und wirkungsvoll auf die raschen energetischen Veränderungen und auf alle Möglichkeiten zu antworten. Man kann nicht gut Tennis spielen, während man rationale Überlegungen darüber anstellt, wie man vorgehen sollte.

In Wirklichkeit liegt dem Vorgang ein logischer Prozeß zugrunde, doch ist es eine höhere Form der Logik, die schneller und genauer als der fortgeschrittenste Computer unterhalb der Ebene der bewußten Wahrnehmung eines Sportlers abläuft. Athleten, die in ihrer Disziplin ausgezeichnete Leistungen vollbringen, haben gelernt, einer Art logischer Analyse zu vertrauen, die fast im selben Augenblick unterhalb der Ebene des typisch historischen Denkens geschieht.

Im kommenden Zeitalter werden nicht nur Athleten und Ausübende asiatischer Kampfsportarten diese Erfahrung machen, sondern jedermann in jedem Bereich. Bevor sich das kommende Jahrtausend erfüllt hat, werden solche intuitiven Antworten auf den Augenblick selbstverständlich sein, ganz natürlich. Dieser göttliche Tanz innerer Führung ist die ursprüngliche Lebensweise der Menschheit.

Es gibt Zeiten, wo es angemessen ist, Entscheidungen auf einer langsamen mentalen Ebene zu treffen. Doch was dazu bestimmt war, nur zu gewissen Gelegenheiten *bewußt einge-*

setzt zu werden, ist zur historischen Norm geworden. Diese Norm wurde zum charakteristischen Verfahren, nach dem historische Völker über ihr Leben entschieden. Tatsächlich sind die Menschen nie aus einem ursprünglichen Paradies vertrieben worden. Ihre Entscheidung, ausschließlich die schwerfälligen rationalen Gedankenprozesse ihres Ego zu bevorzugen und ihre intuitive Art der Informationsverarbeitung zu ignorieren und schließlich zu vergessen, veränderte ihren Wahrnehmungsapparat so sehr, daß sie gegenüber der Schönheit und den Wundern der Erde um sie her blind werden mußten.

Die Information, die in dein Bewußtsein dringt, wird von zwei getrennten Systemen erschlossen, die jedoch potentiell (und vorhistorisch) zueinander passen. Das System, das ursprünglich für dich geschaffen wurde, arbeitet selbständig unterhalb der Ebene deiner bewußten Wahrnehmung. In diesem System wird die Information vom Geist geordnet und gedeutet. Das jedoch, was ursprünglich dein Ersatz- oder Ergänzungssystem sein sollte, folgt bei seiner Ordnung und Deutung von Nachrichten subjektiven Assoziationen. Das letztere ist dir, historisch gesehen, am vertrautesten.

Das Ego und der Geist

Es war nie beabsichtigt, daß die Entscheidungsprozesse der ewigen Geister, die sich entschieden, menschliche Biologie zu bewohnen, von Sinneseingaben beherrscht wurden. Wenn der Verkörperte gesund ist, empfängt er die sinnlichen Eingaben des Körpers erst, nachdem der computergleiche Schaltkreis des ursprünglichen geistigen Informationssystems das Wichtigste herausgezogen hat. In der rechten Gehirnhälfte werden die sinnlichen Eingaben sofort verarbeitet, und das Wesentliche wird augenblicklich auf den Bewußtseinsmonitor des innewohnenden Geistes projiziert.

Das mit dem Körper verbundene Selbst oder Ego teilt denselben Bioschaltkreis. Wenn das Ego in einer gesunden symbiotischen Beziehung zum innewohnenden Geiste arbeitet, dessen Spiegelbild es ist, dann muß es seinen Weg nicht nach den Bedeutungen eines jeden Signals der Sinne ertasten.

Während der frühen Verkörperungen, als sich die erste Welle von Geistern in die menschliche Form hineinbegab, war die Bedeutung des Egos noch nicht abgeklärt. Die Erfahrung zeigte schnell, daß ohne einen Identitätsaspekt, der sich auf die materielle Ebene und die Bedürfnisse des Körpers beschränkte, wahrscheinlich eine von zwei Möglichkeiten einträfe: Entweder würde der ultrabewußte Geist, der auf die Frequenzen der Angst verhältnismäßig unsensibel ansprach, den Körper sorglos zerstören, weil er etwas übersehen hatte — oder weil er einfach vergessen hatte, daß er verkörpert war. Andererseits wäre es möglich, daß der Geist mit den ungewohnten Feinheiten der Biologie so beschäftigt war, daß sein Bewußtsein nicht länger für die schöpferischen und interpretierenden Freuden frei sein würde, für die ursprünglichen Gründe, den Körper überhaupt zu projizieren.

Die Lösung war natürlich, einen Teil des Bewußtseins zum ansässigen Experten für die materielle Ebene zu bestimmen, zu einem, der nicht nur verstand, daß Angst notwendig war — denn soviel verstanden die Engel auch! —, sondern der auch die Mechanismen der Angst durchschaute. Dieser Teil des Bewußtseins (das Ego) würde dann die Ströme der Angst, die unvermeidlich Teil eines jeden Ausflugs in die Reiche der Materie sein würden, wo es nottat, behandeln und regeln und, wenn nötig, den innewohnenden Geist an einem Verhalten hindern, das wahrscheinlich eine biologische Schädigung nach sich ziehen würde.

So geschah es, daß Ego und Geist, zwei Facetten eines Ganzen, die Verantwortung unter sich aufteilten und denselben menschlichen Körper bewohnten. Wenn sie gesund sind, ist ihre symbiotische Zusammenarbeit so eng verwoben wie die Zwillingsfäden der DNA-Helix. Als sich die ersten von euch inkarnierten, waren Geist und Ego so miteinander verflochten, daß sie nicht immer voneinander unterschieden werden konnten. Wie beim Wechselstrom schwangen ihre Bewußtseinsmuster in einer Struktur vollkommener Harmonie. Das Ego wußte, daß es eine Facette des Geistes war, und teilte daher dessen Freude, Begeisterung und Verständnis. Das Ego unterschied sich nur dann — und das geschah von Zeit zu Zeit —, wenn die Aufmerksamkeit des Verkörperten so sehr abgelenkt war, daß er Sinneseingaben von größerer Wichtigkeit übersah.

Wenn sie sich in erregende schöpferische Projekte vertiefen, richten Geister ihre Informationsfühler oft selektiv aus und filtern Teile der Eingaben heraus, um dem Projekt mehr Aufmerksamkeit widmen zu können. In solchen Fällen mischten sich, wenn nötig, die Egos ein. Ihre Unterbrechungen waren nicht immer dramatisch; oft erinnerten sie den Geist einfach daran, daß sein Körper Wasser, Nahrung oder Ruhe brauchte.

Während der Geist die Sinneseingaben leidenschaftslos mit der klaren Objektivität des ewigen Bewußtseins anschaute, ging das Ego dagegen anders vor. Seine Art, das verzweigte, baumgleiche menschliche Nervensystem zu bedienen und zu erfahren, war anders als die des Geistes.

Das Ego *fühlt* das menschliche Nervensystem subjektiv, sinnlich, langsam und bis in alle Einzelheiten; es läßt sich Zeit, den Körper zu pflegen und zu umsorgen und auf seine Bedürfnisse einzugehen. Obwohl verschieden, war der Gebrauch des menschlichen Nervensystems durch Ego und Geist gleich wichtig, gleich entscheidend, um die Verkörperung ausgewogen zu erfahren.

Als der Ur-Fall geschah, bestimmten die Menschen „gut und böse“ nur noch mit der langsameren, mühsameren Art des Egos, die Sinneseingaben des menschlichen Nervensystems aufzunehmen, zu erschließen und zu verdauen. Diese langsame, mühsame rationale Empfindungsanalyse spielte eine wichtige

Rolle im Verantwortungsbereich des Ego, doch sie war von Natur aus subjektiv. Geführt und geleitet durch den Geist, ist sie ein wertvolles Forschungsmittel, um die Natur der Materie bis in ihre Tiefen zu ergründen. Doch ohne den Überblick des Geistes wurde sie wahrhaft kurzsichtig. Ihrer Natur nach sah sie sich und ihre Umgebung nur bruchstückhaft und unvollkommen. Ihre zwar langsame, doch hochentwickelte Analyse der sinnlichen Informationen durch die linke Gehirnhälfte war ein mächtiges und — selbst nach dem Fall — noch völlig funktionsfähiges Mittel, die Erde zu erforschen und zu entwickeln. Doch ohne die Leitung des Geistes spielt es keine Rolle, wie gut die Prozesse der linken Gehirnhälfte funktionieren. Das ist so, als ob man ein leistungsstarkes Fahrzeug blind fahren würde.

Ein einsames Ego, das sich selbst für sterblich und isoliert hält, entbehrt der Weite und des Überblicks des Geistes. Wenn es versucht, einhändig einen menschlichen Geist zu steuern, ist es wie ein Kleinkind, das die übergroßen Kleider eines Erwachsenen trägt. Es fühlt sich begraben unter etwas, das für ein anderes, größeres Wesen gedacht ist. Es hat nicht die notwendige Energie, um ein so vorzügliches biologisches Werkzeug zu benutzen. Ohne den Geist kann das Ego nur etwa zehn Prozent der Gehirnkapazität nutzen, und selbst dann sind seine Beobachtungen und Rückschlüsse oft ungenau.

Ein Verstand, der sich grundsätzlich für getrennt von all dem hält, was er wahrnimmt, ist ein Instrument der Spaltung. Er kann nur analysieren, teilen, Sektoren bilden und zergliedern. Alles, worauf er seine Aufmerksamkeit richtet, wird auf seine unzusammenhängenden Teile reduziert, während der Geist das Leben des Ganzen übersehen wird. Da die eingebildete Voraussetzung, grundsätzlich verschieden von Gott und der Natur zu sein, die Wurzel seines Denkens ist, ist er zur Vernunft nicht fähig, denn seine Prämisse ist eine Lüge.

Deshalb ist der historisch egoistische Gebrauch des menschlichen Verstandes so zerstörerisch: er erschafft Gedanken, Bilder, persönliche Identitätsstrukturen, kulturelle Einrichtungen und *letztlich ganze Zivilisationen,* die sich auf die Illusion gründen, daß der einzelne grundsätzlich verschieden ist vom Grund des Seins, aus dem er wie auch die ganze Schöpfung hervorgegangen ist.

Nur der Geist hat die notwendige Energie, Intelligenz und die Betriebsprogramme, um die volle Leistungsfähigkeit des menschlichen Bewußtseins umzusetzen. Wenn die Wahrnehmung des Geistes ein menschliches Bewußtsein erfüllt, ist es ein Werkzeug der Einheit, ein Instrument der Harmonie, der Zusammenarbeit, der Schöpfung und des Verstehens. Es wird zu einem Wirbel der Verwandlung, einem Kanal, durch den universales Bewußtsein in diese physische Welt fließen kann.

Als Baustein in der spirituellen Struktur der universellen Intelligenz, die durch die Menschheit in die Erde fließt, hat das Denken des Ego einen wertvollen Stellenwert, doch wenn es isoliert ohne den Überblick des Geistes arbeitet, schaffen seine zu angstbestimmten Übertreibungen neigenden Gedanken Chaos, Unordnung und Krankheit. Da das vom Geist getrennte egoistische Denken eine Trennung wahrnimmt, die gar nicht existiert, und sich selbst, die eigene Rasse, die Pflanzen, Tiere, selbst die Welt für grundsätzlich verschieden hält, verwüstet es die Menschen, die Umwelt und die anderen Lebensformen, die mit ihm diese Umwelt teilen.

Die Entscheidungen, die die Menschen ausschließlich auf Grund egoistischer Gedanken fällten, haben in diesen vergangenen Jahrtausenden zur Genüge ihre Unzulänglichkeit bewiesen. Doch bis heute gab es keine andere Möglichkeit. Die freiwillige Zusammenarbeit menschlicher Egos konnte nicht erzwungen werden. Wir mußten diesen Zyklus historischer Erziehung abwarten, der deine Rasse auf die gegenwärtige Bewußtseinsebene hob und die Aufnahmefähigkeit der Egos erweiterte, damit wir uns endlich klar mit dir verständigen können.

Auch jetzt verarbeitet dein geistgelenkter Bioschaltkreis Informationen außerhalb deines denkenden Bewußtseins, gibt einen Überblick über deine Verhaltensmöglichkeiten und bestimmt, welche davon das schöpferischste Muster für deine Handlungen darstellt. Wenn diese intuitiven Prozesse verlangsamt und erklärt, wenn die vielen Faktoren, die dein Ego nicht wahrnimmt, umrissen und ihre vielen Auswirkungen aufgezeigt würden, dein Ego fände nichts, was es nicht durchschauen könnte.

Die Grundbausteine der instinktiven Logik sind dieselben wie jene, die die langsamere Verstandestätigkeit des Egos verwendet. Sie unterscheiden sich nur in Geschwindigkeit und Genauigkeit. Man kann sich jedoch den Zugang zu der tiefen, intuitiven Weisheit der Lebenskraft nicht erzwingen. Man kann Erklärungen nicht verlangen oder den Fluß des Augenblicks unterbrechen, indem man auf einer Aufschlüsselung der unterbewußten Analyse des Geistes besteht. Man muß einfach vertrauen und den Ergebnissen folgen.

Spontaneität ist in der Struktur der Liebe ein rationaler Prozeß. Ihre Genauigkeit ist unübertroffen. Sie wird nicht von angstbestimmten Gefühlen, kulturbedingten Vorurteilen oder sprachlich strukturierten Gedanken vernebelt.

Die widerstandslose Supraleitfähigkeit des inneren biologischen Computers ordnet Daten mit Lichtgeschwindigkeit, mit einer Klarheit, die die Ziele der Kinder des Lichts ergänzt.

Instinktiv leben

Unter historischen Bedingungen wird instinktives Wissen ignoriert.

Die Kulturen, die die Werte der Menschen beherrschen, mißtrauen ihnen so tief, daß Kindern tatsächlich von klein auf eingetrichtert wird, ihre Instinkte zu fürchten. Junge Menschen fühlen intuitiv, daß ihre Egos ohne Hilfe nicht imstande sind, die eigenen Angelegenheiten zu regeln, und die Kultur nützt diese Ahnung aus. Sie verzerrt die Wahrheit hinter dieser Einsicht, indem sie jeder neuen Generation die Lehre mit auf den Weg gibt, sie müsse, da ihr Ego unzulänglich sei, eine soziale Persona entwickeln, eine schützende Tünche, eine Maske, hinter die sie sich dann sicher zurückziehen könne. Bis in alle Ewigkeiten jagen sie den Beziehungen der physischen Ebene hinter einer Maske nach.

Zuweilen offen, doch viel öfter durch Tausende von verdeckten Überzeugungsformen, die praktisch von jeder kulturell angepaßten Person kommen, auf die sie treffen, werden die Jungen gelehrt, daß die Entwicklung eines Selbstbildes, eines Images, eine dringende Angelegenheit von großer Wichtigkeit sei.

Das Selbstgefühl, an das sich daher die Kinder anpassen, ist künstlich und unecht. Wenn ihr früheres Selbstbewußtsein unzulänglich war, so wissen sie mit Sicherheit, daß es dieser neue Ersatz erst recht ist. Und so beginnen sie, sich nach außen zu orientieren, und suchen beständig bei anderen — Eltern, Lehrern, Autoritätspersonen — nach Führung, Richtung und Wirklichkeitsverständnis. Oft richten sie sich für den Rest ihres Lebens nach außen aus und messen ihrer inneren Geistesstimme so wenig Wert bei, daß ihre Instinkte bald verkümmern und völlig in Vergessenheit geraten. Wie die Mitgenossen ihrer schlafwandlerischen Gesellschaft beginnen sie, ihre Lebenswerte in Zahlen zu berechnen, und beziehen sich dabei auf die unbeholfenen und oft von Angst getränkten Verstandesprozesse des Ego. Ihre diesbezügliche Fähigkeit ist der einzige Gradmesser des Erfolges, den sie zu schätzen lernten.

Spontan, instinktiv leben. Einfach sein. Die richtigen Worte sagen, ohne sie zuvor bedacht zu haben. Die Reinheit eines Geistes erfahren, der nicht mit lästigen, unangebrachten Verantwortungen vollgestopft ist. Genau die richtige Geste, das richtige Verhalten, die schöpferische Antwort auf jede

Lebenslage wissen. Das ist das Geburtsrecht eines jeden Menschen.

Jedes Kind kommt mit einem gesunden, unversehrten instinktiven Bewußtsein auf die Welt. In den kommenden Zivilisationen der Sterne werden die heranreifenden Kinder diese Fähigkeit nicht nur behalten, sondern sie entwickeln und zu einer hohen Kunst ausfeilen. Sie und ihre Gesellschaft werden instinktiv von Augenblick zu Augenblick leben, genauso, wie wir dich jetzt einladen zu leben. Vertraue dir, deinen Instinkten und deinen intuitiven Gefühlen. Nimm das Erbe an, das sich mit dir aus dem Sein hinter allem Sein entfaltet hat.

Der Mensch ist aus den höchsten Strömen einer überragenden Intelligenz entstanden. Sie ist dein Vertrauen wert.

Du bist dazu erzogen worden, deine spontanen Handlungen zu fürchten, doch diese Angst basiert auf einer Lüge. Du bist nicht von Grund auf schlecht, nicht in Sünden „empfangen". Das Universum hat in dir keinen Dämon oder Narren erschaffen, sondern ein großartiges, leuchtendes Wesen. Du hast Anteil an der schöpferischen Macht der Ewigkeit, an der wundersamen Schönheit der Zeit. Du teilst ein einziges Bewußtseinsfeld mit den Engeln und dem Sternenschöpfer. Solltest du die Spontaneität fürchten, die deine Schönheit offenbart? Solltest du dich vor dem Ausdruck deiner Liebe ängstigen?

Wenn du deinen Ausdruckswillen der Enge der vorweggenommenen Antworten eines anderen anpaßt, ist das der Anfang vom Ende, es ist der Tod. Das geschieht auf Kosten deiner Lebenskraft. Es gibt eine andere Möglichkeit. Und ihre Essenz ist Vertrauen!

Fühle, wie die Eindrücke aus deiner Umgebung unterhalb der Schwelle deiner bewußten Wahrnehmung frei in und aus deiner Seele strömen. Fühle sie tief in dich eindringen, wo sie leicht und autonom in Übereinstimmung mit dem Lebensentwurf verarbeitet werden. Wenn du dich entspannst und deine Biologie frei in den unbehinderten, rhythmischen Strömen der Liebe fließen läßt, aus der die ganze Schöpfung lebt, ordnet deine Lebenskraft die Daten, die durch das Zentrum deiner Wahrnehmung fließen. Meisterhaft, untadelig stellt sie alles vor dein Augenblicksbewußtsein, was für deine Seele wichtig ist.

Opfere nicht die heilige Weisheit, die mit jedem Herzschlag aufsteigt, auf dem Altar deines Verstandes. Erlaube nicht, daß die grimmigen Priester der Tradition das Herzstück aus den spontanen Strömen reißen, die die Einsicht der Ewigkeit mit sich führen. Laß deinen Geist sich in Liebe und Offenheit entspannen, bis er zum Altar wird, auf den sich das Bewußtsein des Schöpfers senkt. Springe ungesattelt auf die nackte Lebensenergie und reite auf ihren Strömen zu deinen Entscheidungen. Die Intelligenz des Lebens selbst, sie wird dich lehren, dich und die Welt zu verstehen. Sie wird dich ohne Irrweg in die Zukunft führen.

Es ist weit besser, ein kümmerliches Bild von sich selbst zu haben als ein Bild aus Eigenliebe. Wenn die Winde der Veränderung zu mächtig für die Trugbilder der Menschen wehen — wie es bald geschehen wird —, werden die mit dem kümmerlichen Selbstbild es fahren lassen und sich in Gott wiederfinden. Doch diejenigen, die schon von sich selbst voll sind, haben keinen Platz für Gott, und sie werden jeder Veränderung widerstehen, die die Illusion bedroht, an der sie so lange gearbeitet haben.

Wenn du Gott empfängst, empfängst du das Bewußtsein, das vor allen Manifestationen war, das grenzenlose Bewußtsein ewiger Liebe, das am Anfang war, jetzt ist und immer sein wird — vor, über und in allen Beziehungen wie auch jenseits von ihnen. Dieses Bewußtsein ist das größte Geschenk, das man je empfangen kann.

Wenn du erlaubst, daß dein Leben von den Strömen der eingeborenen Liebe geleitet wird, die instinktiv aus deinem Inneren fließt, dann empfängst du dieses Geschenk, dann findest du dich eingetaucht in die lebenspendenden Ausstrahlungen des Universums. Auf den Frequenzen der ewigen Liebe entdeckst du dein Ziel. Du erinnerst dich an den Grund für dieses Leben, daran, warum du Mensch geworden bist. Du entdeckst, daß du Zugang zu einem Ozean lebendiger Informationen hast. Ja, und dein Schlüssel ist das Vertrauen eines Kindes.

8.

Die Kinder dieser Jahreszeit

Deine Geschichte ist die Geschichte einer Blume, die langsam ihren Weg nach oben durch den Schnee des Materialismus sucht, bis sie am Ende die Oberflächenkruste starrer Überlieferungen durchbricht und in das Licht einer neuen Jahreszeit taucht. Für jemanden wie dich, für einen Menschen mit individuellem Bewußtsein, war dieser Winter hart, doch du stammst aus einer zähen Familie. Und die Wärme, die du jetzt fühlst, ist keine Täuschung.

Du siehst den Sonnenbogen höher in den Himmeln, höher, als er je gestanden hat. Du spürst die Veränderungen in der Luft und erkennst den Wandel des Zeitalters. Der historische Schnee vieler kristalliner Wahrnehmungen ist fast ganz hinweggeschmolzen, während du darunter dem Lichte dieses neuen Tages immer näherkamst. Was ist das für eine Tradition, die dich in die Knie zwingt? Der Schnee war nie so schwer und dauerhaft wie zu der Zeit, als diese Gewohnheit in deiner Kultur Mode war. Die Eiszeit zieht jetzt rasch vorüber. Du mußt nicht mehr so leben, als ob du noch immer das Gewicht der Geschichte mit dir schlepptest, so schwermütig, so ernst. Komm! Nimm das Bewußtsein der Sterne in dich.

Laß deine schweren Vorstellungen los, all die Blöcke und Steine, die die Eismauern der Geschichte bauen. Es gibt Länder jenseits dieser Mauer, jenseits der kulturellen Gasse, die dein Selbst- und Weltbewußtsein einschränkt. Jetzt siehst du klarer als jene, welche diese düsteren Ansichten in den kältesten Stunden der Nacht erschufen.

Seit einiger Zeit taut die Welt.

Ein neues Bewußtsein sprüht hinter den Augen der Kinder in Peking und Adelaide, in Kiew und Tokio, in Chicago, Sao Paulo und Kapstadt. Eine neue Generation kleiner Blumen steigt durch den tauenden Schnee früherer Jahrhunderte empor. Jetzt heben sie ihre Köpfe wie Krokusse, Tulpen und Narzissen und erblühen, um ihren älteren Familienangehörigen von einem besseren Wege zu erzählen.

Ihr, die ihr die Eltern dieser neuen Generation seid, hört, was die Kinder dieser Jahreszeit zu sagen haben. Sie stoßen euch und die Prinzipien, die eure Leben bestimmt haben, nicht zurück. Doch sie wissen, daß *sie tun müssen, was ihr noch nicht getan habt.*

Ihr Schicksal ist es, das begonnene Werk zu vollenden.

Seid sanft mit ihnen, denn sie sind die wahren Blumen eurer Liebe. Überwältigt sie nicht in Räumen fensterloser Schulen, in denen sie unter Fakten begraben werden, die sie ohne das natürliche Licht des Geistes nicht verstehen können. Erlaubt ihnen, sich jenseits der festen historischen Gassen in das Sonnenlicht und die frische Luft neuer Bedeutungen und neuer Erfahrungen zu begeben. Setzt eure Lehrzentren, eure Schulsysteme ein, um sie bei etwas zu unterstützen, das keine menschliche Generation zuvor getan hat: helft ihnen, zu dem heranzublühen, was sie sein können — selbstsicher und vertrauensvoll gegenüber der Weisheit und dem Leben, das in ihnen wohnt.

Gebt ihnen die Werkzeuge eurer Kultur, wie ihr einem Maler Farbe und Leinwand geben würdet. Aber sagt ihnen nicht, was sie malen sollen. Helft ihnen dabei, sich in Begriffen mitzuteilen, die für sie und die anderen in der Welt Bedeutung haben. Bietet euren Kindern Kenntnisse an, die ihnen dabei helfen, sich noch vollkommener auszudrücken. Wenn sie in ihrer Schöpferkraft nicht behindert werden, ist das Selbst dieser Generation die Offenbarung des Großen Selbstes, das in eurer Welt geboren werden will.

Wenn ihr euren Kindern helft, sich besser zu äußern, dann vermittelt ihnen nicht das Gefühl, daß sie ohne eure Ausbildung unvollkommen wären und so lange unvollständig blieben, bis sie Jahre akademischer Veredelung hinter sich gebracht hätten, ehe sie fertig und zufrieden mit sich sein könnten. Wenn ihr ihnen diesen Eindruck vermittelt, dann macht ihr sie zu Krüppeln, die ein persönliches Interesse an gerade jenen trügerischen Selbstbildern pflegen, die jetzt in den wärmeren Winden der nahenden Jahreszeit der Liebe schmelzen. Ihr wollt euren Kindern helfen; ihr wollt sie nicht behindern und es ihnen schwer machen, sich an diese Zeiten der beschleunigten Veränderungen anzupassen.

Die nächsten zwei Jahrzehnte stellen die Periode der raschesten Veränderungen dar, die eine menschliche Zivilisation je gekannt hat. Um auf den Strömen dieser großen Veränderungen mitzugleiten, werden Alte wie Junge ihren ganzen Verstand und all ihr Einfühlungsvermögen einsetzen müssen.

Wenn euch an den jungen Leuten gelegen ist, die in den 90ern und im ersten Jahrzehnt des 21. Jahrhunderts erwachsen werden — die Kinder, die heute in euren Schulen sind —, dann teilt soviel Wissen mit ihnen, wie ihr wollt, doch laßt ihnen ihr natürliches Selbstvertrauen, denn so zeigen sie ihr Vertrauen in Gott.

Der Grad seines Vertrauens spielt eine Hauptrolle bei der Entscheidung über den zukünftigen Erfolg des Kindes. Die Bewahrung der natürlichen Achtung ist für ein Kind weit wichtiger als die Aneignung technischer Fähigkeiten. Viele dieser Kleinen haben das Große Sein, das durch den Filter ihrer Persönlichkeit scheint, nicht vergessen. Eure Rolle besteht darin, ihnen zu helfen, so aufzuwachsen, daß sie sich daran erinnern. Helft bei der Verkörperung der ewigen Geister, die über ihren Leben tanzen.

Wenn du zum erstenmal ihre Schönheit und Vollkommenheit siehst, wenn du die ewige Wirklichkeit ihres Seins bestätigst, wenn du es ihren Augen ansiehst, dann kannst du gar nicht anders, als es hervorzubringen. Wecke das Beste in ihnen und in allen, denen du begegnest. Gib den Einbildungen derer, die ihre Unsterblichkeit nicht kennen, keine Energie, sondern schaue statt dessen den Geist, der sich hier in dieser Persönlichkeit verkörpern will. Erkenne dieses Wesen an. Tritt mit ihm in Verbindung. Fördere es. Hilf einer weiteren Dimension der Ewigkeit, leise in deine Welt zu gleiten. Hilf dieser neuen Generation zu erwachen.

Und ihr Jüngeren — ihr werdet die Menschen um euch her nicht glücklich machen, wenn ihr das tut, wovon ihr glaubt, daß sie es von euch wollen.

Das größte Geschenk könnt ihr den anderen nur machen, wenn ihr ganz ihr selbst seid. Wenn ihr weniger seid, betrügt ihr sie und euch.

Es gibt viele Menschen, die noch Jahrzehnte nach ihrer Jugend auf eine Art und Weise weiterleben, die ihrer Meinung nach den Eltern gefallen würde. Es ist richtig, Eltern zu achten, auf ihre Gedanken, Vorschläge und ihren Rat zu hören. In vielen Fällen treffen sich die Vorschläge der Eltern mit deinen eigenen Zielen, und oft können sie dir helfen, Illusionen zu durchbrechen und mehr du selbst zu sein. Doch *du* bist es, der ihren Vorschlag bewerten muß, du entscheidest über die Richtung, die dein Leben nehmen soll. Denn wo hören Eltern auf, und wo beginnt die Gesellschaft?

Schneide dich nicht ab von Gedanken und Vorschlägen, die von jenen kommen, die du bewunderst und achtest. Höre ihnen genau zu, mit all deinen Sinnen; spüre dem Geiste nach, was er dir zwischen den Zeilen mitteilt, und dann bedenke es. Doch letztendlich ist es dein eigenes Herz, von dem aus du entscheiden mußt. Gründe *deine* Entscheidungen auf *deine* Wahrnehmung. Wenn du das neue Bewußtsein bewohnen willst, mußt du du selbst sein, denn dann bist du ein wunderschönes Wesen im Kontakt mit seiner ewigen Größe. Du weißt um die Generationen, die dir folgen werden, und um jene, die vor dir waren, und bist eingetaucht in die Liebe, die die Blätter aller Generationen auf dem einen Baum des Lebens erhellt und vereint.

Von den Gedankenfeldern, die diesen planetarischen Raum umgeben, geht für jene, die Ohren haben, das innere Wissen der Weisesten aus, die schon gegangen sind. In diesen Feldern kreist eine Botschaft der Ältesten deines Menschheitsbaumes, eine Botschaft, die für euer globales Dorf von heute gedacht ist. Wenn man es in Worte kleiden würde, sagten eure Großeltern, eure Vorfahren:

Tut das, wovon wir immer geträumt haben, doch was wir nicht ganz erreichten. Ihr wißt nicht, ihr Jungen, wogegen wir kämpfen mußten und um wieviel leichter wir es euch gemacht haben. Wir fühlen uns, als ob wir es fast geschafft hätten. Geht ihr einen Schritt weiter. Tut, was wir beinahe getan hätten.

Erschafft eine Welt, in der unsere Nachkommen nicht kämpfen und ringen müssen, so wie wir gerungen und gekämpft haben — eine Welt der Zusammenarbeit, eine friedvolle Welt. Erschafft sie zuerst in euren Herzen und Häusern. Zu unserer Zeit war dies unsere Herausforderung. In eurer Zeit ist es die eure. Ihr seht, wie gut wir dieser Aufgabe, dieser Herausforderung begegnet sind. Wir haben es vielleicht besser gemacht als andere und nicht so gut wie wieder andere, doch das spielt jetzt keine Rolle. Ihr seid die Menschen dieser Jahreszeit.

Wir sprechen zu euch, ihr Kinder des 20. Jahrhunderts: Werft eure Vorsicht nicht über Bord. Öffnet euch nicht jenen, die euch ausbeuten oder euch um eure Rechte bringen. Doch bitte, lebt mit weniger Angst als wir. Die Rechte, die ihr heute genießt, sie werden bleiben. Kampf mit der Waffe ist nicht wichtig, um euch das tägliche Brot zu beschaffen. Zumindest das haben wir euch gegeben. Es gibt immer noch Menschen, die euch ausnützen, doch es sind weniger, und sie haben geringere Macht als zu unseren Zeiten. Die heutigen Kommunikationsmittel machen es denen viel schwerer, die ihre Macht mißbrauchen wollen. Vielleicht ist dies die wichtigste Lektion, die unser Leben uns gelehrt hat:

Es wird euch immer dann besser gehen, wenn ihr euch verständigt. Mit Freunden. Und mit Feinden. Ohne Unterschied. Seid offen, ehrlich. Vertretet eure Ansicht so klar wie möglich. Habt keine Angst, Geheimnisse zu verraten. Es ist am besten, keine Geheimnisse zu haben; sie sind die Quelle allen Mißtrauens. Offenbare den anderen, wer du bist, was deine Ziele, deine Neigungen sind. Immer, wenn wir so mit unseren Angreifern verfuhren, haben wir Wunder erlebt. Über nationale Grenzen, über Rassenschranken, über wirtschaftliche und soziale Barrieren hinweg erlebten wir, wie Verständnis durchbrach. Wir begannen unsere Gesprächspartner zu achten, und sie begannen, uns zu achten. Diese Freundschaften haben uns in unserem Leben gut gedient.

Achtung ist wichtiger als Einverständnis, denn Achtung mag eines Tages Einverständnis wecken, doch ohne sie ist das unmöglich. Ehrlichkeit und Offenheit werden euch Achtung schaffen. In Zeiten, in denen wir grundlos kämpften, verloren wir mit den möglichen Freunden auch den Kampf. Zähle jeden zu deinen denkbaren Freunden, und dann tue, was du kannst, um diese Freundschaft zu verwirklichen. Verständigung hat eine viel größere Macht als Konfrontation. Verliert das nicht aus den Augen.

Wir und alle anderen Ältesten deiner Rasse sehen, daß es keinen Mangel an Bodenschätzen gibt. Es gab einzig und allein einen Mangel an Liebe — und an Vorstellungskraft.

Solange die Sonne scheint und die Flüsse strömen, solange Winde wehen und Meereswellen an die Küsten branden, gibt es keinen Energiemangel und auch nichts anderes, um das man kämpfen müßte, außer vielleicht, wenn die Habgier eines anderen dir die Befriedigung deiner Grundbedürfnisse versagt. Dann würden wir sagen: Ja, verteidige deine Rechte, doch sprich zuerst, verständige dich; gebrauche deinen ganzen Verstand und deine Erfindungsgabe, um den Konflikt zu vermeiden. Erst wenn es nicht anders geht, verteidige das, was du verteidigen mußt. Doch wisse, daß du genausoviel verlieren wie gewinnen kannst. Setze Gewalt nur zur Verteidigung und nur als letzten Ausweg ein. Verteidigung ist der einzige Beweggrund für Gewalt.

Im gegenwärtigen Weltklima kann kein Volk, kann keine Nation aus einem anderen Grund als dem der Verteidigung einen Krieg gewinnen.

Vielleicht war das nicht immer so. Doch unsere Weisen haben es erkannt, und aus welchem Grund auch immer, es ist die Wirklichkeit dieser Zeit, in der du lebst. Kannst du das verstehen? Dies ist eine wirkliche Neuigkeit. Bedenke, was das bedeutet! Keine Nation will einen Krieg verlieren, und wenn nur ein Verteidigungskrieg gewonnen werden kann, wer wird noch Krieg anzetteln? Können sich Nationen in gemeinsamer Verteidigung bekriegen?

Wenn die Leidenschaft der Jugend durch dein Blut pulst und du ein Kampffeld wünschst, auf dem du dein geistiges Feuer erproben kannst, dann wende dich den Sportplätzen zu, den Olympischen Spielen, dem Amateur- und dem professionellen Sport, Baseball, Basketball, Fußball, Rugby, Hockey, Ski, Segeln, Fahrradfahren, Tanzen, Cross Country Rennen. Du hast unbegrenzte Möglichkeiten. Wähle den Sport, der am besten zu dir paßt. Erprobe dich nach Herzenslust. Jage freudig nach Vollkommenheit. Messe dich auf Marktplätzen und in Musikhallen, auf Spielfeldern und in Amphitheatern.

Wenn du dein Leben genießen willst, dann messe dich nicht auf Schlachtfeldern. Laß die größte Plage der alten Welt hinter dir zurück. Töte nicht. Zerstöre nicht. Verstümmle, morde, ruiniere nicht. Letztlich tust du dir all diese Dinge selbst an. Es gibt keine „anderen". Deine Wettkämpfe sollen unbeschwert und freundlich sein. Feiere die vorzüglichen Leistungen anderer. Wir haben gelebt, damit du eine hellere Welt kennenlernst. Wirf das Versprechen, das wir dir gegeben haben, nicht weg. Wenn du dich der Gewalt in irgendeiner Form zuwendest, dann betrügst du jene von uns, die vor dir gingen, und jene, die folgen werden.

In gewaltsamen Auseinandersetzungen gibt es keine Gewinner, nur Verlierer — immer noch mehr Verlierer.

Laß dich von deiner Jagd nach Vollkommenheit auf deinem Gebiet nicht blind machen für die Vorzüge der anderen. Erkenne denselben Geist in ihnen, der nach derselben Vollkommenheit strebt, nach der du verlangst. Zolle ihnen dieselbe Anerkennung, die du dem fähigen Gegner zugestehst, der dir behilflich ist, deine eigenen Fähigkeiten auszufeilen und zu entwickeln. Achte sie als Partner, als Coach, als Trainer, die dir dabei helfen, deine vermeintlichen Grenzen zu überwinden.

Diese Haltungen, die so einfach sind, bilden den Kern der Welt, die wir uns für dich wünschen.

9.

Der rechte Gebrauch der Sprache

Das englische Wort *spelling* bedeutet einmal „Rechtschreibung“ und wird verwandt, um die Funktionsweise der Sprache zu beschreiben. Doch *spelling* heißt auch „bannen, verzaubern“ und bedeutet, eine bindende Illusion vorzuspiegeln. Das war die Haupttätigkeit der historischen Sprachen.

Der Bann der Materie wirkt durch die Sprache. Sie ist das Werkzeug, durch das er von Generation zu Generation erhalten bleibt. Diejenigen, die unter sprachlichen Illusionen „schlummern“, lassen sich von den Unzulänglichkeiten, den blinden Punkten und Vorurteilen einer bestimmten Symbolsprache *einschränken,* die bestenfalls nur das Bewußtsein derer vermitteln kann, die sie erfanden. Sie bilden sich ein, daß Verständnis — ohne verbal und begrifflich gefaßt zu sein — gar nicht möglich ist.

Verständnis kann in begrenztem Umfange durch Worte symbolisiert und vermittelt werden, doch der Verständigungsprozeß selbst bedarf der Sprache nicht mehr als ein Vogel des Käfigs. *Verstehen kann man nur durch Erfahrung.* Und für Erfahrung gab es noch nie einen Ersatz — und wird es auch niemals geben.

Anstatt euch als Werkzeug eures schöpferischen Ausdrucks zu dienen und zu helfen, Ton und Licht in Formen von Schönheit und Anmut zu gießen, haben eure babylonischen Ursprachen euch festgelegt, eingeschränkt und im engen Begriffsgefängnis der Kulturen gefangen, in denen sie entstanden sind.

Glaubenssysteme sind Illusionen aus sprachlich strukturierten Gedanken. Sie waren die Werkzeuge, mit denen jene kehligen Sprachen deine Wahrnehmung begrenzten. Sie sind Wortkäfige, die ihre Schöpfer einsperren. Selbst Einsichten, die die Wirklichkeit genau widerspiegeln, können von einem Glaubenssystem nicht bewahrt werden.

Schon der Versuch, die Wahrheit zu konservieren, zerstört ihre lebendige Natur. Du kannst dieselbe Frucht nicht gleichzeitig am Baume wachsen und eingemacht in einem Glase sehen; entweder das eine oder das andere! Der Garten der Lebendigen Information, der alle die umgibt, die ihre Herzen öffnen, ist so fruchtbar und voller Überfluß, daß keiner sie durch die Kultur oder gar durch Organisation bewahren muß.

Das Universum erhält Visionen und Gedanken, die seinem Interesse dienen.

Du strebst danach, etwas festzuhalten, doch das ist nicht die Wahrheit. Die Wahrheit ist immer mit dir. Es kann gar nicht anders sein. Teile dieser Wahrheit fühlst und erkennst du. Andere sind deinen Augen vielleicht noch verborgen, um dir an einem anderen Tag, in einer anderen Stunde offenbart zu werden, dann, wenn du sie brauchst, und niemals früher. Die Wahrheit, die in den Worten der menschlichen Sprache dargestellt wird, ist ein äußeres Symbol der Wahrheit, die in dir lebt. So ein Symbol ist ein Gebrauchsgegenstand, ein Schlüssel, dazu entworfen, den Durchgang zu öffnen, der dich mit der Lebendigen Wahrheit verbindet. Die Worte, die das Verständnis auslösen, sind dann nicht mehr wichtig, wenn sie Verständnis bewirkt haben.

Unterhalb der Ebene sprachbezogener Gedanken fließt unaufhörlich der lebenspendende Strom der Wahrheit. Die Begleitworte hier haben den Sinn, deinen Verstand zu beschäftigen, doch es sind diese Ströme, die dir die tiefere Wahrnehmung ermöglichen.

Die Sätze, die wir in diesen Übermittlungen verwenden, sind

so beschaffen, daß sie den lebendigen Wahrheitsströmen, die aus dem Bewußtsein strahlen, das jetzt die Gedankenfelder dieser Welt erfüllt, so nahe wie nur möglich kommen. Die lebendigen Wahrheitsströme bedürfen keiner Worte. Sie sind die Grundlage der wirklichen Verständigung; Worte sind nur ihre symbolischen Vertreter.

Während du diese Seiten liest, steigt der Sinn allmählich bis unter deine Gedankenebene empor. Von Zeit zu Zeit dringt Verständnis an die Oberfläche; dann hast du eine Einsicht. Jede neue Einsicht ist wie die Sprosse einer Leiter. Sie erlaubt dem Teil deiner selbst, den sie berührt, aus dem Schlafzustand alter Bedingungen zu erwachen. Mit jeder neuen Einsicht kletterst du eine Sprosse höher und läßt eine Illusion mehr zurück. Aufwärts, weg von der materiegebundenen Weltsicht, steigst du in sonnendurchflutete Regionen, in eine Welt, in der du weißt, daß du eine Spiegelung des Einen bist, der in diese Reiche herabgestiegen ist, um die Vielen zu sein und unter den Vielen zu wohnen.

Es ist nicht notwendig, daß du diese Übermittlungen untersuchst, zergliederst und einordnest, wie das der menschliche Verstand in der Vergangenheit mit unseren Lehren getan hat. Einer, der auf den Sprossen einer Leiter kampiert, ist genauso dumm wie der, der sie mit sich herumträgt. Wenn dir die Gedanken begegnen, dann erlaube ihnen beim Weiterlesen einfach, Veränderungen in deinem Wahrnehmungsfeld anzuregen. Kämpfe und ringe nicht um Verständnis. Bei mechanischen Wissenschaften sind intellektuelle Anstrengungen angemessen, nicht aber bei der Wiederbelebung deiner spirituellen Wahrnehmung. Die kann erst dann erfolgen, wenn das Ego alle Anstrengungen aufgibt und du dich auf dem Nullpunkt selbst so annimmst, wie du bist. Wenn du dich entspannst und dich selbst gelten läßt, dann steigt Verstehen unweigerlich in deinem Bewußtsein empor. Wie das Wasser einer Quelle taucht es ans Tageslicht. Es sucht die Oberfläche deiner Gedanken. Wenn du diese Oberfläche nicht mit öligen Selbstzweifeln verschmutzt und unempfindlich machst oder sie mit Krusten ideologischen Eises versiegelst, wirst du — aus einer nie versagenden Quelle — Verständnis erlangen.

Nimm die Gedanken des Verstehens an, die als Antwort auf deine Lebenssituation aufsteigen. Ringe nicht nach mehr, sondern begnüge dich mit dem, was mühelos aufsteigt. Du wirst wissen, was du wissen mußt, und dich an das erinnern, was du vergessen hast.

Laß dich von diesen Übermittlungen wie von sanftem Regen reinigen. Unsere Worte benetzen die Oberfläche deines Bewußtseins, umspülen dich und waschen den Schmutz der Nacht hinweg. Es ist nicht notwendig, die Gedanken festzuhalten. Laß sie fließen. Mit ihnen werden die besudelten Flecke falscher Annahmen weichen.

Der Strom der Einsicht, der durch dieses Material in dein Bewußtsein fließt, muß dich verlassen und draußen weiterströmen. Es ist ein vorüberziehender Bewußtseinsstrom, ein lichter Gedankenfluß. Wenn du ihn in die Medien der Menschen übersetzen willst, behalte stets sein Ziel im Sinn: *in anderen das Bewußtsein Gottes* zu wecken und sie — so unmittelbar wie möglich — in das Bewußtsein des Ewigen Seins zu führen, das in ihren Herzen lebt.

Die größten Heiler, die je auf dieser Erde wandelten, waren nicht deshalb so groß, weil sie eine große Anzahl von Menschen geheilt haben, sondern den einen „anderen" in ihrem Leben, der ihrer Liebe am meisten bedurfte. Wenn du nur einen anderen Menschen erreichst, warst du erfolgreich, und der Übergang in die posthistorische Zeit wird sich ohne Trauma, ohne Angst und Aufruhr entfalten, und unser Ziel ist vollkommen erfüllt.

Die Übersetzungen dieses ewigen Bewußtseinsstroms in die Sprachen der Menschen sind nur für einen kurzen Zeitraum gedacht. Sie sind vermittelnde Funken, die den eingebildeten Abgrund zwischen den Herzen der Menschen und dem Herzen Gottes überbrücken.

10.

Das Öffnen der ätherischen Antenne

Für den erfahrenen Sternreisenden ist eine Rasse, die täglich Zugang zur Informationsbibliothek des Universums hat, ohne sie jemals zu benutzen, primitiver als eine, die das Feuer noch nicht entdeckt hat. So simpel ist die Entdeckung des Feuers und doch so unermeßlich, und wie umwälzend sind die Veränderungen, die daraus entstehen. Wie einfach wäre es, Gott zu entdecken …

Wenn du zu jener Empfindungsfähigkeit erwachen willst, die dir den Zugang zur universellen Information erlaubt, mußt du dein Denken auf den Kopf stellen; du schaust dann eher von oben als von unten. Dazu mußt du dich selbst genau kennen. Doch erkennst du dich erst dann, wenn die *Bilder*, die du von dir gemacht hast, aufgelöst sind, und dazu ist nur die Liebe fähig.

Fühle, wie dir das Leben, das in deinen Venen strömt, Liebe gibt, wie das Sonnenlicht, das auf dein Heim scheint, der Regen, der auf die Felder tropft, die dich mit Korn versorgen, wie die Augen eines Kindes, Partners oder Freundes Liebe schenken. Die Liebe, die dir in jedem Augenblick des Lebens zur Verfügung steht, genügt vollkommen, um die feinen Bindungen aufzulösen, die dich an Illusionen fesseln. Du bist es wert, du verdienst diese Liebe.

Der Vorgang des Erwachens

Entspanne dich wieder in die reinen Wahrnehmungsfelder, die als Gottes Bewußtsein leuchten, befreie dich von den Verhaftungen an persönliches und kollektives Wissen, laß liebgewordene Vorstellungen, Bilder und Überzeugungen los — dies alles sind Schritte im psychologischen Prozeß, den jeder im Zuge des Erwachens durchlaufen muß.

Deine Feinfühligkeit gegenüber der geistigen Welt wird dadurch aufblühen. Du wirst deine eigene Persönlichkeit und das Ganze, dessen Teil du bist, von einem neuen Blickpunkt aus verstehen. Dein Ego wird dadurch nicht zerstört oder verkleinert, es werden nur die Illusionen fortgewaschen, die es unglücklich gemacht haben. Befreit wird dein Selbstverständnis von den Fesseln der Erdanziehungskraft, die es in Kampf und Angst gefangen halten.

Denn wenn dein Ego eine Spiegelung des Geistes ist, dann ist es in seinem tiefsten Inneren selbst Geist. Es unterscheidet sich vom Geist, wie sich das Spiegelbild vom wirklichen Bilde unterscheidet, doch das eine könnte ohne das andere nicht sein. Wenn der Spiegel deiner materiellen Biologie — und deines Biologieverständnisses — klar und sauber ist, dann ziehen sowohl Ego als auch Geist ihren Nutzen aus der neuen Weltsicht.

Dein *Geist* bezieht seine ursprüngliche Identität aus den höheren Energiefrequenzen der *Konstellation der Liebe.* Dein *Ego* zieht seine ursprüngliche Identität aus den langsameren, materieanziehenden Frequenzen der *Konstellation der Wahrheit.* Beide Konstellationen existieren im selben Meer des Ewigen Seins, und Geist und Ego spielen — wenn sie gesund sind — ihre jeweiligen Rollen gleichermaßen in Gott.

Man kann diesen psychologischen Prozeß, der zum Erwachen führt, auf vielerlei Weisen beschreiben. Grundsätzlich bewirkt er eine Identitätsverlagerung: das sprachlich definierte Selbstbewußtsein, das in deinem Ego wurzelt und deine Verletzlichkeit übertrieben fühlt, wandelt sich in ein Persönlichkeitsgefühl, das im vereinten Bewußtseinsfeld gründet, welches in jedem einzelnen wurzelt und über ihn hinausreicht.

Während des Prozesses erblüht dein Selbstgefühl und erfaßt, wer du wirklich bist. Dieses gewandelte Bewußtsein enthält dein früheres Lebensgefühl, einer unter vielen zu sein, doch es umfaßt auch das Bewußtsein einer größeren Wirklichkeit als die sich ständig verändernden Welten der Form, ein Bewußtsein, das in der Einzigartigkeit des Ewigen Seins wurzelt, aus dem sich jede Einzelpersönlichkeit entfaltet.

Wenn du zu diesem Bewußtsein erwachst, dann kennst du dich gleichzeitig als *einer unter vielen* und als *einer, der die Quelle der Vielen ist.* Ohne dieses Bewußtsein ist es unmöglich, eine wahre Persönlichkeit zu sein.

Ohne dieses Bewußtsein bist du eine unentwickelte Möglichkeit, ein programmiertes Produkt der menschlichen Kultur. Du bist nicht wirklich du selbst, und sicher bist du nicht im eigentlichen Sinn des Wortes inkarniert. Erinnere dich, deine Entscheidungen werden stets respektiert. Wenn du der Wirklichkeit ein Bild vorziehst, dann wirst du dieses Bild erfahren.

Der psychologische Prozeß ist eine Einweihung des Schicksals, ein Ritual des Weges. Er veranschaulicht deine Bereitschaft, dich von einem sprachlich orientierten Qualitätsverständnis abzuwenden und dein Vertrauen in die Wirklichkeit an sich wiederherzustellen, in das Ewige Sein an der Quelle deines Lebens. Das erfordert Mut. Du mußt schutzlos, der Sicherungen der Zeit beraubt, in das Versprechen der Ewigkeit springen. Nur eines weißt du sicher: das unermeßliche Wohlwollen, welches dieses Universum geboren hat, ist deines Vertrauens würdiger als die Glaubensgötter der historischen Ordnung.

Der psychologische Prozeß erfordert noch aus einem anderen Grunde Mut. Wenn du ihn durchmachst, mußt du bereit sein, das Wunder, die Macht und die ehrfurchtgebietende Wirklichkeit des Menschen anzuerkennen. Kein Glaubenssystem erfordert eine solche Verantwortung. Im Gegenteil, die Glaubenssysteme bieten dir an, dir die Verantwortung für dich abzunehmen, dich vor dir selbst zu schützen und dir unter ihren vielen verschiedenen dogmatischen Illusionen Schutz zu bieten. Du mußt der Wahrheit nicht ins Auge sehen, wenn du dir ein Glaubenssystem mietest, das dies an deiner statt tut. Doch jene Systeme fordern einen zu hohen Preis. Sie belegen deine Energie mit einer schweren Steuer und saugen den besseren Teil deines Bewußtseins ab. Sie beschlagnahmen dein ewiges Selbstbewußtsein und sperren dich in die Illusion einer flüchtigen Existenz. Diesen Preis hat die Menschheit während ihrer ganzen Geschichte bezahlt.

Die immer intensiver werdenden Frequenzen der Liebe machen es den Menschen auf der ganzen Erde leichter zu sehen, was die Heiligen und Seher immer sahen. Diejenigen, die ihre Eindrücke mit kindlicher Offenheit empfangen, spüren, wie ewiges Bewußtsein allmählich in ihre Gedanken einsickert. Sobald ihr Interesse am oberflächlichen Geschwätz des Egos schwindet, wenden sie sich den bedeutenden Dingen zu. Sie erfahren einen Zyklus des Verschmelzens, bei dem sie lernen, ihr Bewußtsein in jenem ewigen Bewußtsein wachzuhalten, das in den Gedankenfeldern rund um die Erde ständig wächst. Dann kann sie die universelle Intelligenz ungehindert durchströmen und sich in ihnen ausdrücken. Der Kern der Persönlichkeit dieser Menschen reitet genau an der richtigen Stelle auf dem Kamm der ewigen Woge, wo das Eine Sein in die vielen Wesen der Zeit zerstiebt.

Als Informationszelle im erwachenden planetarischen Feld bestimmt die Weite deines Bewußtseins das Ausmaß deiner Bewegungsmöglichkeiten. Die Weite deines Bewußtseins wird nur durch die Größe deiner Liebesfähigkeit begrenzt, den Raum um dich herum und alles, was er enthält, liebevoll zu umfassen.

So wie die Zellen eines menschlichen Körpers in das Leben und das Bewußtsein des ganzen Körpers verwoben sind, ist ein in Liebe gegründetes menschliches Leben mit dem Leben Gottes verwoben.

Sobald du den menschlichen Kreislauf entsprechend seiner Bestimmung einsetzt, sobald du ihn dazu gebrauchst, die mächtigen bioelektrischen Ströme der Erdenergie in Perioden der Betriebsamkeit zu verwandeln, die das Leben auf der physischen Ebene verbessern, wirst du die ehrfurchtgebietende Leistungsfähigkeit des menschlichen Geistes besser begreifen. Wenn du — ewiger Spirit — deinen Geist dazu gebrauchst, die universellen Energien zu sammeln und herunterzutransformieren, um sie in eine bestimmte Schöpfung in der Zeit zu lenken, dann arbeitet dein Geist so anders, leistet so viel mehr als bei seiner typisch historischen Verwendung, daß man mit einiger Richtigkeit sagen könnte: es ist nicht mehr derselbe Geist.

In dem jetzt zur Geltung kommenden Paradigma des Spirits ist ein intellektuelles Verständnis von zweitrangiger Bedeutung; jene, die von den Frequenzen der Liebe geführt werden, brauchen es nicht mehr bei jedem Schritt ihrer schöpferischen Entfaltung. Deshalb kann ihre Tatkraft schnell und frei fließen, unbehindert durch das ständige Bedürfnis, jede Einzelheit mental auszuwerten. Sie verstehen mit ihrem Herzen *spirituell* und mit ihrem Körper *materiell.* Sie können auch mit dem Verstand begreifen, sollten sie sich dazu entschließen, langsam genug zu werden, um Zugang zu diesem mentalen Verstehen zu finden. Doch — wie Liebende das oft zu tun pflegen — verzichten sie häufig auf eine so genaue Analyse.

Wesen, die in einem Zustand der Gnade leben, haben eine Sicherheit: Sie wissen, daß ihnen das mentale Verständnis immer zur Verfügung steht, wenn sie langsam genug werden, doch sie sind nicht länger abhängig von der „Frucht des Baumes der Erkenntnis von Gut und Böse". *Sie brauchen keine symbolische Erklärung für jeden Augenblick.* Deshalb scheint es Leuten, die durch die alten historischen Filter blicken, daß jene, die nach den neuen Mustern leben, den gesunden Menschenverstand außer acht lassen. Doch das ist nie der Fall!

Ihr Verhalten ist im Sinne eines höher schwingenden Bewußtseins völlig sinnvoll. Diese Logik ist für das Ego nicht unfaßbar, doch sie schwingt viel schneller als die langsamen Frequenzen seiner Logik. Wenn das Ego den blitzartigen Prozeß verstehen will, durch den der Geist eine Reihe von Entscheidungen trifft, muß es ihn aufschlüsseln und schrittweise untersuchen. Dies kann man zwar so tun, doch es ist viel besser, das instinktive Bewußtsein zu erleben, statt es zu analysieren.

Die innere Führung der *Lebenskraft* verkörpert ein tieferes, älteres Gefühl, ein Gefühl, das alle bewußten Wesen auf allen Sternen teilen. Es stammt von einem wirklich Heiligen Geist und ist das Gemeinschaftseigentum all jener, die in den bewußten Reichen leben. Jene, die an den alten Mustern kleben, können es zwar begreifen, doch solange sie dort bleiben, werden sie nie erkennen, daß die Quelle dieses Gefühls in ihnen selbst entspringt.

Die ätherische Antenne

Das *Wort,* das Gott in dieses sich wandelnde Zeitalter sendet, reicht über Begriffe hinaus, ist telepathisch, doch gleichzeitig besser verständlich und genauer als sprachliche Begriffe. Es ist dies das lebendige Wort, das in der Heiligen Schrift erwähnt wird, die leuchtende Lebendige Information, die all jene inspiriert und erhält, die sie empfangen und in ihr Leben einbeziehen. Im buchstäblichen wie im geistigen Sinne ist sie die Hauptkost, die Grundnahrung des kommenden Zeitalters. Sie fließt aus deinem Herzen, um dich und alle zu ernähren, die du in deiner Liebe umfängst. Es ist das Verständnis des Lebens selbst, das dich mit einer Qualität der Individualität, die sich in ihre Umwelt harmonisch einfügt, von innen her versorgt.

Die Lebendige Information ist untrennbar mit deiner Lebenskraft verbunden. Die Belebung deiner Seinskraft hast du rein biologisch erfahren, doch erst, wenn du diesen Strom in deiner bewußten Wahrnehmung zuläßt, bist du wirklich inkarniert. Biologisch gesehen, ist diese Energie das Zentrum deines Lebens. Wenn du ihr auch erlaubst, Mittelpunkt deines Bewußtseins zu sein, wird dein Gefühlsbereich als ein Instrument der Wahrnehmung aktiviert.

So wie das Auge dazu entworfen ist, bestimmte Frequenzen als Licht zu deuten, und das Ohr, andere Schwingungen als Klang, ist der Gefühlsbereich des Menschen dazu bestimmt, die anregenden, lebenspendenden Energien, die durch das ganze Universum strahlen, zu spüren und schöpferisch zu deuten.

Wenn du die Gefängnisse historischer Erklärungen verläßt, die deine Visionen einsperrten, und wenn du dein Herz der Liebe öffnest, entfaltet sich eine herrlich gestaltete *ätherische Antenne* aus der Lichthülle, die deinen Körper umgibt. Diese Antenne verhält sich wie eine empfindsame Pflanze. Wenn das Herz Angst verspürt, wenn die Gefühle besorgt oder unruhig sind, bleibt sie geschlossen. Doch wenn sich das Herz in Liebe entspannt, entfalten sich ihre hauchzarten Blumen wie ein erblühender Baum und statten dich mit einem hochentwickelten ätherischen Organ aus, das dazu entworfen ist, die Informationen zu empfangen, die im universellen Seinsmeer kreisen.

Die sieben blumengleichen Scheiben der ätherischen Antenne sind in den Drüsen des Endokrinsystems verankert. Diese Drüsen bilden die Brücke zwischen Geist und Materie. Sie sind die biologischen Empfänger, die die höher schwingenden Informationen, die von den ätherischen Scheiben (den *Chakras* der Yogatradition) aufgefangen werden, in eine Sprache übersetzen, die das Nervensystem verstehen kann. Sie sind dazu geschaffen, ultrafeine Frequenzen zu überprüfen, und bringen dir sowohl sinnliche als auch, wie manche es ausdrücken würden, außersinnliche Eindrücke zu Bewußtsein.

Die ätherische Antenne wird von gewalttätigen Emotionen wie Wut und Haß beschädigt. Ihr droht niemals Gefahr von Gefühlen außer dir, nur von deinen eigenen. Sie kann monatelang selbst inmitten gewalttätiger Aufwallungen geöffnet bleiben, so lange, wie du ruhig bleibst und die Menschen um dich liebst. Wenn du jedoch deine Liebe zurückhältst, schließt sich deine ätherische Antenne, und dann gibt es keine Abkürzungen mehr. Dein Herz muß sich erneut Gott zuwenden, es muß zum Ausdruck der Liebe zurückfinden. Und selbst dann braucht es Zeit, bis die vollständige Empfindungsfähigkeit deiner Antenne wiederhergestellt ist.

Das vollständig aktivierte menschliche Sinnessystem ist gleichbedeutend mit der Gegenwart deines Geistes und nimmt denselben Raum ein. Es reicht über jene Teile hinaus, die so langsam schwingen, daß sie die Molekularstruktur deines Nervensystems anziehen. Seine räumliche Ausdehnung erstreckt sich über deinen physischen Körper hinaus und umschließt ein größeres Schwingungsfeld. Die ätherische Antenne ist nur ein Teil dieses Schwingungsfeldes.

Aus dem Wirbelsäulenstamm durchziehen die Äste des Nervensystems deinen ganzen Körper und ernähren die vielen kleinen Bätter, die Zellen. Seine obersten Äste erblühen in den dreifachen Blütenblättern deines Gehirns. Wenn deine Liebe sich ausdehnt und genug von deiner Welt umschließt, um die Vision der Ewigkeit zuzulassen, wirst du fühlen, wie ihre blumengleichen Fühler sich entfalten und erblühen, um dir ein vollkommeneres Bewußtsein der vielschichtigen Wirklichkeit zu ermöglichen, in der du lebst.

Doch das voll aktivierte menschliche Sinnessystem ist mehr als ein Verständigungsmittel zwischen den Dimensionen. Im kleinen spiegelt das Strukturmuster seines Biogravitationsfeldes genau das Muster planetarischer, solarer und galaktischer Felder. Wenn das Sinnessystem, wie bei allen Erwachten, aktiviert ist, kann es durch seinen eigenen Miniaturschaltkreis das Bewußtsein von Erzengelwesen übermitteln, die jede dieser Sphäre überstrahlen. Dadurch sind die Verkörperten fähig, Zugang zu gundlegenden Erfahrungen und zu einem System des Informationsaustausches zu finden, das alle bewußten, universellen Wesen teilen. Sie schöpfen aus einem gemeinsamen Sammelbecken der Weisheit — und wissen, daß es ihr eigenes ist. Denn jenseits ihrer subjektiven Rollen und Besonderheiten teilen alle bewußten Wesen ein gemeinsames Feld des Seins. Sie erleben die verschiedenen einzelnen Konzentrationspunkte im Meere jenes Seins nicht als *andere,* sondern als Eigenschaften ihrer eigenen universellen Ganzheit.

So wie sich oben das Gitterwerk galaktischer Liebe, die diesen Sternenhaufen in der Schwebe hält, im Schwingungskreislauf dieses Sonnensystems und dann im erwachenden Schaltkreis planetarischer Intelligenz abspiegelt, spiegelt sich auf kleinerer Ebene dieses selbe Grundmuster der ewigen Liebe in der menschlichen Biologie. Es versorgt uns mit Systemen, die im ganzen Universum kompatibel sind, damit wir diese unglaublichen Reiche bewohnen, uns an ihnen erfreuen und in ihnen fortwährend schöpferisch tätig sein können.

11.

Das Universum der Sinne

Erinnere dich des Spiels in deiner Kindheit, das dein Herz erfreute, dann kennst du das Herz Gottes. Dann verstehst du die Beweggründe hinter diesem universellen Ausdruck. Gottes Schöpfungen und das ineinander verwobene Gefüge von Zeit und Raum, das ihren Schwingungstanz in Schwebe hält, dies alles mag in seiner verwirrenden Vielschichtigkeit für das alltägliche Bewußtsein des Menschen gefahrvoll wirken, doch jedes Kätzchen versteht Gottes Beweggründe.

Warum springen die Delphine fröhlich aus dem Wasser? Warum singen die Vögel am Morgen? Warum tanzt die Erde in Bäumen und läßt ihre Wälder nach der Sonne greifen? Warum spielen Kinder?

Freude ist der Sinn dieser Reiche. Dieses Universum dient der Entspannung und ist dazu geschaffen, all die Lebensformen zu vermehren, welche die große Leidenschaft Gottes teilen: *SCHÖNHEIT*, ihre Erschaffung und Würdigung, ihre spielerische Entwicklung in der Struktur, in Symphonien aus Licht, Klang, Zeit und Dimension.

Jenseits der Schattenreiche, wo man Gott und sich selbst schwer und düster empfindet, bringen die Winde der Veränderung all denen frische Gedankenströme, deren Herz heil ist. Fühle, wie dich die schöpferischen Melodien der Ewigkeit umgeben und deine Lichthülle durchdringen. Wenn sie in deiner Seele widerhallen, dann wisse, daß du eins bist mit dem Schöpfer der Musik.

Jene, die intuitiv leben, werden durch eine rhythmische Unterströmung inspiriert und durch die Welt der Dimensionen geführt. Eine innere Musik leitet ihre äußeren Tätigkeiten an und deutet strahlend auf Möglichkeiten, die in Wechselwirkung mit der Umwelt die schöpferischsten Handlungsmuster aufweisen. Durch diese Musik fließt der freudige Strom der Schöpfung.

Die Schöpfungsmusik setzt Energie frei, gibt sie und belebt alle, die sie würdigen. Die Biologie ist kein düsterer Tanz. *Das Universum entfaltet sich in Liedern!* Lausche den Melodien, die durch die Lüfte knistern. Einige finden ihren Weg in die Medien der Menschen und wehen dir aus einem Radio entgegen, aus einem offenen Fenster, einem vorbeifahrenden Wagen. Andere erklingen nur einmal in den Äthern, nur für deine Ohren.

Lieder werden die Landkarten eurer neuen Welt sein, Lieder, deren Rhythmen die Energien der Sterne leiten. Sie dringen greifbar und ungreifbar, hörbar und telepathisch in die menschliche Zeit. Ihre Melodien stürzen die Strukturen historischer Illusionen um, sie untergraben sie und lösen sie auf. Spüre ihre Wellen, die Ströme ihrer Energie. Kannst du unter ihnen den musikalischen Schöpfungsstrom ausmachen, der dich hervorgebracht hat, das Lied deiner Individuation, das die Ewigkeit bei deiner Geburt in die Zeit gesungen hat, das Lied, das dich aus den Feldern der Einheit rief?

Trinke dich an der Liebe satt, die dich auf den Strömen deines Ursprungsliedes erreicht. Empfange seine Nahrung, seine Weisung.

Wenn du dich im Ausdruck der Liebe entspannst, verlagert sich das Zentrum deines Selbstverständnisses von der Individualität zur Universalität, von der Vergangenheit zur Gegenwart, vom Ego zum Geist. Wenn die Egozentrik der Verwurzelung in Gott weicht, werden die Gedanken, Visionen, Träume und anregenden Ströme des Universellen Seins stärker hervorgehoben als jene, die deiner Persönlichkeit entspringen. Die Ausrichtung deines Gefühlsfeldes wechselt von Angst zu Liebe. Dein Geist erhält wieder Zugang zu deinen Gedankenprozessen. Dein Ego wird von seiner außerordentlichen Bürde kulturell vorgetäuschter Verantwortung befreit und ist vielleicht zum erstenmal während deiner verkörperten Erfahrung glücklich und erfüllt.

Sobald du lernst, deine Identität aus der Lebenskraft zu beziehen, wird dein Ausdruck zu einem Kanal, durch den ein beständiger Bewußtseinsstrom vom Schöpfer hin zur Schöpfung fließt. Du wirst eines von Gottes Endgliedern in der Welt der Dimensionen, eine Persönlichkeit, die der Zeit und dem Ort, an dem sie sich befindet, vollkommen entspricht. Was auch immer der nächste Entwicklungsschritt sein mag, deine Persönlichkeit nimmt die Form an, die der Weiterführung des Prozesses am dienlichsten ist. Dein Verhalten fließt aus deinem instinktiven Wesen. Du nimmst das Rüstzeug für deine Arbeit auf, beziehst dein Handeln auf deine Umwelt und erweiterst deren Möglichkeiten durch emotionale, mentale und physische Bewegungen, welche die Musik deiner Seele dirigiert. Diese Musik ist nie langweilig und wiederholt sich nie. Sie fließt unablässig durch Akkordwechsel und melodische Varianten, die sie neu und lebendig erhalten. Die Musik übermittelt das Signal, eine Handlung zu beenden oder zu verändern, lange bevor du ermüdest oder eine Veränderung herbeisehnst.

Obwohl die Musik der einzelnen verschieden ist, entstammt die innere Weisungsmusik all jener, deren Leben durch Liebe angeregt wird, derselben Quelle. Wenn du mit anderen zusammenarbeitest, die gelernt haben, auf diese Weise zu leben, entfalten sich ihre Handlungen in einer natürlichen, harmonischen Beziehung zu deinen eigenen. Wenn sich eure Melodien auch unterscheiden, unterliegt ihr doch immer einem Rhythmus. Ihr seid fähig, eure Anstrengungen ohne mühevolle oberflächliche Absprachen abzustimmen. Dem kulturell programmierten Ego erscheint das wie Zauberei, doch die Grundsätze, die dort in Erscheinung treten, sind Naturgesetz.

Einzelne Kompositionen vereinigen sich, um die gemeinsame Schönheit zu beschwören und harmonische soziale Strukturen, neue Formen der Materie, des Klanges, des Lichtes und der Energie zu erschaffen. Zusammen fließen sie in die Komposition einer symphonischen Gesellschaft, in der sich Arbeitsplatz und Freizeitumgebung entsprechen. Diejenigen, die so leben, empfinden ihre Beschäftigung nicht als unangenehm oder gar als Bürde. Sie verdienen ihren Lebensunterhalt durch ihr Spielen.

Das bedeutet, im Zustand der Gnade zu leben.

Kein maßstabsgetreues Modell, kein Musterfall hilft dir gegenwärtig dabei, die Auswirkungen auf globaler Ebene vorauszusehen. Wenn die Völker deiner Welt wieder in Harmonie mit ihrem natürlichen Entwurf leben, werden sie weder Krankheit noch Mangel kennen. Schon jetzt, bevor sich die planetarische Gesellschaft als Ganzes in dieses symphonische Seinsmuster entspannt, kannst du lernen, dir selbst behilflich zu sein, indem du machst, *was du am liebsten tust.* Es gibt keine bessere Möglichkeit, den Übergang für die menschliche Familie zu erleichtern.

Solange du in Identitätsmustern verbleibst, die sich nur auf die physische Ebene gründen, fürchtest du unterschwellig die Erde und hast Schwierigkeiten, deine materiellen Bedürfnisse zu sichern. Du weißt nicht, mit welcher Leichtigkeit die Früchte dieses planetarischen Gartens denen zuströmen, die ihn lieben. In dem Augenblick, in dem du zu deiner Wahrheit erwachst, in jenem Augenblick, wo du erkennst, daß du in Wirklichkeit ein geistiges Wesen bist, verändert sich dein Verhältnis zur Materie. Du hast dann keine Schwierigkeiten mehr, all das anzuziehen, was du brauchst.

Diejenigen, die dem Sinn des Lebens dienen, müssen sich nicht um ihre Bedürfnissicherung sorgen.

Die beste Nahrung, die dieser Planet bieten kann, ist nur ein Bruchteil der Nahrung, die jenen zufließt, die ihr Leben in den Energiefeldern der ewigen Liebe leben.

Die Erde erkennt Menschen, in denen Gott blüht. Sie sind sinnenfroh, gesammelt, und ihre Bewegungen sind anmutig. In ihren Handlungen fließt eine entspannte, sanfte Kraft. Eine bescheidene Selbstsicherheit hüllt sie ein, Ehrfurcht, ein Sinn für Humor und, damit verwoben, für Heiligkeit. Sie sind die magischen Menschen, nach denen die Erde sich sehnte.

12.

Das Herausmeißeln der Weltwirtschaftsordnung

Wenn du die zerklüfteten Schluchten auf dem Mars und unsere „Gedächtnisstützen" in den Anden und in Yukatan anschaust, wenn du über die Schlangenhügel fliegst oder auf die Pyramiden blickst, dann wisse, daß in Wirklichkeit keines dieser Symbole, nicht einmal der große Mayakalender oder die symbolreiche Geschichte unserer erfolgreichen Lehren auf den Hügeln von Galiläa, so bedeutungsvoll ist wie das *Herausmeißeln euer gegenwärtigen Weltordnung.*

Die Kunst hat stets die Wirklichkeit nachgebildet. (Und wahre Kunst war immer Weg zur Wirklichkeit). Wenn du dich auf eine höhere Ebene zurückziehen könntest, um die Angelegenheiten der Menschen im richtigen Verhältnis zu betrachten, würdest du in eurer Weltwirtschaft ein lebendiges Bildhauerwerk von planetarischer Bedeutung erblicken. Wie keine Kunst zuvor führt sie dich und deine Rasse schon jetzt aus den Illusionen einer zerrinnenden Ordnung in ein neues Selbst- und Weltverständnis.

Die gegenwärtige Struktur der Weltwirtschaftsinteressen ist kein Zufall. Die spezielle Anordung dieser Interessen ist geplant und sinnvoll. Das Ganze ist eine Art Puzzle, ein Schaltkreis, der eine schon bald vergehende Illusion abkürzt.

Die historischen Völker glauben, ihr Verhalten sei geordnet und vernünftig, doch oft haben wir jahrhundertelang ganze Kulturen in eine bestimmte Richtung gelenkt, bevor auch nur einer von ihnen aufschaute und die Art der Richtung bemerkte. Wären die Menschen scharfsichtiger, würden sie die Führung erkennen, die sie und ihr Volk zum gegenwärtigen Standort auf der Erde gelenkt hat. Sie würden wissen, daß trotz der Glaubenssysteme und Ideologien, trotz verschiedener Ausrichtungen und nationaler Eigenarten letztlich nur jene Interessengruppen das 20. Jahrhundert überleben werden, die im Kern wertvoll sind. Diesen Kern nähren und stärken wir, bis er wie reifes Korn aufblüht und die Hülse der Unwirklichkeit sprengt.

Im Morgendämmer dieses neuen Jahrtausends kann man die menschlichen Angelegenheiten als eine Art Schachbrett wahrnehmen, auf dem jede globale Interessengruppe mit einer Figur vertreten ist. Während das neue Zeitalter heraufzieht, hat jede Figur, jeder Spieler Zugang zu grenzenlosen Informationen, und jeder weiß, daß der Schlüssel zum Erfolg der intelligente Gebrauch eben dieser Informationen ist. Den Interessengruppen, die in Institutionen zusammengefaßt sind, steht für ihre Belange nicht nur die Computertechnologie zur Verfügung, die ihnen hilft, ihre Daten besser zu ordnen, sondern eine steigende Flut von Informationen, die in der Geschichte der Völker kein Beispiel kennt.

Bekommt ein Kind heute zu Weihnachten einen Computer, stehen ihm mehr Informationen zur Verfügung als der Bibliothek des Vatikans in der Blütezeit der Renaissance. Dasselbe Kind kann sich für die Kosten eines Telefonanrufs an Datenbanken anschließen und innerhalb von Sekunden an Informationen herankommen, die für das U.S.-Verteidigungsministerium noch gegen Ende des Zweiten Weltkrieges unerreichbar waren.

Doch die neue Informationstechnologie ist nur ein Spiegel der Intelligenz, die auf der Erde wächst. Sie ist nicht ihr Verursacher. Die Blätter und Zweige eines Weinstocks spiegeln den inneren genetischen Plan; sie sind weder seine Architekten noch seine Ursache.

Es gibt keinen Durchbruch in der Informationsverarbeitung ohne eine entsprechende Erkenntnis im menschlichen Bewußtsein. Und die Erkenntnis erscheint immer zuerst. Die materielle Ausführung wird erst sichtbar, wenn ihr Potential im Himmel des menschlichen Bewußtseins wahrgenommen und in einer mitteilbaren Form beschrieben worden ist. Es ist daher möglich, kommende Veränderungen in jedem Bereich vorauszusehen, wenn man beobachtet, welche Einsichten bei den schöpferischen Vordenkern zum Ausdruck gelangen. Dank der geradezu revolutionären Verständnissprünge der letzten Jahrzehnte in der internationalen Diplomatie, der Ökologie, im Beziehungstraining, der Soziologie und der Wirtschaft (um nur einige wenige zu nennen), ist die Tatsache, daß die Menschheit voneinander und von der Erde abhängig ist, heute weit und breit anerkannt. Wenn sich dieses neue Bewußtsein der wechselseitigen Abhängigkeit weiterhin politisch auswirkt, ist es nur eine Frage der Zeit, bis das unweigerlich darauf folgende Ergebnis eintrifft. *Die angstzentrierten Dynastien, die über die historischen Völker herrschten, stehen vor einer immer genauer umrissenen Entscheidung: grundsätzliche Neuorientierung und gesunde Veränderung – oder immanenter Zusammenbruch.*

Bei Völkern, die das anerkannt haben, in Nationen, deren Führer diesen Schluß bereits aus der Richtung und Schubkraft der Geschichte gezogen haben, beginnt sich noch eine weitere Folgerung abzuzeichnen. Sie wird zuerst als unvorstellbar zurückgewiesen, doch immer wieder brodelt sie empor. Und jedesmal, wenn sie wieder auftaucht, schwinden die kulturellen Widerstände mehr und überzeugen immer weniger. Was einige wenige große Führer wie Gandhi und Martin Luther King schon vor Jahrzehnten erkannt haben, begreifen jetzt viele Weltführer: *Dieser ganze Prozeß, in dem angstbegründete Gesellschaftsordnungen unerbittlich ihrem Untergang zustreben, geschieht absichtlich. Er ist kein Zufall.*

Dies spezielle Ende war schon bei der Planung der Geschichte vorgesehen.

Ein neues Bewußtseinsfeld

Die Erde gleitet rasch in ein neues Bewußtseinsfeld, welches sie wieder im ursprünglichen Schöpfungsrhythmus schwingen läßt. Dies neue Bewußtsein gründet sich nicht auf ein historisch menschliches Gottesverständnis, sondern auf eine Intelligenz, die in jenem Strome wohnt, der das Universum belebt. Es gründet in der aufklärenden Wirklichkeit einer universellen Gegenwart, deren Bewußtsein und Gedächtnis in der menschlichen Zeit erwacht, in jedem Spieler und jeder Interessengruppe dieses planetarischen Spielfeldes sichtbar wird und hilft, den größeren Zusammenhang zu erkennen, in dem sich das alles bewegt: das Schachbrett, die Mitspieler und die Regeln eines Spieles, das den Titel „Vom Primaten zur universellen Rasse“ trägt.

Wenn die Tage nach der Wintersonnenwende länger werden, weißt du sicher, daß der Sommer naht. Doch die Veränderung geschieht nicht sofort. Die Erde braucht den ganzen Winter und den Frühling, um zu antworten. Die Landmassen benötigen Zeit, um die Winterkälte loszulassen, Wasser, Erde und Felsen, um die Hitze der Sonne aufzunehmen und zu speichern. Und so bedarf auch die träge Kraft der geschichtlichen Kälte einer Jahreszeit, um sich aufzulösen, obwohl der Grund für diese Auflösung schon jetzt gegenwärtig und tätig ist.

Eine neue, größere Welle der Liebe flutet, in den Jahren 87 bis 89 hoch aufwogend, über die Erde. Mit dieser Woge dringt der Einfluß eines neuen Bewußtseins in das Feld deines Planeten und bringt all denen Verstehen und neue Einsichten, die sich kraft ihrer Liebe darauf einstimmen. Doch es wird noch fast zwanzig Jahre währen, bevor die vollen Auswirkungen dieses neuen Bewußtseinsflusses fühlbar werden, bevor seine Werkzeuge vollständig da sind und sich das neue Verständnis aus der Lehre in die gelebte Wirklichkeit verwandelt hat.

Seit Jahrtausenden langten immer wieder Wellen von Geistwesen auf diesem Planeten an, um der historischen Menschheit bei ihrer Erziehung beizustehen. Doch der Bewußtseinsfluß, der mit dieser gegenwärtigen Welle schwimmt, ist machtvoller denn je zuvor.

Jetzt beginnt die Zeit unseres Herabsteigens, das Zeitalter eures Erwachens, in dem sich Geist und Ego harmonisch zusammenschließen, jene Ära, von der eure alten Kulturen als „Die Rückkehr der Götter" sprachen. Die Völker der Erde haben eine Ahnung von ihrem Nahen bekommen und sehen sie verzerrt durch die Filter ihrer jeweiligen Begriffe und Etiketten, doch das Ereignis ist gewaltiger als jedes Verständigungssystem und umfassender als jede kulturelle Beschreibung.

Wir stellen unser Wahrnehmungsfeld auf all jene ein, die fähig sind zu verstehen, wer sie wirklich sind: auf jene, die gelernt haben, sich nicht mit ihrem Körper gleichzusetzen, sondern mit dem Geist, der diesen Körper belebt. Am Ende wird die Frage, ob sie erwachen oder wir uns verkörpern, bedeutungslos, denn der Bann ist gebrochen, der Panzer historischer Illusionen gesprengt. Ein neues Geschöpf steigt empor und blinzelt in das Licht eines wahrhaft neuen Tages.

Vertraue der Weisheit, die den komplizierten menschlichen Körper und die vollkommene Ordnung der Galaxien entworfen hat, dann werden diese nächsten Jahre ihre Blütenblätter vor dir entfalten wie eine Blume, die sich den Sonnenstrahlen eines neuen, helleren Tages öffnet. Vertraue Gott wieder, dann wird dein Verstehen zum Dufte dieser Blume. Du wirst keine Angst mehr haben müssen. Sorge dich nicht darum, daß du schwanken, daß du Fehler begehen könntest. Schenke jenen keine Beachtung, die von hinten nach dir rufen. Dränge mit ganzem Herzen aus den historisch fabrizierten Gedanken in die Denkströme der Universellen Intelligenz, die in dieser Planetensphäre erwacht.

Bleib in deinem Betätigungsfeld, bleib an deinem Platz, besonders wenn du mit der Regierung eines Volkes befaßt bist. Verlasse deine Arbeit nicht. Bleib und bringe Licht in deine Welt. Verrichte deine Arbeit mit größerer Bewußtheit, dann wirst du in deinem Beruf ganz natürlich aufsteigen, genauso wie die Sonne des dämmernden Bewußtseins in den Menschen um dich herum. Warte nicht darauf, daß du dich änderst oder daß die Welt sich ändert. Nimm den heutigen Tag an. Ernte die Fülle seiner Versprechen. In Wirklichkeit kannst du gar nicht mehr tun, denn das ist alles, was getan werden muß.

Hilf uns, den Zusammenbruch der irdischen Produktions- und Verteilersysteme so gering wie möglich zu halten, während wir zunehmend an ihrer Verwandlung arbeiten, so wie wir ältere Strukturen in den vergangenen Jahrhunderten verändert haben. Die alten Ordnungen wenden sich zu ihrem eigenen Vorteil von Angst, Manipulation und Ausbeutung ab. Sie entdecken im Dienen, in der Erziehung und im Heilen befriedigende neue Strukturen. Dank der größeren Wirksamkeit dieser neuen Strukturen gelangen sie zu jenem Reichtum und Erfolg, der ihnen entging, als ihre Beweggründe nicht den Interessen aller dienten.

Ihr, die ihr die Aufgabe habt, in den gegenwärtigen Systemen menschlicher Macht zu arbeiten, seid die Augen, die aus den Festungen der Springer und Bauern, der Türme und Läufer des Schachbrettes schauen. Ihr seid die Lichter jener Welten. Verlaßt eure Posten nicht, sonst glauben die Untertanen jener Machtsysteme, daß auch sie verlassen sind. Ein zu rascher Zusammenbruch der Produktion oder Verteilung würde ihnen nicht Zeit genug lassen, ihren Zustand als das wahrzunehmen, was er ist. Jene, die programmiert worden sind, eine feudalistische Ordnung anzuerkennen, brauchen deine Gegenwart und ein wenig Zeit, um zu erwachen. Ihr seid die Wächter der alten Ordnungstore. Macht den Eintritt schwer. Erlaubt allen, die es wollen, zu gehen. Draußen ist die Erde fruchtbar, und die Jahreszeit steht in voller Blüte.

Andere entscheiden sich gegen eine Arbeit in jenen Strukturen. Überall auf dem Schachbrett sich gegenseitig beeinflussender Weltinteressen baut ihr an einer neuen, freundlichen Umgebung. Als Landschaftsgärtner und Verwalter des universellen Gartens der Großartigkeit bewegt ihr euch freier als Könige und Königinnen und wendiger als die alten Springer, und ihr erkennt, daß sich das Schachbrett und seine historischen Spieler nur in eine kleine Ecke der Erde drängen. Ihr seid wie Blumen und Kräuter, wie Bäume, die an den Rändern des Brettes wachsen, während andere drinnen wie Gräser sprießen. Das Brett selbst wird jedes Jahr heller und bewegt sich spiralförmig nach oben, heraus aus der Dämmerung der Jahrtausende und deren zweidimensionalem Symbolismus. Die 64 Felder des Brettes fließen in die 64 Hexagramme des I Ging, in die 64 Nukleide des Genetischen Codes, tanzen und schweben, und jedes leuchtende Quadrat ist beseelt, multidimensional und lebendig.

Der Kontext, in dem die historischen Institutionen existieren, hat sich bereits grundlegend verändert. Auch das, was die Menschen glauben, wandelt sich. Bevor dieses Vierteljahrhundert des Übergangs vergangen ist, werden die Menschen sich und ihre Welt vollkommen anders sehen. Der Grund des Seins an sich wird dann aus der verwandelten Sicht der Ganzheit wahrgenommen. Das menschliche Bewußtsein wird in der Gegenwart des Einen erleuchtet, der im Planetenfeld erwacht.

Dieses Erwachen am Endpunkt der Geschichte ist von solcher Macht, von solch ehrfurchtgebietender Größe, daß sein Nahen die Angelegenheiten der Menschen seit etwa zwanzig Jahrhunderten sichtlich verändert hat. Als auslösendes Kraftmoment wogen seine Schockwellen rückwärts durch die Zeit und ziehen alle historischen Ereignisse an, so wie ein magnetisches Feld die Eisenspäne anzieht.

Dieses Ereignis, das die Christen als die zweite Wiederkunft Christi erwarten, ist in Wirklichkeit die *erste vollbewußte Verkörperung* des Ewig Einen im gemeinsamen Bewußtsein der Biosphäre einer Welt. Jesus kam, um das Verständnis der Menschen für dieses Ereignis vorbereiten zu helfen. Er kündigte es an, so wie der Morgenstern die Tagesdämmerung ankündigt. Doch diese Dämmerung, deren Licht am Horizont der Zukunft heller wird, fordert alles von der Menschheit, verlangt wirklich alles von der Biologie, um voll zu erstrahlen — denn solch ein Dämmern ist noch nie dagewesen.

Wenn dies Ereignis noch näher kommt, sehen sich alle auf Angst gegründeten Organisationen wachsenden Strukturschwierigkeiten gegenüber, bis sie sich entweder ändern und umstrukturieren oder zusammenbrechen.

Diejenigen, die den Wahn der Überlegenheit unterstützen, ganz gleich, ob rassisch, religiös, national oder sonstwie, werden die Destabilisierung und Auflösung ihrer Wirtschaftssysteme und Organisationen erfahren, da alle Systeme, die sich auf solche Illusionen gründen, im weiteren Verlauf verschwinden. Menschen, die an äußere Systeme glauben, die menschlichen Vorstellungen und Institutionen anstatt dem lebendigen Gott in ihnen vertrauen, wird man suchen müssen, wenn diese Systeme zusammenbrechen.

Doch es gibt kaum Organisationen, die im Innersten keine echte, wertvolle Vision tragen. Auch wenn sich diese Vision ursprünglich nicht in dienender Liebe offenbarte, kann sie jetzt dank der größeren Klarheit jener Menschen zum Ausdruck kommen, die den Übergang ihrer Gesellschaft in das Neue erleichtern wollen. Diese Organisationen werden nicht zerstört wie jene Systeme, in denen keiner etwas wahrnimmt. Sie werden sanft umgestaltet, wie das immer dann geschieht, wenn bewußte Menschen mit dem Wunsche wirken, das Beste von dem, was da ist, zu bewahren und auf ihm aufzubauen.

Wenn du selbst Einfluß auf Produktionssysteme hast, Bodenschätze verwaltest oder an der Börse handelst, dann wisse, daß du nicht zufällig eine solche Stellung bekleidest. Auf der tieferen Ebene deines ewigen Geistes, jener Ebene der Persönlichkeit, die dir nicht oder noch nicht bewußt ist, hast du das selbst gewählt. Vor langer Zeit hast du entschieden, dich jenen von uns zuzugesellen, die während der vielleicht turbulenten Übergangszeiten die Bodenschätze dieser Welt verwalten. Durch deine Entscheidung befindest du dich heute in einer Stellung, die die gerechte Verteilung lebenswichtiger Güter und Dienstleistungen erleichtert. Dadurch hilfst du, die Anpassungsschwierigkeiten während dieser Jahre grundlegender Neuorientierung zu verringern.

Während der zwei verbleibenden Jahrzehnte des Übergangs — im letzten Jahrzehnt des 20. und im ersten des 21. Jahrhunderts — werden viele eurer gegenwärtigen Einrichtungen, die lebensnotwendige Güter produzieren und verteilen, weiterhin wichtig bleiben. Selbst im Jahrtausend nach dem Erwachen werden einige von ihnen noch wertvoll sein. Doch die Harmonie, die die Völker der Erde am Ende dieses Zyklus' erfahren werden, ist nicht das oberflächliche Einvernehmen eines gut organisierten Weltreiches. Diese Harmonie wird gleichzeitig tiefer sein, erhabener aus allen Dingen strahlen, eine spirituelle Harmonie, die die manifesten und nicht manifesten Sphären durchdringt, eine sinfonische Strömung wechselseitigen Austausches, der allen dient.

Das Herannahen des Geistes bewirkt eine Verstärkung und Beschleunigung der Schwingungen auf den Wahrnehmungsfrequenzen, die für das persönliche und gemeinsame menschliche Bewußtsein sorgen. Da sich die Schwingungsraten dieser Frequenzen verstärken, wird es zunehmend schwerer, ein Leben oder eine Institution so einfach an den Strömungen der Angst auszurichten, denn diese Muster sind der jetzt erwachenden, emporsteigenden menschlichen Natur ganz fremd. Zentren der Gier und der Bestechung, die lange nicht beachtet oder hingenommen wurden, werden aufgedeckt. Einigen mag es scheinen, als ob alles eine Zeitlang nur noch schlimmer würde, doch Wunden müssen gereinigt werden, bevor sie heilen können.

Bevor das anmutige Ebenmaß einer erleuchteten Wirtschaftsordnung den verstaubten Stillstand einer geschlossenen Gesellschaft ersetzen kann, muß es Bewegung geben. Wenn die Fenster im Frühling geöffnet werden und eine Brise durch die Räume weht, die die schale Winterluft durch die frische Luft einer neuen Jahreszeit ersetzt, wird sie natürlich Staub aufwirbeln. Doch jener Hausbesitzer wäre ein Narr, der aus Angst vor ein bißchen Staub die Fenster den ganzen Sommer lang geschlossen hielte. Der Wind der Veränderung muß alle Strukturen frei umfließen können, um sie neu zu formen. Natürlich kommen mit der neuen Freiheit und der neuen Offenheit neue Herausforderungen auf. Manchen mag es eine Zeitlang sogar scheinen, als ob Sicherheit und Stabilität mit dem Winde dahingegangen seien. Doch das läßt sich nicht vermeiden. Das Bewußtsein, das hier ankommt, um in den Angelegenheiten der Menschen zu erwachen, gehört einem *Wesen der Bewegung* an. Dein Gott steht niemals starr an einem Fleck.

Und so blasen die Winde der Veränderung während der Großen Offenbarungen der Jahre 1987 bis 1989 kräftiger durch die menschlichen Angelegenheiten. Du hast erwartet, daß sich all jene Veränderungen, die du während der 60er und 70er-Übermittlungen erfahren hast, in dieser Zeit auch auf die Regierungen, auf die internationalen Banken und gemeinsamen multinationalen Angelegenheiten erstrecken würden. Diese Veränderungen haben begonnen. Sie werden die nächsten zwanzig Jahre anhalten und die Welt allmählich umgestalten im Bewußtsein der Liebe, Offenheit und Ehrlichkeit, im Bewußtsein gleicher Rechte und Möglichkeiten für alle.

Während des kommenden zwanzigjährigen Zyklus' werden in den meisten Teilen der Welt mehr Fortschritte gemacht, als viele heute für möglich halten, und zwar auf den Gebieten der Menschenrechte, des ökologischen Bewußtseins, der Abrüstung, Erziehung, freier Wahlen und der Erfüllung grundlegender Bedürfnisse nach Nahrung und Wasser.

Doch es wird ein paar Orte geben, Widerstandsnester, die durchhalten. In jenen Gebieten werden die Bedingungen bis zum Zeitpunkt des gemeinsamen Erwachens immer schlimmer werden. Es ist keine Schwarzmalerei, dies festzustellen. Im wachsenden Lichte werden die Schatten deutlicher. Der Sandstrahl der Erziehung mag helfen, die Kanten der Schatten in einigen Fällen abzumildern. Internationale Sanktionen werden bei anderen helfen. Die meisten Menschen werden jedoch erkennen, daß sie den größten Einfluß auf eine positive Entwicklung der Welt in jenen Nationen ausüben können, deren politische Strukturen die neuen Bewußtseinsströme fördern.

Es gibt eine Handvoll Menschen — und diese Menschen wissen es — welche berufen sind, sich unmittelbar an die Beiruts und Belfasts dieser Welt zu wenden. Seid vorsichtig. Zu viel Ablenkung durch negative Nester kann eure Energie zerstreuen, euch blind machen für den größeren Weltzusammenhang und die Dienste, die ihr anderswo leisten könntet, sehr verringern.

Wenn Dutzende von Gelegenheiten auf dich warten, wo du deine Energie, deine Fähigkeiten, deine Talente und Einsichten einsetzen kannst, Gelegenheiten, wo du sicher bist, daß du positiven Einfluß auf das Leben der Menschen, der Erde und ihrer Geschöpfe hast, ist es, ganz allgemein, nicht weise, wenn du deine Zeit in Situationen investierst, wo dich diejenigen, denen du nutzen willst, weder eingeladen haben noch mit dir zusammenarbeiten wollen.

Beobachte, welche Völker zulassen, daß neue Führungen und neues Bewußtsein sie leitet. Erkenne, wie bestimmte Gemeinschaften, Städte, ja selbst ganze Gesellschaften von den Angstmustern der Vergangenheit zurücktreten. Das ist nicht unwichtig. Das neue Bewußtsein erhebt sich wie ein Phönix inmitten des Alten. Deine Welt wird heil und ganz.

Keine Regierungsform der Geschichte war vollkommen, doch viele Systeme, so verschieden sie ideologisch waren, enthielten Samen der Vollkommenheit.

Diejenigen, die tiefer blicken, erkennen unter den Plattformen und hinter den Bühnenrequisiten vertraute Gestalten. Sie lauschen der Wahrheit inmitten des oberflächlichen Geschreis, hören die Inspirationen der Engel hinter dem Sozialismus und wissen, daß es dieselben Stimmen sind, die die Demokratie inspirieren, dieselben Stimmen, die die Völker schon immer dazu ermutigt haben, das Joch der Tyrannei abzuschütteln, politisch wie auch die subtilere Herrschaft über die Seele. Deine Welt hat viel durchgemacht während des gerade verstrichenen Erziehungszyklus', doch vergiß nicht: Selbst in den historischen Zeiten waren die größten Bewegungen nicht politischer, sondern spiritueller Natur.

13.

Die neue Ordnung der Zeitalter

„Wir stehen noch nicht in direktem Kontakt mit Regierungsangehörigen, Weltbankiers und internationalen Finanziers. Unsere ersten Kontakte mit ihnen werden während der machtvolleren Übermittlungen von 1987 bis 1989 stattfinden."

Sternenbotschaft 1, 31. Dezember 1978

Es ist nicht länger möglich, eine Generation nach dem Bilde der vorausgegangenen zu formen. Die gegenwärtige junge Generation wird, wenn überhaupt, nur kleine Schlucke aus dem Brunnen der Illusion nehmen. Die Wahrnehmungsfähigen unter euch fühlen, daß sich das Weltklima ändert. Und sie haben erkannt, daß die „Verdoppelung" der Generationen ihre Gesellschaften in diesem neuen Klima nicht erhalten, sondern beenden würde.

Es liegt im Interesse jeder Regierung — sei sie demokratisch oder nicht —, mit den Veränderungen dieser Zeiten zu gehen und den jungen Leuten zu erlauben, Möglichkeiten zu verfolgen und Fähigkeiten zu entwickeln, die über die Identitäten und Ideen hinausgehen, die nicht mehr als ein Massenprodukt sind.

Die Stabilität einer Regierung wird durch Bürger, die bewußt geworden sind, nicht bedroht, sondern erhöht.

Herrschende Interessen werden in diesen zwanzig Übergangsjahren nicht notwendigerweise aufgehoben. Doch wenn sie während dieser Zeiten und auch im posthistorischen Zeitalter überleben wollen, müssen sie die stärker werdenden Frequenzen der Liebe erkennen und sich auf sie einstellen. Denn die Solvenz einer Institution hängt jetzt von ihrer Fähigkeit ab, sich nach den Schwingungslinien des immer stärker werdenden erwachenden Bewußtseinsfeldes neu zu ordnen und Muster zu entwickeln, die zu den vielen verschiedenen Formen der Liebe passen. Dies wird nicht nur ihr Überleben garantieren; viel wichtiger ist, daß sie den Menschen beim allgemeinen Übergang aus der angstbeherrschten historischen Ordnung in die neue, auf Liebe gegründete Schöpfung beistehen werden. Ihre Fähigkeit darin und der Grad an Bewußtheit, mit dem sie sich beteiligt, wird das Maß ihres Wohlstandes bestimmen.

Obwohl sich die gegenwärtigen Regierungssysteme weiterentwickeln müssen, bevor sie den Geist ihrer Völker vollständig verkörpern und repräsentieren können, bedeuten sie dennoch eine große Verbesserung gegenüber der Gewaltherrschaft, in vielen Fällen der absoluten Diktatur, die ihnen vorausging.

Wie vergeßlich manche Menschen doch sind! Wie nahe sind selbst dir noch Männer und Frauen, die sich an ein Leben unter den Angstdynastien, den Fürsten und Zaren der ersten Jahrzehnte dieses Jahrhunderts erinnern. Mit Sicherheit wünschen sich jene, die sich an die Zeiten vor der Erschütterung der alten Ordnungen erinnern, nicht, daß sie zurückkehren.

Der legal verankerte Schutz der Grundrechte wird erst noch bei vielen Völkern der Welt eingeführt. Doch vor hundert Jahren hat dort überhaupt niemand an solche Rechte gedacht, zumindest nicht die Regierenden. Natürlich formten die Begründer eurer gegenwärtigen Systeme nichts Vollkommenes, doch die Bewegungen, die sie auslösten, sind noch lange nicht vollendet, und ihre Richtung ist gesund.

Wo immer sich unser Einfluß ausbreitet, nimmt der Demokratisierungsprozeß seinen Lauf; die Erkenntnis von der Gleichheit der Menschen wächst, zusammen mit einer Leidenschaft für die Freiheit und einem Sinn für die persönliche Einbindung in das gemeinsame menschliche Schicksal. Diejenigen, die wir berühren, fühlen sich nicht länger als passive Beobachter der Ereignisse. Sie erkennen die verwandelnde Macht der Wahrheit, wenn sie anerkannt, gelebt und ernsthaft zum Ausdruck gebracht wird. Sie beteiligen sich.

In den nächsten zwei Jahrzehnten werden viele Demokratieschößlinge, die sich durch das Frühlingstauwetter der letzten beiden Jahrhunderte gekämpft haben, sommerlich erblühen. Diese zwanzig Jahre werden nicht ohne Herausforderungen vergehen, nicht ohne wirtschaftliche Unsicherheiten oder politische Aufstände, doch das muß so sein. Denn es sind Jahrzehnte des Versprechens und der Verwandlung, die sich langsam — es hat schon begonnen! — mit dem Bewußtsein der Gegenwart Gottes füllen.

In diesem wachsenden Bewußtseinsfeld wird der Harmonie Macht und Autorität gegeben, kulturelle, politische und soziale Umwälzungen im Gleichgewicht zu halten, die noch vor kurzem nicht ohne Gewalt hätten ablaufen können. Gemeinsam mit den tieferen Erdprozessen und den Regelströmen menschlicher Angelegenheiten werden die Ereignisse der Welt allmählich mit dem beständig wachsenden Feld planetarischen Bewußtseins in Resonanz gebracht — noch vor jenem entscheidenden Augenblick, *in dem das Feld selbst in der verbindenden Erkenntnis seiner Einzigartigkeit Gestalt annimmt.*

Die Geschichte eurer gegenwärtigen Nationalstaaten strotzt zwar von Intrigen und ist zerrissen von den Ängsten sorgenvoller Egos, doch für jene, die sie mit den Augen des Geistes betrachten, ist sie die Geschichte ungeheurer Verbesserungen für die Menschen. In jedem Kontinent sind die Arbeiter 1990 bessergestellt als 1930 oder 1950, ganz zu schweigen von den Bedingungen im letzten Jahrhundert. Spirituell, wirtschaftlich und politisch genießen jene heute Voraussetzungen, die gestern lediglich in den Hirnen ihrer Seher existierten.

Deine heutige Welt ist auf Annahmen gegründet, die für deine Vorfahren unvorstellbar waren.

Doch es ist gut, wenn du dich nicht auf den Fortschritten von gestern ausruhst, wenn du weitergehen willst, um die Bedingungen für dich und deine Kinder noch zu verbessern. Wir unterstützen dich bei dieser Vertiefung. Wir ermutigen und versorgen dich mit den Einsichten, die du brauchst, um weiter an deinen Träumen zu bauen, denn tatsächlich müssen die Grundlagen, auf denen die gegenwärtige menschliche Welt beruht, in den Veränderungsströmen weiter ausgebaut werden. Doch verkenne nicht die Verdienste, die sich jene erworben haben, die vor dir kamen.

Eure Regierungen spiegeln trotz ihrer Fehler die Hoffnungen und Ängste der Menschen, die sie regieren.

Wenn eure Hoffnungen gemeinsame Visionen werden und sich zu realisierbaren Strategien entwickeln, werden sich eure Ängste vermindern. Eure Regierungen werden ihre Metamorphose in eine vertiefte Verwirklichung der Demokratie und die Grundsätze der Gleichheit fortsetzen, in denen sie wurzeln.

Wie gesund die Regierungsform eines Volkes ist, steht in unmittelbarem Zusammenhang mit der Tatsache, wie weit sie sich von der großen Lehre der Geschichte leiten läßt: *Jede gewaltsame Veränderung fordert einen gleichen Schmerz, einen Preis, den sowohl Sieger als auch Besiegte entrichten müssen.*

Das Militär

Bis zum Augenblick des letzten Erwachens, wenn das Feld des planetarischen Bewußtseins in verbindender Erkenntnis Gestalt annimmt, wird militärische Macht in fast allen Nationen weiterhin notwendig sein.

Das Militär hat die Aufgabe, Gewaltanwendungen so gering wie möglich zu halten: Es soll sicherstellen, daß die Starken die

Schwachen nicht erbeuten; es soll, wenn nötig, seine Macht gebrauchen, um kleine regierende Oberschichten daran zu hindern, ganze Gemeinschaften auszuplündern; es soll Gewaltausbrüche zwischen Volksgruppen beenden und gleichzeitig Staatskunst und Diplomatie anwenden, das gestörte Gleichgewicht, das solchen Explosionen immer zugrunde liegt, ans Licht zu bringen und auszugleichen. Dies sind gültige und für eine kurze Zeit noch immer entscheidend wichtige Aufgaben des Militärs.

Eine militärische Besetzung ist von Übel, wenn sie einen unausgeglichenen, ungerechten Zustand verstärkt. Wenn sie indes gegensätzliche Lager entwaffnet und gleichzeitig Verhandlungen zwischen beiden über die zugrundeliegenden Streitpunkte erleichtert, ist sie wahrlich eine friedenstiftende Macht, die, wenn sie die Arbeit gut verrichtet, auch nur *vorübergehend* herrscht.

Dauert eine militärische Präsenz zu lange, ist es entweder mißlungen, die streitenden Parteien zu maßgeblichen Verhandlungen zusammenzuführen, oder es wurde ihnen nicht genug Ausdrucksfreiheit zugestanden.

Regierungen mit schwacher Verhandlungsintelligenz, die geneigt sind, ihre Schwäche militärisch wettzumachen, gehen seit den 60er Jahren zu Ende. Friedliebende Völker blühen derweil auf und werden während des fortschreitenden Überganges weiter gedeihen.

In einem Informationszeitalter, in dem das neue Bewußtsein die alten Flure der Macht erhellt, in dem selbst die dunkelsten Plätze Offenheit und Veränderung zulassen, erkennen die Führer der meisten Nationen, daß sich Gewalt, außer zur Selbstverteidigung, immer negativ auswirkt. Es wird offensichtlich, daß Kommunikation und nicht Konfrontation das Thema der Zukunft und der neue Horizont der Menschheit ist.

Krieg ist eine Kommunikationsform, eine primitive Strategie mit Signalwirkung, die Unstimmigkeiten lösen soll —

gewöhnlich zwischen Völkern, die verschiedene Sprachen sprechen oder in nicht zueinander passenden ideologischen Mustern denken. Krieg ist teuer und offenkundig unwirksam.

Wenn durch weit weniger teure elektronische Kommunikationstechnologien die Sprachbarrieren durchbrochen, das Ungleichgewicht, das jedem Streit zugrundeliegt, sofort erkannt und vielfältige Lösungsmöglichkeiten aufgezeigt werden können, dann besteht kein Grund mehr, Krieg zu führen; besonders wenn man die untragbaren Kosten eines atomaren Konfliktes in Rechnung stellt.

Eine fortgeschrittene Kommunikationstechnik kann mit erschreckender Genauigkeit die Folgen eines Krieges und seinen wahrscheinlichen Ausgang aufzeigen, die Kosten für die Gesellschaft beziffern und die Jahrzehnte errechnen, die voraussichtlich erforderlich sind, um sich davon zu erholen. Sie kann auflisten, wie viele Menschen und Hilfsmittel in dem geplanten Konflikt unwiderruflich verloren wären. Wenn solche Zukunftsbilder genau und preiswert ausgearbeitet werden, dann sind allein schon wirtschaftliche Überlegungen Grund genug, Krieg als Verständigungsmittel auszuscheiden. Vielen mag das neu sein, doch unter den ranghohen Militärs zirkulieren diese Informationen schon seit geraumer Zeit. Daraus folgte, daß der Intelligenzgrad der Weltführer, wie auch der internationale Austausch überhaupt, in den letzten Jahren bemerkenswert gestiegen ist. Während das einfache Volk die bewaffnete Auseinandersetzung immer noch für einen gangbaren Weg hält, Uneinigkeiten beizulegen, wird der Krieg selbst erstaunlich schnell unmodern, wird als primitives Werkzeug des Präinformationszeitalters eingestuft.

Der Niedergang von Tyrannei und Unterdrückung

In den meisten Fällen haben die Führer der demokratischen Republiken den ernsthaften Wunsch, eine bessere menschliche

Gesellschaft zu schaffen. Wir tun, was wir können, um bei der Klärung dieser Motive zu helfen und sie zu stärken. Überall da, wo Machteliten dem Druck der sich verändernden Zeiten weichen, wo Adelshäuser oder Diktaturen sich zu offenen Demokratien wandeln, wo eingefleischte Finanzgruppen die Macht verlieren, unangemessen große Anteile der irdischen Bodenschätze zu kontrollieren und zu steuern, findest du Menschen, die in gewissem Grade von unseren Energien des Erwachens beeinflußt sind. Ihre Handlungen sind vielleicht noch durch Unbewußtheit befleckt, doch in ihrem Innersten werden sie durch das wachsende Bewußtsein des Einen ausgelöst, den die meisten von ihnen noch nicht Gott nennen können.

Zu Beginn der westlichen Zivilisation schufen die Kräfte der Materialisation Muster der Angst, um in der Lage zu sein, das sich nahende Bewußtseinsfeld so weit wie möglich zu beherrschen, einzudämmen und für ihre Zwecke einzuspannen. Die frühen Durchbrüche klaren Denkens in den Kriegerstämmen des Westens machte sich das Römische Reich zunutze, später die monolithische Feudalherrschaft der „christlichen" Monarchen. Unsere Lehren konnten diese Einschränkungen nicht verhindern, doch sie teilweise umwandeln. Sie schwächten deren Einfluß ab. Als die feudalen „Herren der Erde" versuchten, die Wahrheit zur Förderung ihrer eigenen Ziele einzusetzen, machte sich die Wahrheit selbst diese Absicht zunutze und verbreitete sich trotz aller Versuche, sie zu regeln und zu beherrschen.

Die ersten Durchbrüche objektiven Denkens wurden unvollkommen übersetzt, verstanden und angewandt, doch sickerte genug von ihrem Einfluß durch, um diese vergangenen zwei Jahrtausende zu einer Zeit des schwindenden Einflusses der durch Angst herrschenden Eliten werden zu lassen.

Immer noch tauchten Gewaltherrscher auf, aber die Dauer ihrer Tyrannei war in Monaten zu messen statt in Jahrzehnten, in Jahren statt in Erbdynastien. Und die Wege derer, die versuchten, die Energien des menschlichen Austausches zu kontrollieren und zu manipulieren, wurden immer beschwerlicher.

Selbstgerechtigkeit vereitelt genau das Ziel, dem sie zu dienen vorgibt. Diejenigen, die mit betrügerischen Mitteln das bekämpfen, was sie verachten, stärken es nur und säen die Samen für weitere Betrügereien, die dann weiterwuchern und in einem anderen Jahrzehnt bei einer anderen Generation wieder auftauchen, um dann erneut Gelegenheit zu bieten, klar erkannt und dann gelöst zu werden. Kurzfristig erfordern Lösungen bei der ersten Gelegenheit zunächst mehr Überzeugungskraft, denn sie zwingen dazu, daß im Bewußtsein derer, die lieber nicht hinschauen würden, tiefer liegende Streitpunkte aufsteigen. Doch ist das der einzige Weg zu langfristigen Lösungen.

Vorgehensweisen, die die Symptome der Ungleichheit nur verschleiern, wirken weit zerstörerischer, als die Verfechter dieser Methode im allgemeinen erkennen, denn hinter den Schleiern besteht die Ungleichheit, verborgen wachsend, fort, bis sie wieder an die Oberfläche steigt und sich in einem neuen, stärkeren Aufstand Luft schafft.

Brachte Shermans Marsch zum Meer die verheerenden Auswirkungen und das Elend des amerikanischen Bürgerkrieges zu einem schnelleren Ende? Oder schuf er nicht vielmehr so tief verwurzelte Vorurteile und Feindseligkeiten, daß die Nation ein weiteres Jahrhundert brauchte, um zu gesunden?

Der Zweck heiligt die Mittel nur in der Logik des Betrugs. Wo immer das Böse in irgendeiner Form gewählt wird, sät es ringsum die Samen des gegensätzlichen Übels. Am Ende erlöst es nicht, sondern verschlingt.

Die Entscheidung für die Liebe mag nicht immer als der schnellste Weg zur Lösung von Streitigkeiten erscheinen, doch sie ist der einzig sichere.

Die Oktoberrevolution. Der Sturm auf die Bastille. Es gibt unzählige Beispiele dafür, wie die machtvollen Energien, die wir in bestehende nationale Gefüge eindringen ließen, von jenen übertrieben wurden, die diese Energien verwalten sollten. Die Verwalter wurden durch den unerwarteten Erfolg aus dem Gleichgewicht geworfen. Oft erfüllten sie das ursprüngliche Ziel der Wandlungsenergien — dem Zaren in Rußland alle Macht zu nehmen, die Könige aus Frankreich zu vertreiben —, doch dann lösten sie unwissentlich das Chaos aus, das der Selbstgerechtigkeit so sicher wie ein Schatten folgt. Am Ende verhinderten sie gerade die soziale Gleichheit, nach der sie sich sehnten und die sie wirklich schaffen wollten.

Ihr, die ihr die Mächte der Verwandlung während dieser Zeit verwaltet, müßt aus den Ausschreitungen derer lernen, die vor euch weit weniger Macht verwaltet haben. Wendet eure Kräfte in Demut und Mitleid an, oder ihr werdet sie an die verlieren, die *die Feindesliebe* unmittelbarer umsetzen als ihr.

Wenn in gewissen Fällen der Einfluß der Bildung nicht die Oberhand gewinnt, wird euch die Macht gegeben, all jene zu entfernen, welche die Muster von Vorherrschaft und Ausbeutung aufrechterhalten. Habt keine Angst vor dieser Macht. Setzt sie entschlossen ein, doch stets in Liebe, und bleibt nicht auf halbem Wege stehen.

Setzt die Diktatoren ab und beseitigt das gestörte Gleichgewicht, das ihre Herrschaft ermöglichte; wart ihr erfolgreich, dann vergebt ihnen, so wie euch vergeben wurde. Stellt sie, wenn möglich, als Helfer ein, als Ratgeber und mitschöpferische Vermittler bei der Umgestaltung der Nation. Anerkennung wird sie viel sicherer gewinnen als Strafmaßnahmen. Gebt ihnen eine Gelegenheit. Ihr Einblick in Gebiete, wo eure Erfahrung begrenzt ist, mag entscheidend für euch sein, um einen sanften Übergang zu schaffen.

Die heutige Absicht wiegt viel mehr als das Versagen von gestern. Nur das zählt in den Augen Gottes, denn in Wirklichkeit gibt es nichts anderes. Vermeidet heftige Reaktionen gegen jene, die ihr entmachtet habt oder die die Macht einst unterstützten. Begrüßt sie alle im Licht der heraufdämmernden Ordnung, weil ihr wißt, daß ein Meer öffentlicher Unterstützung viel wirkungsvoller die soziale Ordnung herstellen hilft als eine Unzahl von Gesetzen oder Strafen. Wenn die Regierungsformen eines Volkes nicht auf breiter sozialer Grundlage ruhen, haben sie keinen Bestand. Erspürt die Vorzüge und Tauglichkeiten jedes einzelnen, seine Stärken wie auch seine Schwächen, und dann laßt ihn entsprechend seinen Fähigkeiten mitwirken. Dies wird das Aufgebot an Fähigkeiten zur Unterstützung eurer Bemühungen beträchtlich vermehren, und aus diesem Grunde wird sich das Gleichgewicht schneller einpendeln. Schätzt Reue, Offenheit und die Bekundung echten guten Willens. Verwendet sie so weise wie alle anderen Hilfsmittel.

So wie es der Lauf der letzten zwei Jahrtausende den Adelshäusern — den reichen, mächtigen Familien — immer schwerer gemacht hat, die Menschenmassen auszubeuten, so wird es — auf einer subtileren Ebene — jenen Regierungen immer schwerer gemacht, die sich zu weit von der Stimme und vom Geist des Volkes entfernt haben, das sie politisch vertreten.

Eine Regierung erhält ihre Autorität — und die Beglaubigung ihrer Macht — allein vom Willen und vom Geist des Volkes. Wenn eine Regierung die Verbindung zum Volk verliert, muß sie sich ändern oder verändert werden. Sie ist nicht standfest genug, um zu überdauern. Unterdrückung ist in solchen Fällen ebenso vergeblich, wie wenn man den Deckel eines Dampfdrucktopfes verschließt und gleichzeitig darunter das Feuer schürt. Ganz gleich, wie viele Bolzen (oder Truppen) versuchen, den Deckel festzuhalten, die Gesetze der Natur selbst sind dagegen.

Unterdrückung kann den Aufbruch eines Volkes eine kleine Weile verzögern — im Zeitalter der elektronischen Medien ist diese Zeitspanne weit kürzer als früher —, doch sie kann ihn nicht verhindern. Unterdrückung wird die Schwierigkeiten der

Wiederannäherung nur vermehren, wenn die Volksbewegung unweigerlich losbricht, um ihren aufgestauten Wunsch nach Veränderung frei zu äußern.

Doch Unterdrückung ist nicht nur die Antwort von Gewaltherrschern. Oft ist es nur eine automatische Reaktion, die nicht durchdacht und nicht geplant ist. Obwohl die darin verwickelte Regierung sie schnell als Irrtum erkennt, verteidigt sie sie trotzdem und hält an ihr fest, weil sie meint, dadurch Glaubwürdigkeit und Achtung wahren zu können.

Diese Art der Logik war schon zu Zeiten, als die Pharaonen Ägypten regierten, zweifelhaft. In der heutigen, durch elektronische Medien veränderten Kultur ist sie veraltet und völlig sinnlos. Ehrlichkeit und Offenheit sind der einzig sichere Weg zur Glaubwürdigkeit. Die Menschen sind derer überdrüssig, die stets darauf bestehen, recht zu haben; im allgemeinen unterstützen sie im gegenwärtigen Klima der Veränderung jene, die Fehler zugeben, sich klug ändern und weiter fortschreiten.

Wenn Unterdrückungsregime die wachsende und möglicherweise explosive Macht des Volkes, das sie zu vertreten glaubten, zu spüren beginnen, versuchen die Führer, den drohenden Ausbruch zu vermeiden. Wenn wir beim Beispiel des Dampfdrucktopfes bleiben, wäre es jetzt genauso unklug, den Deckel plötzlich abzunehmen, wie es unklug war, ihn überhaupt aufzuschrauben. Unterdrückungsmaßnahmen müssen über Wochen oder Monate allmählich aufgehoben werden, wobei die Regierenden den Betroffenen ehrlich und aufrichtig erklären müssen, was sie tun und warum sie gerade dieses tun. Sie sollten mit sofortigen Reformen beginnen, um ihre Ernsthaftigkeit zu beweisen, sich dann einem bestimmten Zeitplan für zukünftige Veränderungen unterwerfen und so die Zustimmung aller Beteiligten sicherstellen.

Selbst die schlimmsten Regierungen leisten Dienste, die, wenn sie plötzlich aufgegeben würden, Not verursachten. Eine Zeit des Übergangs ist wichtig. Wenn die Machtverhältnisse sich langsam ändern, lassen sich die Schwierigkeiten gering halten. Selbst dann mag es zu spät sein, die Gewalt der Gegensätze ganz zu vermeiden, doch ein Unterdrückungsregime kann ganz sicher sein, daß die Gewalt, die mit seiner freiwilligen Auflösung einhergeht, geringer ist als die Gewalt, die geschehen wäre, wenn die Führer versucht hätten, ihre Macht zu retten.

Die Zeiten von Regierungswechseln sind oft unbeständig. Diejenigen, die mit der alten Regierung verbunden waren, teilen die Verantwortung mit jenen, die die neue vertreten, um einen sanften Übergang zu schaffen. Um die Gewalt so gering wie möglich zu halten, ist es weise, die öffentliche Aufmerksamkeit auf die neue Regierung zu lenken, nicht auf die alte.

Es ist immer klug, die Aufmerksamkeit mehr auf die Zukunft als auf die Vergangenheit zu richten.

Gerechtigkeit kann weise voranschreiten, Rache nicht. Rache kann die Gefühle der Öffentlichkeit, die eigentlich schöpferisch sind, in Leidenschaften verwandeln, die leicht außer Kontrolle geraten. Wo Macht freiwillig aufgegeben wurde, werden Vergebung, Rehabilitation und Erziehung dem nationalen Ziele dienen. Wenn gesetzliche Maßnahmen gegen die alte Führung berechtigt waren, sollten diese natürlich nicht mehr nationale Aufmerksamkeit auf sich ziehen als die Möglichkeiten, die die neue Ordnung bietet. Solch eine falsche Betonung lenkte nach der Französischen Revolution vom Wesentlichen ab und brachte die edle Vision fast in Verruf.

Die Psychologie einer Nation

Die Psyche einer Nation kann gesund oder krank sein, ungefähr so wie die eines Menschen. Studien über die *Volksseele* sind erst in den letzten Jahren aufgekommen und zum neuesten und im Augenblick wichtigsten Zweig der Sozialwissenschaften geworden. Viele der Merkmale, die zur Beurteilung der menschlichen Gesundheit dienen, überträgt man jetzt auf Völker. Die sich daraus ergebenden Einsichten — oft sind es im wahrsten Sinn des Wortes *Offenbarungen* — führen zu einer neuen, erleuchteten und fruchtbaren nationalen und internationalen Politik.

Außerhalb der Intelligenz-Stätten der Industrienationen gibt es nicht viele, die Länder als kollektive Wesenheiten betrachten, welche, wie jede andere Lebensform, „erkranken" können. Doch diese Art des Denkens hat den kalten Krieg bereits beendet. In den kommenden Jahren wird die vermehrte Anwendung dieses Denkens die internationale Diplomatie so umwälzen, wie Einsteins Relativitätstheorie die Physik umwälzte. Während der zwanziger Jahre litten zum Beispiel Deutschland und Japan an bestimmten nationalen Unstimmigkeiten. Wären diese Unstimmigkeiten richtig diagnostiziert und von der internationalen Gemeinschaft sachlich angesprochen worden — und hätten jene, die damals das britische Empire regierten, gewisse vernünftige Änderungen garantiert: der Zweite Weltkrieg wäre nicht ausgebrochen.

Die Vergangenheit kann nicht verändert werden, doch Gegenwart und Zukunft werden grundlegend von diesem wachsenden Bewußtsein beeinflußt. Die seelische Gesundheit eines Volkes ist lebenswichtig für Glück und Wohlstand seiner Menschen. Führer und Meinungsmacher in und außerhalb der Regierung haben die Verantwortung, die Politik und jene Standpunkte zu fördern, die zur Gesundheit des Volkes führen. Es ist kein Zufall, daß jene Standpunkte die Wahrheit spiegeln, denn die Wahrheit fördert so sicher die Gesundheit wie Betrug Krankheit verursacht.

Die Wahrheit drückt sich nie in gegensätzlichen Ideologien aus. Die Wahrheit ist die Wirklichkeit, die alle *gesunden* Gegensätze überstrahlt.

Bei der Regelung nationaler Angelegenheiten muß es verschiedene Ansichten und Meinungen geben. Gesunde Ansichten und Meinungen zu einem Thema können um 180 Grad auseinandergehen und trotzdem den schöpferischen Austausch und eine unparteiische nationale Politik fördern. Die Speichen eines Rades laufen um 180 Grad auseinander, und doch gibt genau das dem Rad die Stärke. Wenn ein Adler fliegen will, muß auch er seine Flügel in entgegengesetzte Richtungen ausstrecken. Ein Adler mit einem gebrochenen Flügel ist — wie ein totalitärer Staat — nicht gesund.

Die neue Wissenschaft der *Volkspsychologie* erkennt, daß in einer zusammengehörigen Menschengemeinschaft *ungesunde* Ansichten und Meinungen auftreten können. Grundeigenschaft und gemeinsamer Nenner dieser Meinungen ist Intoleranz. Ungesunde Ansichten und Meinungen schließen die Gültigkeit, ja, selbst die mögliche Gültigkeit jeder anderen Ansicht aus. Sie betonen die Kluft und führen zu einer einseitigen, zerstörerischen und oft Volksgruppen-orientierten Politik, die Elitenbildung begünstigt und Freiheiten einschränkt.

In einem breiten, gesunden Spektrum verschiedener Ansichten trägt jede einzelne zu einem ausgewogenen Fortschritt des Volkes bei. Und ein gleich großes Spektrum kranker Ansichten führt nur zu Haß, Gewalt und Spaltung.

Gesundheit — oder Krankheit — liegen nicht in den Standpunkten, sondern in den Herzen jener, die diese Standpunkte vertreten. Wenn unterschiedliche Ansichten voller Achtung ausgetauscht und besprochen werden, dann gedeiht das Volk. Werden diese selben Ansichten ärgerlich oder angstvoll vorgetragen, leidet das Volk. Wenn eine Regierung gegensätzliche Meinungen nicht mehr duldet, wenn sie Freiheit und Ausdrucksmöglichkeiten einschränkt und die Medien zensiert, haben die Menschen dieses Volkes die Verantwortung, ihre Regierung entweder zu verändern oder eine neue einzusetzen. Dies ist mehr als ein Recht, es ist ein heiliges Gut.

Die Formulierung ihrer Vision ist der erste Punkt der Tagesordnung jeder neuen Regierung. Wenn diese Vision die Verbindung zum Volk aufbauen und erhalten soll, muß sie in ihrer Präambel (bei Völkern, bei denen das nicht schon geschehen ist) bestimmte und gesetzlich unumstößliche Bestimmungen enthalten: die garantierte Freiheit der Medien, freie Wahlen, Wahrung der Menschenrechte, die allgemeine Gleichstellung der Bürger vor dem Gesetz, ungeachtet der Rasse, des Geschlechts, der Religion, der Nationalität, ungeachtet der sozialen und wirtschaftlichen Unterschiede oder unterschiedlicher Lebensart und zuletzt, doch gleich wichtig, die Zusicherung, daß alle Menschen unter der Gesetzgebung dieser Regierung gleichen Zugang zu den Grundvoraussetzungen des Lebens haben.

Während kommunistische und Entwicklungsländer öfter unter Regierungen gelitten haben, die ungenügend auf die Wünsche ihrer Bevölkerung eingingen, erlebten die Vereinigten Staaten und einige andere Nationen zuweilen das andere Extrem. Das geschieht, wenn eine Regierung versucht, anstatt ursprünglicher Bedürfnisse Launen und vergängliche Neigungen ihres Volkes zu befriedigen, was durch unsichere, oft unerfahrene Politiker verursacht wird, die nicht den Mut haben, immer in Übereinstimmung mit ihrer höchsten Vision zu handeln. Jene Politiker treffen ihre Entscheidungen statt dessen nach den Wünschen, die das Volk nach ihrer Meinung hat.

Ein Politiker ist kein Führer.

Den Politikern, denen mehr an ihrer Wahl liegt als an dem, was sie im besten Interesse ihres Volkes sein wollen, fehlen die Vision und die Integrität, die einen wahren Führer ausmachen. Ein Führer handelt immer gemäß seiner Vision und erwägt sorgfältig die Ansichten und Gefühle seiner Wählerschaft. Er erspürt, wie die Ganzheit all jene Ansichten überstrahlt, wie sie gleich den Speichen eines Rades in der Nabe des Gleichgewichts, der Wahrheit, im Mittelpunkt zusammenlaufen. Und dann handelt der Führer so, wie er den Interessen der Gesellschaft, der Umwelt und allen, die davon betroffen sind, langfristig am besten zu dienen glaubt.

Ein Führer kann in der Politik auftauchen — oder in jedem anderen Bereich —, doch ein wahrer Führer wird nicht durch Wahlen oder Meinungsumfragen kontrolliert.

Ein wahrer Führer stimmt sich auf die tieferen, langfristigen Rhythmen ein, die das kollektive Herz durchpulsen, wird von ihnen inspiriert und angeleitet. Er ist nicht übermäßig beeindruckt von oberflächlichen Schwankungen oder von jenen Menschen, die allzu bereitwillig unter ihren Bann fallen. Ein guter Führer weiß, daß sich die Produktions- und Tauschsysteme der Erdbevölkerung immer mehr in einem einzigen Weltwirtschaftssystem zusammenschließen und daß eine räumlich begrenzte Vision oder selbst ein nationaler Rahmen in Begriffen planetarischer Wirklichkeit kurzsichtig ist.

Das politisch-wirtschaftliche Klima der Welt ist gerade erst in den Sog der letzten Jahrzehnte der Geschichte geraten. Die Geschwindigkeit der Veränderungen wird bis in die frühen Jahre des zweiten Jahrzehnts des 21. Jahrhunderts ständig zunehmen. Ein guter Führer wird die fundamentalste Umwälzung, der sich die Menschheit seit ihrer Spaltung von ihren Säugetierverwandten unterzieht, eher fördern als mißachten.

In einer gesunden Gesellschaft folgt die Wirtschaft immer der Ökologie, und Erziehung geht den beiden voraus.

14.

Der Quantensprung des Erwachens

Im Augenblick des Quantensprungs des Erwachens gibt es einen raschen Umschwung, der wie eine Welle über das Angesicht der Erde rollt. Alles im Schwerkraftfeld der Erde wird auf irgendeine Weise davon beeinflußt. Es wird eine Zeit gewaltiger Veränderungen sein, in einem geschichtlich beispiellosen Ausmaß, obwohl es solche Ereignisse in prähistorischen Zeiten hier oder in entfernten Welten bereits gegeben hat. Die Veränderungen, die deine Generation erleben wird, bevor sie die Fackel an die nächste weiterreicht, sind tiefgreifender als die Neuerungen, welche die Umstellung der Menschen auf den Ackerbau begleiteten — und die dauerten viele tausend Jahre. Sie reichen weiter als die Umwälzungen der Industrialisierung, die fast drei Jahrhunderte brauchte, um sich durchzusetzen. Doch obwohl die gegenwärtigen Veränderungen tief, grundlegend und gewaltig sind, werden sie in der Spanne eines einzigen Menschenlebens vor sich gehen.

Richtig verstanden, könnte das Herannahen dieser Neuerungen ein für die Geschichte deiner Rasse beispielloses Maß an Hoffnung und Optimismus auslösen, denn sie bedeuten das Ende der menschlichen Unbewußtheit und künden damit, wie die Schriften der Welt voraussagen, das Ende von Blutvergießen, Hunger, Krieg, Ausbeutung und sinnlosem Leid an.

Während deiner Lebenszeit wirst du an Enthüllungen teilhaben, die vieles, was einst weise schien, als Dummheit entlarven. Du wirst zuschauen, wenn man entdeckt, daß Überlieferungen und historische Verhaltensmuster, die man einst für ein Überlebensgebot hielt, schädlich für ein gesundes Leben und die Gesundheit der Gesellschaft sind.

Verhaltensweisen, die Geschöpfen sinnvoll schienen, welche sich als Inseln persönlicher Einsamkeit erlebten, legen jene ab, die die Verbundenheit allen Lebens erfahren. Das Bewußtsein, das jetzt auf dieser Welt erwacht, hängt nicht darwinistischen Vorstellungen an. Seine Wahrnehmung ermöglicht neue Werte und neue Lebensformen. Während dieser Jahrzehnte siehst du die Ankunft der Engel der Heilung. Jetzt bereits verkörpern sie sich überall — vielleicht in deinem eigenen Leben. In einigen Fällen sind es Wesenheiten, die seit dem Anbruch der Historie keine menschliche Form mehr angenommen haben.

Es ist möglich, daß du einer von jenen bist, die nur eine schwache, flüchtige Verbindung zu ihren fortlaufenden Verkörperungen gehalten haben. Das ist kein Grund zu urteilen. Diejenigen, die sich jetzt verkörpern, die die Fülle ihrer ewigen Fähigkeiten, Eigenschaften und Standpunkte in die Menschen von heute einbringen, sind Botschafter des Heilens. Es steht allein in ihrer Macht, diese ehrfurchtgebietende Übergangszeit wunderbar oder traumatisch zu erleben. Alle sind eingeladen, sich an ihre tiefste Wesenheit, an ihren Sinn und den Grund ihres Hierseins zu erinnern und ein Gefühl des Feierns in dieses Zeitalter der Verwandlung hineinzutragen, das solch eine Erinnerung immer begleitet.

Die Anzahl der Unseren auf der Erde hat seit der ersten größeren Ankunft in den späten 60er Jahren stark zugenommen. Doch es ist nicht die Quantität, nicht die Masse, die den Unterschied ausmacht, sondern die Qualität unseres Erbarmens, die Qualität der Liebe, die aus unseren Herzen strahlt.

Jeder einzelne, der in diesen Zeiten zu einem klaren, unverzerrten Kanal der ewigen Liebe wird, gleicht tausend Menschen aus, die sich an die zerbröckelnden alten Werte klammern.

Rasch zerstreuen wir die Reste menschlicher Illusionen und helfen allen, sich mit den wachsenden Strömen, den Energien, den Kräften der Liebe und des Lebens zu identifizieren. Du lebst bereits in den Dämmerstunden des Zeitalters planetarischen Erwachens, des Zeitalters des Friedens und der sich bildenden Gemeinschaften. Es ist jetzt gegenwärtig für alle, die seinen Duft, seine Beschaffenheit, seine Majestät und Vision erspüren.

Das Zeitalter hat begonnen, wenn die Erde wie ein Blumengarten bestellt wird und den Gärtnern ewiger Schönheit ihre Geschenke als bewußte Gaben überreicht; es ist das Zeitalter, in dem die Menschheit der Erde, ihrem Boden, ihren Flüssen, Bergen und Meeren, ihren Wasser-, Feuer-, Luft- und Lehmgeschöpfen alle ihre Geschenke zurückgibt.

Die Zukunft enthält wie immer ein Überraschungselement. Doch bestimmte Dinge sind so sicher wie der Lauf der Sterne.

Eine Mutter weiß nie genau, wann sie ihr Kind gebären wird, doch sie hat einen „Fälligkeitstermin", einen Zeitpunkt, an dem das Baby voraussichtlich erwartet und sehr wahrscheinlich geboren wird. Seit nun schon Tausenden von Jahren haben die Angehörigen verschiedener Traditionen in Ost und West gewußt, daß die Erde einen Fälligkeitstermin irgendwann im zweiten Jahrzehnt des 21. Jahrhunderts hat. Obwohl viele einzelne erwachen werden, bevor sich der erwachende planetarische Organismus zum erstenmal gemeinsam rührt, wird diese Bewegung wie ein erster Atemzug in einem einzigen Augenblick geschehen. Genau dann wird der Sternenmacher bewußt in all den menschlichen Bioschaltkreisen erwachen, die fähig sind, das universelle Bewußtsein zu bewahren.

Babys werden manchmal früh geboren, manchmal spät. Deshalb paß auf, sei wachsam. Rechne auf die Möglichkeit, daß der Augenblick wie ein Dieb in der Nacht kommt. Und halte es nicht mit den Dummköpfen, die bis zum letzten Augenblick warten, um sich auf das wachsende Bewußtsein einzulassen.

Dies wird ein wichtiges Ereignis sein.

Es ist das wichtigste Ereignis für alle, die eine menschliche Geschichte haben.

Tausende von Jahren haben wir unseren Schwerpunkt darauf gelegt, dich auf diesen einen Augenblick vorzubereiten. Denn obwohl die Veränderungen dramatisch sein werden, müssen sie nicht traumatisch sein. Die Menschheit wird die Wirklichkeit danach grundsätzlich neu bewerten, doch muß das keine Angst auslösen. In der Hauptsache ist es ein positives, freudiges Ereignis. Das Bewußtsein, das letztlich aufsteigt, wird das Bewußtsein des Ewig Einen sein, des Schöpfers, des wesenhaften Lebens, das zum erstenmal bewußt in einem materiellen Universum erwacht. Der menschliche Schaltkreis ist dazu entworfen, dies Bewußtsein aufzunehmen. Ähnlich wie deine einzelnen Zellen ihre Beziehung zu dir verstehen, versteht sich jeder erwachte Mensch in ganzheitlicher Beziehung zu diesem vereinten Bewußtseinsfeld.

Da sich diese Selbsteinschätzung von der historischen Wahrnehmung bedeutend unterscheidet, birgt ihr Auftauchen im gemeinsamen menschlichen Bewußtsein die Möglichkeit, in jenen Verwirrung hervorzurufen, die ihr Nahen fürchten. Wir haben viel zu tun, bevor die Vorbereitung des menschlichen Bewußtseins abgeschlossen ist. Doch selbst wenn das Erwachen ohne weitere Vorbereitungen in diesem Augenblick geschehen würde, wäre es ein Ereignis beispielloser Schönheit. Doch würden in diesem Falle weniger Menschen in der Lage sein, es voll zu würdigen. Wir wünschen, die Freude aller Betroffenen so groß und die Unannehmlichkeiten so gering wie möglich zu halten. Wenn die Menschen das Geschehen besser verstehen, werden sie sich wahrscheinlich eher so verhalten, daß ihnen unnötige Unannehmlichkeiten erspart bleiben.

Gleichgültig, ob man diese Veränderung annimmt oder vor ihr zurückweicht, *dieses Ereignis wird größere Macht entfalten, als die Erde je gesehen hat.* In wenigen Augenblicken wird mehr Energie freiwerden als gewöhnlich in vielen Jahren auf der Erdoberfläche. Diese Energie wird die Form erhöhter Wahrnehmungsfähigkeit und vertiefter emotionaler Bindung annehmen, die den einzelnen erneut mit Gott vereint.

Obwohl diese beispiellose Zeit verstärkter Energiestrahlung noch ein paar Jahre vor dir liegt, bist du ihr schon nahe genug — und das Ereignis selbst ist so machtvoll —, daß jene Zeit ein immer stärkeres Eigenleben entwickelt; sie sprudelt, wirft sich auf und schafft buchstäblich *Inseln der Zukunft,* wo immer sich jene finden, die die Energien des aufsteigenden Bewußtseins absichtlich anrufen, um in Liebe zu leben. Diese Inseln liegen nicht verstreut im zurückweichenden Meer historischer Illusionen. Sie vereinigen sich in einem realen Erdteil wachsenden Bewußtseins.

Wenn die neue Wirklichkeit voll in das Bewußtsein der Menschen tritt (im Augenblick, in dem sich das leuchtende Feld des Schöpfers vollkommen auf Mutter Erde einstellt), werden sich alle zerstörerischen Illusionen auflösen. Obwohl viele Jahrhunderte auf diesen Zeitpunkt hingeführt haben, wird der Augenblick, wenn er kommt, entscheidend sein.

Dann wird es einen großen Wandel geben, einen einzigen Blitz des Quantensprungs des Erwachens.

In diesem Augenblick wird die kleinste Zeitspanne, die in diesen Dimensionen gemessen werden kann — das Intervall zwischen den Milliarden Schwingungen, die pro Sekunde in jedem Atom vibrieren — ins Unendliche verlängert. Ein Intervall der *Nichtzeit* dehnt sich aus. Durch diese Weite fließt die Ewigkeit. Einige werden jenen Augenblick als Minuten oder Stunden erleben, andere als ein ganzes Leben. Wieder andere erfahren diesen Blitz der Nichtzeit als eine Folge vieler Leben, und einige wenige werden in diesem Augenblick das Nagual selbst erkennen, die große namenlose Gegenwart, die vor und nach all diesen Welten existiert.

In der Spanne der Nichtzeit haben die Menschen all die Zeit, die sie brauchen, um sich auf das volle Bewußtsein ihres ewigen Geistes zu besinnen, um es zu erfahren und zu verwirklichen und um sich den Ursprung ihrer Persönlichkeit im uranfänglichen Sein ins Gedächtnis zurückzurufen. Alle werden genügend Zeit haben, um ihre Persönlichkeitsform und deren biologische Projektionen mit ihrem Bewußtsein dessen, wer sie sind, und dem Wissen darüber aufzuladen, warum sie sich individualisiert haben und warum sie wählten, sich der menschlichen Ausdrucksform dieses Planeten anzuschließen. Jeder einzelne wird die Wahl haben, in biologische Form zurückzukehren oder in den Reichen des unverkörperten Bewußtseins zu verbleiben.

Diejenigen, die sich für eine Rückkehr in die menschliche Form entscheiden, tun das im vollen Bewußtsein ihrer wahren Identität. Sie verkörpern sich ganz, nicht nur teilweise, verfügen über alle Erinnerungen und nehmen ihren biologischen Wohnsitz wieder im Bewußtsein ihrer ewigen Natur ein. Sie wissen, daß sie die schöpferischen Fähigkeiten des Sternenmachers teilen und daß sie seine ihn spiegelnden Zellen sind.

Die unbewußte Orientierung an der Angst wird durch die bewußte Orientierung an der Liebe ersetzt. Der plötzliche Kraftschub, der freigesetzt wird, wenn die Ausrichtung des kollektiven menschlichen Gefühlsbereiches von außen nach innen umschwenkt, kann nicht vermieden werden, ganz gleich, wie sanft wir diesen Übergang auch leiten mögen. Alle werden diese unverkennbare Kraftwoge im Augenblick des Quantensprungs des Erwachens fühlen. Dies geschieht genauso unabänderlich wie die tägliche Drehung der irdischen Kontinente in das Licht der Wonne und aus ihr heraus.

Und die Auswirkungen? Die Begleiterscheinungen? Es gibt keine Möglichkeit, sie vorauszusagen. Sie hängen von den Entscheidungen ab, die du heute triffst.

Aus den gegenwärtigen Bewußtseinsströmen können wir die wahrscheinlichen Auswirkungen in etwa ableiten. Doch in jenem Augenblick wird es um die acht Milliarden verkörperter Menschen geben, jeder einzelne mit vollständiger Entscheidungsfreiheit ausgestattet. Und obwohl die Entscheidungen, die der einzelne vor jenem Augenblick für sein Leben trifft, ihn bestimmt auf die eine oder andere Weise empfänglich machen werden, gibt es keine Garantien, keine Versicherung.

Die spirituelle Polarität des kollektiven menschlichen Bewußtseins hat schon einmal gewechselt und dadurch das irdische Magnetfeld umgepolt, einen Polsprung hervorgerufen und große Zerstörungen verursacht. Jedoch war jener Wandel ein Übergang vom Bewußtsein zum Unbewußten.

Wir werden während dieses bewußten Wandels im Gegensatz zu früher eine gewisse Kontrolle ausüben und erwarten daher nicht dieselben umwälzenden Schockwellen. Man würde die veränderlichen Größen jedoch unterschätzen, unterstellte man, daß dies Ereignis nicht von irdischen Veränderungen begleitet wird. Diese werden fast sicher eintreffen, doch zum größten Teil wohlwollender Natur sein. Die Polarkappen zum Beispiel werden schmelzen, trockenen Gebieten Regen bringen und helfen, die Gifte aus verseuchten Flüssen und Seen herauszuwaschen. Das Klima wird wärmer und feuchter werden, und dadurch können die riesigen Ebenen und die fruchtbaren Täler Grönlands, der Antarktis und einiger Wüsten für die Landwirtschaft erschlossen werden.

Damit das Trauma dieses Augenblicks für dich und die anderen Mitglieder der menschlichen Familie so sanft wie möglich ausfällt, ist es wichtig, daß du dich rechtzeitig darauf vorbereitest und Gewohnheiten annimmst, die dich zu einem fließenden, entspannten Selbstverständnis und einem Vertrauen in das allumfassende Wohlwollen des Universums und seiner ihm innewohnenden Intelligenz führen.

Sei hier und jetzt ganz gegenwärtig; das ist die beste Möglichkeit, dich auf einen zukünftigen Augenblick vorzubereiten.

Gewöhne dich nur an eins, auch wenn es vielleicht im Widerspruch zu den Programmen und Überlieferungen deiner Gesellschaft stehen mag: Erlaube dem entspannten Fluß der Aufmerksamkeit, in dein Bewußtsein einzudringen. Das ermöglicht dir, ein klares, genaues Bild von der phänomenalen Welt und das ständige Bewußtsein der Ewigen Gegenwart, aus der sich diese Welt entfaltete, zu empfangen. Dieser Bewußtseinszustand wird dich fähig machen, das erhöhte Bewußtsein und die dahinbrausenden Energieströme zu genießen, die in der Spanne der Nichtzeit über diese Erde fegen und den stabilisierenden Einfluß, der von dir in deine Umwelt ausstrahlt, bis zum Höchstmaß steigern.

Lange vor dem Augenblick des gemeinsamen Erwachens schließen sich Menschen zu einer genügend großen Kerngruppe zusammen, die auf höheren Bewußtseinsfrequenzen wirkt. Durch die harmonischen Ströme ihrer entsprechend stärkeren Ausstrahlung ist sie in der Lage, die Einflüsse jener zu ersetzen, die vor und während des gemeinsamen Erwachens furchtsam reagieren könnten. Der Schwingungsfluß von Angst ist disharmonisch. Jede zusätzliche Person, deren Verhalten von Angst gesteuert ist, steigert die Wirkung dieser unausgeglichenen Schwingung auf das allgemeine menschliche Bewußtsein im Sinne einer arithmetischen Reihe (1, 2, 3, 4 usw.). Die harmonischen Schwingungen der Liebe dagegen schreiten in geometrischer Folge (2, 4, 8, 16 usw.) fort.

Vor dem endgültigen Augenblick planetarischen Erwachens wird die Ausstrahlung der Liebe zum beherrschenden Schwingungseinfluß auf das menschliche Bewußtseinsfeld, obwohl die zahlenmäßige Mehrheit noch nach den alten Verhaltensmustern lebt. Diese Situation steht nahe bevor.

Du, der du dich von Liebe bewegen läßt, beeinflußt das gemeinsame menschliche Bewußtsein viel nachhaltiger, als sich dein historischer Verstand vorstellen kann. Du als einzelner übst eine viel größere Wirkung auf die kollektive Veranlagung deiner Rasse aus als die Menschen, die lediglich den ausgetretenen Pfaden der Ichbezogenheit folgen. Du, der du alles tust, um deine Entscheidungen in der Liebe zu verwurzeln, der du dich weigerst, von den unbewußten Machenschaften der Angst bestimmt zu werden, der du dir, wenn nötig, Zeit nimmst, in schwierigen Situationen ruhig, bewußt und liebevoll zu handeln, du bist wirklich einer von uns. Bald schon wirst du all diese Dinge wissen. Du bist einer von denen, auf die wir uns während des kommenden Umbruchs verlassen können.

Die Medien

Das Nahen dieser Veränderungen kann, falsch verstanden, bei Menschen, die nur Teile und nicht die Gesamtheit des kommenden Geschehens begreifen, weil ihr Verstand nicht im Einklang mit dem Herzen arbeitet, durchaus Angst auslösen. Seit Jahrtausenden haben wir alle Mitglieder deiner Rasse, die wir erreichen konnten, unterrichtet. Wir haben getan, was wir nur konnten, um die Unwissenheit so gering wie möglich zu halten, denn nur sie allein bringt es über sich, ein so wunderbares Ereignis zu fürchten. Doch wir schätzten die vor uns liegenden Herausforderungen falsch ein, wenn wir nicht erkennen würden, daß diese Möglichkeit bei Teilen der Bevölkerung noch besteht. Es ist möglich, daß es zwischen heute und dem Augenblick des kollektiven Erwachens einzelne Orte gibt, wo verschiedene Medien von den Strömen der Angst gelenkt werden.

Obwohl prophezeit wurde, daß die elektronischen Medien während der letzten Tage die mächtigsten und wirkungsvollsten Verwandlungswerkzeuge der Liebe sein werden, Werkzeuge, die die Erziehung erleichtern und ein weitverbreitetes Erwachen fördern, wäre es falsch zu glauben, alle Medien wären in den letzten Jahren der Geschichte in den Händen jener, die sich an den Strömen der Liebe orientieren. Es ist sogar wahrscheinlich, daß in gewissen rückständigen Gebieten, in die sich die Schatten der Angst für eine gewisse Zeit zurückgezogen haben, die Ereignisse von Radio- und Fernsehstationen — vielleicht sogar von sehr mächtigen — angsterfüllt interpretiert werden und in jenen Furcht auslösen, die dumm genug sind, sich so etwas aus Informationsgründen anzusehen. Es kann sogar ganze Netze geben, die sich diese Haltung zu eigen machen.

Bleib in deiner Mitte, wenn nach solchen Übertragungen Wellen kollektiver Panik durch anfällige Bevölkerungsgruppen fegen. Nimm keine Notiz von den Stimmen der Angst, die während Krisen oder Aufständen vorübergehend die Medien beherrschen. Sie werden nicht lange dauern. Die Zeit ihrer Einflußnahme nähert sich rasch dem Ende, und je weniger Kraft du ihnen durch deine Aufmerksamkeit schenkst, um so schneller werden sie im Unbewußten verrinnen, aus dem sie entstanden sind.

Die Medien werden wie immer die Wertvorstellungen derer übermitteln, die mit ihnen verbunden sind. Das trifft auf die äußeren elektronischen wie auf deine inneren biologischen Medien zu. In diesem multidimensionalen Universum machen weit mehr Informationen die Runde, als euch bewußt ist. Der springende Punkt ist, worauf du deine Aufmerksamkeit konzentrierst; denn damit wählst du — aus den laufenden nahezu unbegrenzten Informationen — die aus, welche dir bewußt werden. Die elektronischen Medien sind nur eine äußere Reflektion der Informationen, die du in deinem Inneren zu wählen pflegst.

Innere oder äußere Medien sind ein Spiegel deiner Werte und Interessen, ein Spiegel deines Bewußtseins. Die Medien der Welt sind ein Spiegel des sich entwickelnden Weltbewußtseins, das gegenwärtig in eine Periode beschleunigter Veränderung getreten ist. Im Bereich des kollektiven menschlichen Bewußtseins bahnt sich ein Teilungsprozeß an.

Das Schöpferische breitet sich aus, das Zerstörerische schwindet.

„Ich bin der Herr, dein Gott. Du sollst keine anderen Götter neben mir haben", klingt für heutige Ohren archaisch, doch es ist eine ausgezeichnete Wahrnehmungshilfe, in Worte gefaßt, die die Menschen eines früheren Zeitalters begreifen konnten. Die entsprechenden Worte, die für dein Zeitalter gültig wären, heißen einfach: *Dein Gott ist das, was deine Aufmerksamkeit fesselt.*

Ist die Aufmerksamkeit durch Einbildungen gefesselt, ist sie nicht frei, wahrzunehmen. Sie ist zu beschäftigt, zu sehr mit Vorurteilen beladen, zu abhängig, um das zu erkennen, was jenseits der Bereiche liegt, die sie für wirklich hält. Es mag Zeiten geben, in denen solch ein Denken harmlos und lustig ist, doch wenn man sich so gründlich in die Einbildung verrennt, daß die Wirklichkeit darüber vergessen, ja verleugnet wird, dann opfert man Glück und Gesundheit.

Eine Welt voller Schönheit und Wunder, die ihresgleichen in der Geschichte sucht, öffnet sich vor jenen, die sich auf die inneren Informationsströme einstimmen. Die Bewohner jener Welt verehren ganz natürlich einen Gott der Liebe, weil sie in Liebe leben und deren Quelle in sich selbst erfahren. Diese Welt ist kein starres Imperium, sondern eine universelle Sphäre unbegrenzter Möglichkeiten. Seit dem Ende des Zweiten Weltkrieges ist sie ganz unbemerkt an einigen Orten inmitten der menschlichen Geschichte aufgetaucht, doch in den Jahrzehnten um die Wende zum dritten Jahrtausend beginnen sich diese Orte sehr schnell auszubreiten. Neue Orte kommen dazu. Inseln der Zukunft bilden sich immer rascher. Das Meer vergangenheitsorientierter Programme weicht noch schneller zurück. Neue Gemeinschaften, Städte, Dörfer, ganze Regionen und Völker richten sich an den wachsenden Strömen der Liebe aus.

Diese Botschaften sind wahr. Eure Medien berichten jetzt oft davon, doch ihrer Natur nach sind elektronische Medien an Ereignissen orientiert, nicht an Prozessen.

Während die neue Welt langsam die alte durchdringt und erfüllt, stellen sich ihre sichtbaren Errungenschaften und historischen Durchbrüche als „Ereignisse“ dar und werden somit in die typischen Nachrichten einbezogen, doch die wichtigere Arbeit geschieht unmerklich hinter der Bühne. Elektronische Medien sind gut dazu geeignet, Ereignisse darzustellen, doch deine inneren Medien geben dir die einzig verläßlichen Mittel, die Prozesse darzustellen, die die Welt verändern. Du fühlst diese Prozesse in deinem Herzen und in deiner Seele. Deine eigene von Liebe vermehrte und intensivierte Wahrnehmung befähigt dich, sie in der Welt am Werk zu sehen.

Oft geschehen die größten Neuerungen im Kleinen, im beiläufigen Grüßen eines Nachbarn, in der Zusammenarbeit von Menschen, deren Herkunft oder Rassenzugehörigkeit sie einst zu Feinden machte. Freundlicher Austausch, der vor zehn oder hundert Jahren unmöglich gewesen wäre, wird zur Gewohnheit, geschieht tagtäglich auf Bürgersteigen, Marktplätzen, in Postämtern und Fabriken, auf den Fluren eurer Schulen. Dies ist die wirklich neue Botschaft.

Als wir dir die erste Welle dieser Übermittlungen sandten, lag die Betonung der Weltmedien ganz klar noch auf der anderen Welt, der Welt, die auf Angst baut und deshalb nur Zerstörung, die Begleiterin der Angst, erlebt. Bei der letzten dieser Übermittlungen, wo das neue Jahrzehnt schon dämmert, ist es klar, daß sich viel verändert hat. Die alte Welt zerfällt. Sie bricht auseinander. Sie implodiert buchstäblich in einem entropischen Zusammenbruch; wie sich die Grundannahmen, auf denen sie gründet, eine nach der anderen als ungültig erweisen.

Während sich eine neue Welt, die sich auf neue Prinzipien gründet, langsam ausbreitet und über den früheren Herrschaftsbereich der alten zu regieren beginnt, sollte man wissen, daß es nicht gut ist, jede Einzelheit der Zerstörung der alten Welt zu dokumentieren.

Gewohnheiten mögen wegfallen, doch Leben und Bewußtsein gehen nicht verloren. Wenn dich dein Mitgefühl oder der Strom der Erziehung zu Menschen führt, die den alten Göttern der Selbstgerechtigkeit noch Tribut zahlen, dann erinnere dich, daß du solchen Leuten nicht dienen kannst, wenn du erlaubst, daß ihre Deutung der Ereignisse deine eigene in den Schatten stellt. Ein kleiner Tuchstreifen vor den Augen versperrt die Aussicht auf eine weite Landschaft. Diese Menschen haben Schwierigkeiten *wegen* ihrer Deutung. Du kannst ihnen nur helfen, wenn du standhaft bei deiner eigenen Vision bleibst.

Bald werden die Nachrichtenträger eurer Massen von den Botschaften der Sterne widerhallen. Doch immer, später wie in diesem Augenblick, werden diese *Botschaften* dem *Bewußtsein* der Sterne unterlegen sein. Erlaube diesem Bewußtsein jetzt, frei dein Bewußtsein zu durchziehen. Bald schon wird es die ganze heilige und heile bewußte menschliche Rasse erfahren.

Diejenigen, die ihre eigene Wahrnehmung höher schätzen als die subjektiven Eindrücke anderer, sind mit viel genaueren Informationen versorgt, als sie äußere Medien mit ihrer Realitätsbeschreibung je liefern können.

Sicher ist die *Erfahrung* einer liebevollen Atmosphäre eine hilfreiche Voraussetzung, doch was zählt, ist die *Bereitschaft*, ein auf Liebe gegründetes Leben zu führen. Jene, die behaglich in einer Atmosphäre der Liebe leben, werden ganz natürlich in das erwachende Bewußtsein hineingezogen, selbst wenn sie bisweilen in die Angst abstürzen. Es gibt keine willkürlichen Maßstäbe für Vollkommenheit.

Die Menschen werden nicht nach ihren Handlungen den Lagern der Liebe oder der Angst zugeteilt, sondern nach ihren Absichten. Die Antriebsströme, die aus ihren Herzen fließen, ziehen andere an, die ähnlich schwingen, ganz besonders dann, wenn sie und ihre Welt von der Quelle, vom Bewußtsein und dem ewigen Leben der Liebe angezogen werden.

In der einzigartigen inneren Sprache der Seele erhält jeder Mensch die Einladung, an der Gemeinschaft der Liebe teilzunehmen und seinen Platz unter den Gärtnern des universellen Gartens einzunehmen, des Gartens, in dem diese Erde nur ein Blumenbeet ist.

15.

Der Wellenschlag der allerersten Ursache

Von den Ideen des Tonals (siehe *Sternenbotschaft 1*), die sich kreuzen, um Atome zu bilden, zu den gasförmigen Metallen, die in der Sonne feiern, von den Mikroben zu den Galaxien: es gibt keinen Baustein im Universum, der nicht die äußere Manifestation eines Geistwesens wäre, das sich an dieser bestimmten Form erfreut, das weiß, wie es sie erhalten muß und deren Fähigkeiten es mit Leidenschaft entwickelt. Ich *erschaffe* nicht, indem ich bestimme, irgend etwas solle sein. Solche Schöpfungen haben nie Bestand; viel zu rasch schrumpfen sie und vergehen.

Mir liegt nur *die* Schöpfung am Herzen, die von Dauer ist, und die einzige beständige Schöpfung wird von Geschöpfen getragen, *die diese Schöpfung selbst verkörpern.* Es ist daher entscheidend wichtig, daß die Bausteine, sprich, die Einwohnerteilchen oder -energien, intelligent genug sind, sich aus meinem Sein zu erschaffen, und so weise, sich selbst über die Zeit hinweg am Leben zu erhalten.

Ich schuf das Universum — oder genauer: ich *rief seine Entfaltung ins Leben*, indem ich einen Ton freisetzte, einen tiefen, durchdringenden Hall. Dann zog ich mich zurück und erlaubte den Ereignissen ihren Gang. Dort, wo das Echo dieses Klanges auftraf — der Nachhall klingt seitdem in und hinter allen Dingen —, war ich mit meiner Aufmerksamkeit und erlaubte, daß im Ozean undifferenzierten Seins Formen zusammenwuchsen. Aus eigenem Antrieb bildeten sich Atome im klingenden Schwingungsfeld, tanzten, spielten und vermehrten sich, während ich zuschaute. Mit der Zeit wurden ihre Gestalten immer komplizierter, bis sie sich zu Molekülen, zu gasförmigen Wolken, zu Gebilden vollkommener Schönheit verbanden.

Einige Zeitalter brachten die Atom- und Molekülwesen mit ihren spielerischen Wechselwirkungen zu. Oft schaute ich ihnen zu. Ihr Spiel war meine Unterhaltung. Auch fand ich Gefallen daran, in friedlichen Schlaf zu sinken, um beim Erwachen über den formgewordenen Widerhall meiner Träume zu staunen. Manchmal hatten meine Träume Gestalt angenommen, manchmal andere, unerwartete Dinge. Ich schlief viel in diesen frühen Zeitaltern, während die neugebildeten immer dichteren Wolken subatomarer und atomarer Teilchen zu den verschiedensten Orten trieben, mit den Möglichkeiten ihrer unterschiedlichen Ladungen spielten und sich am Austausch von Anziehungskraft, Elektrizität, Magnetismus und Wärme erfreuten.

Du kannst sicher sein, daß ich erwachte, als die erste dieser Ansammlungen in einem freudigen Ausbruch explodierte und zum Stern wurde. Ich war begeistert! Bald erschienen ringsum Sterne. Nachdem das Schwingungsmuster, das gestaltbildende Feld, erst einmal aufgebaut war und den anderen gasförmigen Versammlungen diese Möglichkeit aufzeigte, bildeten sich die Sterne der späteren Generationen müheloser. Sie schienen den Wunsch zu haben, das Firmament zu füllen. Ich ließ es zu.

Dies Verfahren, *durch Zulassen zu erschaffen,* kennzeichnete alles, was in den ersten fünfzehn oder sechzehn Milliarden Jahren des Universums erschien — schwierig, dies in euren Begriffen auszudrücken! Als ich meine Schöpfungsmaschinerie erst einmal in Bewegung gesetzt hatte, nahm ich bei dieser Art von Schöpfung eine eher passive Rolle ein. Erst als die Engel verschmolzen, wurde meine Rolle aktiver.

Die Engel ermöglichten eine neue *bewußte, beabsichtigte*

Form der Schöpfung. Die ersten Urformen, die auf diese Weise mit Unterstützung der Engel geschaffen wurden, zeigten die neue Dimension biologischer Möglichkeit auf. Das biologische Leben stieg infolgedessen auf, und meine eigene Rolle wurde gradweise aktiver. In der gegenwärtigen geologischen Jahreszeit der Erde begann ich vor kurzem mit dem Konzept einer ganzheitlichen Biologie zu spielen, einer Biologie, die es meinem ewigen Bewußtsein ermöglichen würde, sich in materielle Form einzukleiden.

Die Engel hatten mich darauf gebracht.

Ich dachte mir, daß die Aussaat meines Bewußtseins in die Familie der Engelwesen meine schöpferischen Fähigkeiten in den Reichen der gebundenen Energie sehr verstärkt hatte. Wie groß würden meine schöpferischen Fähigkeiten erst sein, wenn es irgendwie möglich wäre, eine Gruppe (acht Milliarden) jener Engel in Biologie zu kleiden, und zwar so, daß die reifgewordene Engelrasse dem Zentrum meines Bewußtseins erlauben würde, in der Materie zu erwachen, gekleidet in ihre materielle Familie.

Der Gedanke war berückend, doch schloß er komplizierte technische Herausforderungen ein. Ich würde mit dem kleinstmöglichen Teilchen beginnen müssen, einem winzigen Blitz eigenständiger tonaler Einsicht, in dem sich mehrere verschwindend kleine Klangwellen kreuzten, um die subatomare Struktur dessen zu erschaffen, was später die Nukleotide der menschlichen DNA werden würden. Ich müßte solch ein erstes, sich selbst bildendes Teilchenwesen nehmen, es in eine Umgebung hüllen, die der Entwicklung, die mir vorschwebte, förderlich wäre, und dann hoffen, daß es sich kraft seines eigenen freien Willens dazu entscheiden würde, die Entwicklung in der gewünschten Richtung fortzusetzen.

Ich müßte eine sehr spezielle Verbindung meiner beiden Schöpfungszonen anwenden: die *bewußte* Schaffung einer überwachten Umwelt, um die Rasse hervorzurufen, die mir vorschwebte, und ihr dann *erlauben,* sich vollkommen nach ihrem eigenen Willen zu entwickeln. Doch das alles braucht seine Zeit.

Solch eine gewaltige schöpferische Arbeit würde viele Schritte erfordern und viele Zeitalter dauern. Für mich ist der Prozeß das Ziel. Es gab sicher keine Eile, keine Dringlichkeit. Während des gesamten Vorgangs, seit der Verschmelzung der ersten subatomaren Wesenheiten, kannte ich nur eine Freude: die Anzahl der Geschöpfe, die meine Freude an den Frequenzen der Dimensionen teilen können, zu erhöhen, und die Freude der schon ins Leben gerufenen Geschöpfe ständig zu steigern.

Nachdem ich mich der Mitarbeit bestimmter Engel versichert und eine geeignete Galaxis ausgewählt hatte, bestand der nächste Punkt der Tagesordnung darin, mehrere Bereiche eines Schöpfungsstrahls von jenem Sternsystem abzuwandeln, um das Schwingungsklima dieser Bereiche so günstig wie nur möglich für das Entstehen der erforderlichen Bedingungen auf dem Planeten zu machen.

Im Laufe ihrer Reise durch den Raum durchquert jede Galaxis nacheinander verschiedene *Schöpfungsstrahlen,* die geschaffen sind, um die Prozesse zu fördern, die sich auf bestimmte erwünschte strukturelle Entwicklungsmuster beziehen. Jeder dieser Bereiche baut durch die Eigenschaft seiner Frequenzen ein Schwingungsklima auf, das dazu entworfen ist, dem hindurchziehenden Sternsystem eine ganz bestimmte Schöpfung zu entlocken.

Während dieser Arm der Milchstraßengalaxie sich langsam durch den vergangenen Schöpfungsstrahl drehte, förderte das Schwingungsklima jenes Strahls das Entstehen, die Vermehrung und das Gedeihen der Menschheit in dieser Welt. Doch die stetige Bewegung deines Planeten durch den Raum lenkt ihn jetzt aus jenem Schöpfungsstrom und deshalb aus den Schwingungsverhältnissen heraus, die du historisch kennst.

Die Erde gleitet in einen neuen Bereich des Raumes. Dort wird ein neuer Schöpfungsstrahl mit veränderten klimatischen Verhältnissen deine Rasse in kurzer Zeit auf nachhistorische Orientierungs- und Verständnismuster heben. Hier, in diesem neuen Bereich des Raums, wird die schöpferische Absicht der Ewigkeit zeitliche Form annehmen — durch die bewußte Teilnahme der Menschheit an der Entfaltung des Universums. Hier, in diesem neuen Bereich, werdet ihr wirklich zu einer Rasse von Raumfahrern werden. Lange schon ist die Menschheit darauf vorbereitet worden. Tatsächlich seid ihr aus diesem Grund erschaffen worden.

In alten Zeiten habe ich diese Dinge in Gleichnisform erzählt, denn mehr konnten die Menschen damals meist nicht fassen. Doch zu euch kann ich jetzt offen sprechen.

Ich sage euch, die ihr die Drehung der Erde um die Sonne und die Bewegung der Sonne durch die Sternenfelder achtet, daß das Königreich des Himmels ein großes Netz von Möglichkeiten ist, das aus einem Zentrum tief im Ewigen Sein in das Meer des Raums geworfen ist. Dieses Netz umspannt die unendliche Ausdehnung der Schöpfung und erlaubt freie Entwicklung und ungehinderten Ausdruck, selbst wenn sich dieser Ausdruck räuberisch äußert, bis das Zappeln im Netz, das Zerren am Raum-Zeit-Gefüge, das feine — für den fähigen Seelenfischer bedeutsame — Bewegungsmuster fühlbar wird, welches anzeigt, daß die Geschöpfe im Netz die Möglichkeiten ahnen, von denen ich träume, aufs Haar jene Möglichkeiten, für die ich den universellen Rahmen ausgelegt habe.

Ich weiß genau, wo ich das Netz auslegen muß, denn ich habe die Wahrscheinlichkeitsgesetze geschaffen, die anzeigen, wann ich voraussichtlich jenen begegne, nach denen ich Ausschau halte. Wenn dieses Zerren anfängt, gleitet mein Bewußtsein augenblicklich die Lichtflure der Dimensionen hinab durch die Energielinien, aus denen das Gitternetz besteht. Wenn ich die Quelle der Signale erreiche, beobachte ich ruhig und mache niemanden (nicht vor dem letzten Ende) auf meine Gegenwart aufmerksam. Treffe ich verkörperte Lebensformen an, die meine Begeisterung für bestimmte Schöpfungsformen teilen, die meine Intelligenz gespürt haben und eine oder zwei der Möglichkeiten ahnen, die ich eines Tages in diesen Sternenfeldern schaffen will, dann bleibe ich dort und beobachte weiter.

Wenn ich zu dem Schluß komme, daß sie meine Vorliebe für Abenteuer und Entdeckung teilen, und wenn sie die Einweihung der Wahrheit bestanden und gelernt haben, *sich selbst in kooperativen biologischen Systemen zu erhalten,* dann lade ich die Engel zu mir ein, und gemeinsam beginnen wir den Unterricht. Es ist wichtig, daß wir diese Lebensformen vorbereiten. Ohne Vorkehrungen würden sie die Verwirklichung ihrer Träume nicht überleben.

Schon lange vor dem Ereignis, das ihr den Ur-Fall nennt, zappelte es im Netz dieser Welt. Verglichen mit der Zeit, die ich an euch Anteil nehme, ist euer Fall nicht mehr als der momentane Durchzug einer Wolke vor der Sonne.

Vielleicht könnt ihr die Größenverhältnisse besser einschätzen, wenn ihr zudem noch wißt, daß das Netz der Möglichkeiten, das mir zuerst von eurem Potential berichtete, wie ein großer Lichtstrahl aus dem Zentrum eurer Heimatgalaxis leuchtet. Die Sterne in ihrem jeweiligen Sternenfeld bewegen sich während bestimmter Zeiten im Zyklus der Galaxien durch diesen Strahl. Jener Strahl ist das Netz, das euch einfing. Es fing euch als noch nicht geoffenbarte Möglichkeiten ein und brachte euch in eine Form.

Der Schöpfungsstrahl ist ein offenes, kegelförmiges Gewebe aus winzigen leuchtenden Fasern, das sich, langsam drehend, aus meinem Sein in eine bestimmte Richtung ausdehnt. Seine Energie ist meine Liebe. Meine Absicht sorgt für seine Struktur. So unwichtig sein Name ist, so bedeutend ist seine Aufgabe.

Ins hochgeladene schöpferische Feld des Strahls sind *viele berufen.* Unzählige Möglichkeiten beginnen zu leben, an denen ich kein langwährendes Interesse habe — so z.B. auf dieser Welt an Säbelzahntigern, Flugechsen oder Dinosauriern. Aus den sich verwirklichenden Möglichkeiten sind einige *wenige auserwählt,* Geschöpfe, welche die Fähigkeit des ewigen Lebens in sich tragen.

In den 3,5 Milliarden Jahren, die eine Welt braucht, um durch den Lebensstrahl zu wandern, gelingt es nur einem Bruchteil der Geschöpfe, in verschiedenen aufeinanderfolgenden Formen Bewußtsein zu bewahren oder sich in Energie, Persönlichkeit und Form zu festigen. Wenn die Wanderung zu Ende und der schöpferische Schleier gehoben ist, kehren alle außer denen, die zu meinem Verständnis erwacht sind, glücklich zur Elementarmathematik ihres gewählten Ausgangspunktes zurück.

Die Verbindung meiner beiden Schöpfungsmethoden erlaubt den Wesenheiten, sich selbst aus dem ursprünglichen Meer meines undifferenzierten Seins zu erheben, eigene Werte und Formen der Freude und des Ausdrucks zu entwickeln, die Ebene ihrer individuellen Persönlichkeit zu bestimmen und festzulegen, in welchem Grad sie in die Kleidung des Energie/Materie-, Licht/Klang-Kontinuums eintauchen wollen.

In dieses System sind natürliche „wartungsfreie" Schutzvorrichtungen eingebaut.

Wesenheiten, die sich zu sehr mit meiner Ganzheit identifizieren, sind als Einzelwesen zu ungenügend entwickelt, um das Lüften des Schleiers zu überleben, wenn ihr Sternensystem aus dem gestaltenden Schöpfungsstrahl driftet, denn sie sehen keinen Grund mehr, ein Spiegelbild oder ein doppeltes Selbst aufrechtzuerhalten. Im Gegensatz dazu sind Wesenheiten, die sich zu sehr mit ihrer Persönlichkeit oder ihrer materiellen Form identifizieren, nicht genügend *in meinem Bewußtsein* verankert, um ihr willkürliches, stets eigensüchtiges Selbst ohne meine Hilfe aufrechtzuerhalten.

Wenn ihr Sternensystem aus dem formgebenden Schöpfungsstrahl gleitet und der Schleier sich hebt, werde ich ihre willkürlichen Selbstbildnisse nicht bewahren, und da sie sich nie darum gekümmert haben, die Wurzeln des Bewußtseins tief genug zu erforschen, um zu wissen, wie sie sich selbst erhalten können, verschmelzen sie wieder mit meiner Ganzheit — fast so, wie sich Schneeflocken auf ihrer Reise zurück zu ihrer Wiedervereinigung mit dem Meer in Regen auflösen. Kein noch so starker persönlicher Wille kann verhindern, daß die Struktur von Geschöpfen mit willkürlicher Persönlichkeit dahinschmilzt, wenn sie sich den wärmeren Strömen meiner nun nicht mehr abgeschwächten ewigen Liebe nähern. Und so entspannt sich ihre Form erneut zurück ins Sammelbecken jener Möglichkeiten, aus dem alle Wesen hervorgehen.

Es fesselt mich, jene Wesenheiten zu beobachten, die genug von diesem Aufmarsch der Liebe verstanden haben, um geistige Fähigkeiten aus meinem Sein zu beziehen, die ich schätze, Wesenheiten, die sich selbst erhalten können, wenn sich der schöpferische Schleier lüftet.

Manchmal überrascht mich die Parade der Liebe mit den wunderbarsten Geschenken. Hin und wieder richte ich meine Aufmerksamkeit auf die Augenblicke — ich meine, die Jahrhunderte — vor dem Heben des Schleiers, wie jetzt am Vorabend dieses historischen Ereignisses bei der Menschheit, weil ich besonderes Gefallen an zukünftigen Rassen mit einzigartigen Möglichkeiten finde. Ein andermal dagegen ist meine Aufmerksamkeit anderswo, wenn sich der Schleier hebt, und dann bin ich freudig überrascht, die Lichtwesen zu begrüßen, die mir zu neuen Freunden und Mitarbeitern werden. Ich habe das Entstehen der Cherubim und Seraphim, der Engel, Erzengel, Throne, Engelfürsten, Engelmächte und der Heerscharen anderer Geistwesen auf diese Weise begrüßt.

Normalerweise richte ich nicht soviel Aufmerksamkeit auf die Art und Weise, wie sich eine Rasse dem Vorhang nähert, wie das bei eurer Rasse jetzt geschieht, doch der Homo sapiens ist bewußt ins Leben gerufen worden und deshalb ein weit weniger zufälliges Unternehmen als die Rassen, die vor ihm kamen.

Im letzten Vierteljahrhundert dieses gegenwärtigen Zyklus' wird die Erde physisch und bewußt in diese neue Region im Raum und in den Einflußbereich eines neuen nachgestaltenden Schöpfungsstrahles eintreten. Dieser Übergang wird so groß sein wie jener Übergang vor dreieinhalb Milliarden Jahren, als deine Welt in den jetzigen Bereich des Universums glitt und auf die hier wirkenden Einflüsse zu antworten begann, welche die ersten Zellvereinigungen anregten. Dies ist ein bedeutsamer Schritt in der Entfaltung der universellen Ordnung, auf die ich und viele andere dich vorbereitet haben.

16.

Die Fusion von Geist und Materie

Eine Erfahrung ewigen Seins sickert durch die Risse menschlicher Streitfälle des späten 20. Jahrhunderts ein, durchdringt die Bühnenrequisiten und unterläuft Vorstellungen, die in den vergangenen Jahrtausenden gepflegt wurden. Langsam gibt diese Seinserfahrung den Herzen von Millionen Menschen Auftrieb, doch noch bricht sie nicht — wie demnächst — gleich einem Lavastrom durch die Kruste der Illusionen, wo sie von allen erkannt wird, sondern sprudelt unter der Oberfläche, verändert unbewußte Veranlagungen und wandelt die tieferen Dinge.

Die neue Seinserfahrung setzt sich langsam durch, so wie das Licht der Dämmerung am Winterhorizont, und zeichnet die Umrisse der letzten frühen Kriech- und Säugetierängste. Als ferne Musik des Windes streicheln ihre Klang- und Empfindungswellen die Randbereiche des Völkerbewußtseins, schießen durch jede nur mögliche Öffnung, um für einen Augenblick in einer Versammlung, auf einem Gipfeltreffen oder in einer Zeit der Veränderungen hörbar zu werden. Über und zwischen deinen Gedanken schlängeln sich ihre sinfonischen Melodien ein und aus; sie tauchen, steigen, gleiten und spielen in den Lüften einer wunderbaren Brise, die aus unbekannten Welten weht. Willkommen zu Hause, ihr Unbeschwerten! Wisset, daß mein Geist euer Geist ist.

Erfahre ihn, wie jeder Baum ihn erfährt, der meine Baumheit offenbart. Fühle ihn wie die geflügelte Möwe, die spürt, daß meine Seevogelheit sie kennt. Erlebe ihn, wie der Seestern ihn empfindet, der meinem singenden Ozean lauscht, wie die Blumen — und wie die Seelen aller Völker. Denn es gibt nur ein Sein, das sich in allen offenbart, was ist, nur einen Träumer hinter den Träumen jeder Rasse. Noch unvollkommen erwacht der Träumer in Seestern und Möwe, nur zum Teil in Blume, Land- und Wassergeschöpf; in dir jedoch möchte er ganz erwachen.

Jedes Geschöpf kann meine Ganzheit *im Geist* erfahren, doch die meisten Lebensformen übersetzen nur ein Teilstück dieser Ganzheit in biologischen Ausdruck. Jede einzelne der nichtmenschlichen Spezies dieser Erde ist für einen ganz bestimmten Wahrnehmungs- und Ausdrucksbereich geschaffen. Nur die Menschen verfügen über einen umfassenden Bioschaltkreis, der mein Bewußtsein vollumfänglich in verständliche Kommunikations- und Schöpfungsformen der physischen Ebene übersetzen kann.

Die wahre Bedeutung des *Menschseins* hat wenig mit euren gegenwärtigen genetischen Anlagen, mit der Größe oder der Erscheinung zu tun, obwohl ihr hier auf diesem Planeten tatsächlich Prototypen seid.

Ein *Mensch* ist ein individueller Bioschaltkreis inmitten einer Spezies ähnlicher, doch jeweils einzigartig anderer. Die Spezies selbst ist deshalb menschlich, weil sie über einen biologischen Schaltkreis verfügt, der die folgenden kreativen Gegensatzpaare für diesen speziellen Ort in Zeit und Raum genau im Gleichgewicht hält: Energie und Materie, Geist und Form, Liebe und Wahrheit. Diese drei Paare entstammen einem einzigen, alles umfassenden Paar, doch in der irdischen Sprache gibt es keinen Begriff, der dessen Weite vermitteln könnte.

Der galaktische Schöpfungsstrahl, in den eure Welt jetzt hineingleitet, hat die Aufgabe, auf allen genügend warmen Planeten, die in seine Reichweite gelangen, Systeme planetarischer Bioschaltkreise zu wecken, die dieser Definition entsprechen — so wie die Biologie, in die ihr euch jetzt kleidet. Ist der menschliche Schaltkreis voll aktiviert, dient er sowohl als planetarisches Leitsystem wie als Regelmechanismus, der beim letzten Akt der Schwangerschaft jenes Organismus helfen wird, den diese Welt gebären wird.

Die Menschheit ist nur ein Teil dieses Organismus, wenn auch sein zentraler regulierender Teil.

Es ist die höchste Bestimmung des Menschen, die Freude an den Reichen der Dimensionen mit mir zu teilen und mir als mein Körper oder meine Familie, in der ich mich verkörpere, bei der Erschaffung zukünftiger Lebensformen zu helfen, die gleicherweise spirituell und biologisch sind und dann mit uns zusammen den Raum erforschen und entwickeln werden.

Du, der du die letzten Kindheitstage der menschlichen Rasse miterlebst, erwachst stufenweise. Nach und nach fällt eine Illusion nach der anderen von dir, wie die Schalen einer Zwiebel. Das Erwachen, das unmittelbar bevorsteht und dich mit den mannigfaltigen Ebenen des Ewigen Seins verbindet, geschieht jetzt, wenn du deine Verbundenheit mit der Lebenskraft, die ihre Biologie hervorbringt, empfindest.

Diese Stufe des Erwachens haben einige von euch schon jetzt erreicht; kurz nach der Jahrtausendwende wird die ganze Rasse bereit sein.

Diejenigen, in denen das Ewige Bewußtsein erwacht ist, verfügen immer noch über die einmalige menschliche Persönlichkeit, die das historische Ego so eifersüchtig hütet; doch das historische Ego ist nicht mehr. Diese Menschen klammern sich nicht länger mehr bang an das Bewußtsein, sondern erblühen im Ziel, für das sie geschaffen sind. Den Eicheln gleich, die ihr Selbstverständnis als Eicheln aufgegeben haben, um zu entdecken, daß sie als lebendige Schößlinge sich entfaltender Eichenmajestät wiedergeboren werden, haben sie ihre wahre — und ewige — menschliche Persönlichkeit befreit. Sie haben erlebt, wie die Hülse des Ego zerbrach, und finden sich im Garten der Bewußten Gegenwart neugeboren wieder.

Die Psyche gesunder Egos, die das fruchtbare Feld des universellen Bewußtseins teilen, muß nicht bewacht, geschützt oder verteidigt werden. An ihnen ist nichts willkürlich, nichts künstlich, was solch eine Bemühung nötig machte. Sie stehen als Geschöpfe des Geistes in den Diensten des Geistes und wirken auf den leuchtenden Sinnströmen der Ewigkeit.

Ihre einzigartigen Qualitäten werden vom Universum selbst umsorgt, gepflegt und unterstützt. Ihre materiellen Werte sind gut ausgewogen; sie werden als wichtige Glieder einer dauerhaften dimensionalen Schöpfung geachtet. Solche Egos fühlen sich wohl, denn sie wissen, daß sie ein Universum bewohnen, das viel ausgedehnter ist als jenes, welches ihnen ihr spezialisiertes Bewußtsein mit seiner Betonung physischer Wahrnehmungen offenbart hatte. Ihnen ist klar, daß sie ihr Bewußtsein notgedrungen von bestimmten Frequenzen abziehen müssen, um andere dafür hervorzuheben, doch das ist die Rolle, die sie gewählt haben, und an dieser Rolle haben sie Freude.

Sie wissen, daß ihre vertrauten Partner, die innewohnenden Geister der Sterne, entschieden haben, andere ergänzende Frequenzen hervorzuheben. Deshalb vertrauen gesunde Egos uneingeschränkt dem Überblick des Geistes und werden unfehlbar von der lebendigen Matrix organischer Informationen geführt, die immer für sie offensteht. Oft sucht der Sterngeist ihren Rat bezüglich der materiellen Ebene, denn er teilt mit ihnen den menschlichen Schaltkreis.

Ist die schöpferische Zusammenarbeit zwischen Geist und Ego ausgereift, beschleunigt sich die Frequenz ihres Austausches pro Sekunde derart, daß es einige Anstrengung erfordert, die beiden voneinander zu unterscheiden. In ihrer richtigen Funktion arbeiten sie ähnlich zusammen wie die Mitochondrien und Organellen der menschlichen Zelle. Die Zelle selbst ist die wahre Wesenheit, die wohl kaum als ihre einzelnen Bestandteile betrachtet wird. Genauso verhält es sich mit Ego und Geist in einem wahren Menschen.

Der wahre Mensch stellt eine Partnerschaft von Ego und Geist in einem derart schnellen und reibungslos ablaufenden Energieaustausch dar, daß sie, wie die Komponenten einer Zelle, normalerweise nicht als von der Wesenheit getrennt betrachtet werden, die sie gemeinsam bilden.

Nur in der historischen Epoche unterschied sich das subjektive, mit dem Körper verbundene Ego vom herabsteigenden Engelgeist. Während dieser letzten Jahre der Geschichte ist es noch notwendig, sich auf beide Ur-Betandteile der vollkommenen menschlichen Wesenheit zu beziehen, doch die Unterscheidung wird immer überflüssiger, je mehr deine Rasse erwacht.

Gegenwärtig besteht unter den Geistern der Sterne, jenen flackernden Flammen meines Seins, kein Mangel an Begeisterung, sich in den menschlichen Formen zu verkörpern, die sie auf der Erde erwarten. Doch viele menschliche Egos sind noch immer abgeneigt, ihnen Einlaß zu gewähren. Ich wollte, daß jedes Ego die Freude und das tiefe Glück entdeckte, das aus der Liebe zu seinem ewigen Gegenpart entsteht, und mit ganzem Herzen in jenen gnadenreichen Zyklus des Austausches träte, der seine Ängste auflöst und ihm die höchstmögliche Erfüllung bringt.

Das ist die innere Hochzeit, wo Anima und Animus alchemisch im Tiegel des menschlichen Fleisches verschmelzen, wo das Ewige Bewußtsein in menschliche Form gleitet, um die Welt aus menschlichen Augen anzuschauen. Das ist die Vereinigung, welche die Verkörperung des Heiligen Seins vollendet, von dem Ego und Geist selbst nur Teile sind.

Ego-Geist-Paare, die eins geworden sind, empfangen ein Geschenk, welches keiner von beiden allein hätte annehmen oder verstehen können: den Lichtkörper, den ich vorbereitet habe und der lange auf ihre, auf deine Bereitschaft gewartet hat — die leuchtende Biologie, die in diesen Welten die wahre, beabsichtigte Kleidung deiner Rasse ist.

So ist der Christus auferstanden, der Schaltkreis zwischen Himmel und Erde geschlossen, aufgeladen und zum Leben erweckt.

Über die früheren Abgründe zwischen der Welt des Geistes und den Welten der Form springt der Blitz. Urplötzlich, in blendender Helligkeit, erst überraschend, dann langsamer als beständig pulsende Leuchtkraft in allen lebendigen Wesen, hält ein mächtiges Strahlen alles gleichmäßig und sanft in einem Kraftfluß, durch den langsam, ganz langsam ewiges Bewußtsein strömt, das wächst und immer heller leuchtet, die letzten Krusten von Spaltung und Vergänglichkeit wegbrennt, wärmt und mit Licht überflutet und als strahlende Individuation der Liebe in jeder heilen menschlichen Seele aufsteigt.

Aus diesem Zusammenschluß von Geist und Materie erhebt sich die leuchtende Biologie, die mehr als nur gelegentliche Besuche von galaktischen und intergalaktischen Wesen beherbergen kann. Diese Biologie nimmt das sanfte Herabsteigen, das Erwachen des Sternenmachers auf und beherbergt die Intelligenz des ursprünglich vereinten Bewußtseinsfeldes, die Gegenwart, deren flüchtige Beobachtungen das Leben erschufen und deren Anteilnahme Verwandlung bewirkt.

So erreicht mein Bewußtsein jeden, der auf der anderen Seite des psychologischen Prozesses erwacht, dringt langsam, ganz allmählich in einer Weise in sein Leben, die ihm gestattet, sich sanft auf die höheren Frequenzen meines Denkens einzustellen. Der psychologische Prozeß ist das Tor zum Paradies, der Weg, auf dem meine Kinder, meine Schöpfung, die eigenständigen Spiegelungen meiner selbst in den Garten meiner Wahrnehmung zurückkehren, in ihre ureigene Heimat.

Nur die Liebenden sehen meinen Garten, denn nur sie können die Liebe verstehen, die ihn lebendig macht. Ihr Entzücken — und mein Entzücken an ihnen — wächst in gegenseitiger Anerkennung. Und diese Anerkennung beschwört ständig neue Schöpfung herauf.

Euer menschlicher Körper mit seiner reichen Subjektivität gehört euch, damit ihr euch daran erfreut. Im erwachten Zustand werdet ihr ihn vollständiger gebrauchen lernen, als das im Schattenland der Geschichte möglich war. Andererseits stellt dann das Ego, wenn es zum zweiten Bestandteil eurer Persönlichkeit geworden ist, eine Option dar, die ihr an- und ausschalten könnt, ganz wie ihr wollt.

Dein Bewußtsein und das Bewußtsein, an dem du teilhast, reichen weit über einen geschlossenen subjektiven Erfahrungskreis hinaus. Unterstützt von den unendlichen Energien der ewigen Liebe, spielst du zusammen mit anderen deiner Art in den Sternenfeldern deines eigenen universellen Seins und entspannst dich vollkommen im Genuß, *du selbst zu sein.*

Dein Körper ist dazu geschaffen, in den dimensionalen Reichen bestimmte Merkmale hervorzuheben, Merkmale, die dein gegenwärtiger künstlerischer Schöpfungsstrom bevorzugt. Indem du deine Sinne anders ausrichtest, rufst du neue universelle Ausdrucksmuster hervor und erfreust dich an einem ewigen Leben unendlicher Vielfalt.

Die Technologie der Zukunft

Viele glauben, daß das kommende Jahrtausend wenig Gewicht auf Technik legen wird, und sie haben recht, was den groben Mißbrauch des industriellen Zeitalters betrifft. Doch sie irren auch, denn Wissenschaft und Technologie werden die menschliche Rasse während dieses ganzen Jahrtausends so gut wie früher unterstützen. Sie werden den Zielen der schöpferischen Intelligenz in einer Art und Weise dienen, die man sich heute noch gar nicht träumen läßt.

Entzieht dem menschlichen Genius die schwächenden Vorstellungen der Geschichte, und er wird wie ein Schiff den Anker lichten, wie ein Vogel sich in die Lüfte schwingen.

Die Zukunft schafft Erfindungen, die weit organischer sind

als die des historischen Zeitalters. Oberflächlich betrachtet, scheinen diese Erfahrungen einfacher als die schwerfällige Technologie von heute, doch ihrem Wesen nach sind sie viel anspruchsvoller. Sie werden umweltverträglich, haltbar und leicht herzustellen sein. Doch das Hauptmerkmal, das sie von der festen Struktur historischer Gebilde unterscheidet, ist, daß sie *lebendig* sein werden.

Das kommende Jahrtausend schafft Zugang zum unbegrenzten Informationssystem des Ewigen Wesens. Angefeuert von göttlicher Triebkraft, wird die Technologie Sprünge machen, die das 20. Jahrhundert als das dunkle Zeitalter erscheinen lassen wird, das es in Wirklichkeit war. Die Wissenschaft wird den innewohnenden Geist nicht mehr länger leugnen, sondern helfen, seine verborgenen Entwürfe und Muster in Materie umzusetzen. Dies wird die Zeit sein, wo die Völker der Welt als Teilorgane eines einzigen lebendigen Organismus zusammenarbeiten und große schwimmende Städte aus Licht erschaffen.

Schon jetzt kannst du um dich her Beweise dafür finden, was in diesen Feldern des Raumes in der Zukunft geschaffen werden wird.

Überall in der Biosphäre der Erde erhältst du Fingerzeige, in den Lebensformen, die im Ozean schwimmen, in den geflügelten Geschöpfen, die auf Luftströmungen über Bergpässe gleiten, in zahllosen Lebewesen zu Lande und zu Wasser. Die diamantenen Kristallisationen der Berge sind Beweise, die Tautropfen, die im Wind zu Schneeflocken gefrieren, die Manifestation der Regenbogen und der Schmetterlinge. Du findest Belege für den intelligenten Entwurf von allen Lebensformen, Beweise für die Intelligenz, die immer noch hier in Raum und Zeit formt. Du kannst sie in deiner eigenen Rasse entdecken, in deinem Samen, den Eizellen und Chromosomen.

Heute findest du Hinweise auf morgen in den Mikroben, in den Kernen, Elektronen und Neutronen der Atome, den Jahreszeiten der Erde und den Mondzyklen, in Asteroiden und

Kometen, die von Zeit zu Zeit in Sichtweite vorüberziehen. Du findest Beweisgründe in den Planeten dieses Sternensystems, in entfernteren Gestirnen, in den abgelegensten Gebieten der Milchstraße und den kosmischen Strukturmustern der Galaxien und des Raumes jenseits davon.

In allen großen und kleinen Dingen, im Makrokosmos wie im Mikrokosmos, befähigt dich dein umfassendes menschliches Wahrnehmungsvermögen dazu, nicht nur das zu sehen, was ist — was alles schon erschienen ist, seit sich dein Sternensystem von der einen Seite des galaktischen Schöpfungsstrahls auf die andere hinbewegt hat, sondern was sein wird, was einmal geschehen wird.

Diese Zukunftsschau ist keine Prophetie und stammt auch nicht aus einer verborgenen, noch unentdeckten Dimension der menschlichen Psyche. Deine Vision als Mensch befähigt dich, die Zukunft zu erahnen, ihre Versprechen, ihre Gefahren und Möglichkeiten zu erspüren, weil du selbst das Werkzeug bist, das diese Zukunft erschafft.

17.

Die klingenden Bahnen der Sterne

Der blauweiße Spiraltanz dieser schönen Welt unter den Gestirnen kann nicht von denen ergründet werden, die sich im Oberflächenstaub verlieren. All jene, die das innere Feuer und die lebenspendenden Ströme vergessen haben, sind nicht imstande, ihn deutlich wahrzunehmen. Es gibt nur eine Möglichkeit, dich an diese Dinge zu erinnern, doch dazu mußt du alle Blockaden deines Bewußtseins niederreißen.

Du kannst dich erst dann erinnern, wenn du bereit bist zu vergessen.

Das menschliche Wissen muß aufgegeben, muß entwertet werden. Seine Masse blockiert jene Bahnen, die Informationen erspüren und das Licht des wahren Wissens in deine Seele strömen lassen. Wenn du bereit bist, dich in deinem Denken zu entspannen und dein Herz zu öffnen, verlierst du kein Wissen — denn Wissen kann niemals verloren gehen. Schlimmstenfalls kommen dir die kurzsichtigen Äußerungen plappernder Primaten abhanden, die sich derart in die Ebenen vergafft haben, daß ihnen der Geist des Waldes und der Sterne abhanden gekommen ist.

Und obwohl deine Rasse sie für Tausende von Jahren bewohnt hat, sind die Ebenen immer noch eine neue Welt für dich, der zu lauschen und dich auf sie einzustimmen du nie gelernt hast. Im Chaos, das du mit deinen „Sprachgöttern" anrichtetest, verlorst du den Geist des Waldes aus dem Blick, der dir einst die Weisheit der Mutter übermittelte, selbst als du die Wahrnehmung des Vaters schon lange verloren hattest. Das hat dich für dein eigenes Potential und das deiner Umwelt blind gemacht.

Bevor du Wissen erlangen kannst, mußt du falsches Wissen aufgeben. Wahrheit und Einbildung können nicht nebeneinander bestehen. Willst du im Reich des ewigen Bewußtseins erwachen, mußt du genug vertrauen, um die Fenster deiner Vorurteile und Abhängigkeiten weit aufzustoßen, ohne dich darum zu kümmern, daß deine wichtigsten Glaubenssätze für eine Zeitlang durchgerüttelt werden, bis sie sich in einer neuen, klareren Ordnung wieder setzen. Alles, was Wert hat, wird eine neue Ruhestätte finden; alles andere wird dorthin treiben, wohin es besser paßt. Halte nichts, nicht einmal deine liebsten Vorstellungen von dir selbst, von dem Strudel der Umformung zurück, der dich ergreifen wird, wenn du zuläßt, daß ewiges Bewußtsein dein Herz und deine Seele erfüllt.

Um Gott zu fassen, mußt du dein Herz einer größeren Liebe öffnen, als du sie je gekannt hast. Du mußt deinen früheren Identitätsmustern absterben und deine wahre Identität in meinem Sein entdecken. Das ist der Tod und die Wiedergeburt, die zu ewigem Leben führen. Die das erfahren, treten durch den Schleier historischer Illusionen in eine Welt, die sich unendlich ausdehnt, weit über die winzigen Segmente hinaus, die die Geschichte beschrieben hat.

Die planende Intelligenz hinter der universellen Ordnung will in deinem menschlichen Verständnis erwachen, damit du eines Tages wieder heil und bewußt aus deinem eigenen Herzzentrum ausfliegen kannst, um all jene Teile des Universums zu erforschen, die deine Aufmerksamkeit erregen.

In Gedankenschnelle kannst du *Alles, Was Ist* als Teil deiner selbst erfahren, indem du deine Wahrnehmung einfach fließen läßt und dich in Übereinstimmung mit den klingenden Bahnen der Sterne bringst, den großen intergalaktischen Bahnen, welche die Informationen und das Bewußtsein des Universums in

Umlauf setzen.

Sterne sind klingende Konvergenzpunkte, Orte, an denen sich die Linien von Energie und Absicht treffen. Wenn du dich auf dein innerstes Wesen einstimmst, schwingst du mit dem Feld universellen Seins. Durch die Augen bewußter menschlicher Biologie siehst und verstehst du die Dinge so, wie sie das Universum versteht.

Du begreifst, daß die menschliche Familie wie eine große planetarische Linse wirkt, durch welche die gewaltigen Reiche der Materie — mit all ihren Formen — die anderen Galaxien sehen können. Doch diese Linse wirkt von beiden Seiten. Die galaktische Intelligenz benutzt dieses Fenster, um in der menschlichen Seele die Tiefen der materiellen Welten zu schauen.

Kam dir noch nicht der Gedanke, daß die Intelligenz, die die genetische Information des Körpers in einer einzigen Zelle einzuschließen weiß, irgendwo sein muß, irgendwo jenseits der Blasen historischer Illusionen? Ist dir nie eingefallen, daß der so exquisit entworfene hochspezialisierte Schaltkreis deines menschlichen Körpers einen gleichermaßen besonderen Sinn haben müßte?

Wo du auf dieser Erde auch hinschaust, stößt du auf Anzeichen einer Intelligenz, welche die Klugheit, die die Menschen normalerweise in ihren Angelegenheiten gebrauchen, bei weitem übertrifft. Und doch ist diese Intelligenz, die alle Organe, Zellen und Wundersysteme des Körpers in harmonische Schwingungen gerufen hat und dir erlaubt, diese Worte hier zu lesen, jetzt *gegenwärtig* — so nahe wie die Augen und Ohren, die dir von deiner Welt berichten.

Entspanne dich in das Bewußtsein, das im Genetischen Code deiner Zellen lebt und lange schon darauf wartet, Einlaß in deine Gedanken zu finden. Öffne dich dem Muster, nach dem du entworfen wurdest, erschließe dich der ursprünglichen Vision deiner verkörperten Vollkommenheit, der archetypischen

Schwingungshülle des ewigen Bewußtseins, das *als du* an diesem Ort Individualität angenommen hat. Nimm es an, heiße es willkommen, erwache zum Bewußtsein deiner Heimat!

Deine physischen Organe und Systeme spiegeln getreu die Intelligenz des Ewigen Seins an der Quelle allen Lebens. Erlaube, daß sie auch dein Bewußtsein erfüllt. Entspanne dich! Gestatte, daß sich die vollkommenen Muster offenbaren, und laß den ursprünglichen Entwurf deiner Persönlichkeit in deiner ewigen Gegenwart wiedergeboren werden. Entfalte dich in die Erfüllung und in ein neues Verstehen. Vertraue dem Ausdruck, der über dein Gesicht huscht, der neuen Wahrnehmung, die hinter deinen Augen flackert. Warte, bis sich dies Flackern gelegt hat und du mit stetem Blick die Welt neu sehen kannst.

Kein Beruf, keine Verpflichtung und keine Aufgabe ist wichtiger. Erkenne, welches Verhalten du in deinem Leben ändern mußt, um diese Festigung zuzulassen. Dann ändere dich schnell und fahre fort.

Menschen, die sich tagaus, tagein für Sünder halten, haben nicht die Absicht, sich zu ändern. Sie leugnen die Gnade, die ihr Leben mit Liebe erfüllen würde; sie verraten das Bewußtsein, das in ihnen die klare, unverminderte Schönheit ihres ewigen Wesens spiegelt.

Reue ist ein Durchgang, kein Aufenthaltsort; sie ist nur dann nützlich, wenn sie eine gesunde Veränderung bewirkt und zu einem Zustand wiederhergestellter Selbstannahme führt. Wenn du dich geringer schätzt, als Gott dich achtet, bist du nicht demütig, sondern in einem zerstörerischen Sinne stolz.

Wenn Reue längere Zeit andauert, wenn sie zum Lebensstil oder in einer Religion zur Institution erhoben wird, steht sie im Widerspruch zum Geist und wirkt spirituell ebenso entzweiend wie der Stolz, in dem sie gründet. Dauernde Reue zerstört die Brücke, die ich zwischen Schöpfer und Schöpfung schlagen will. Sie verschließt das Herz des Menschen für die Liebe, die andernfalls durch jenes Herz in die Welt strömen könnte.

Die Entscheidung, ins Neue Bewußtseinsfeld einzutreten

Das Heraufdämmern des ewigen Bewußtseins gibt dem Horizont menschlichen Denkens neue Leuchtkraft. Wenn Egos zum erstenmal mit dieser Leuchtkraft zusammentreffen, haben sie zuweilen Furcht; doch das ist unnötig. Es ist ihre eigene Ganzheit, die auf sie zukommt. Wie töricht, sich vor Heilung zu ängstigen.

Die Offenbarungen im wachsenden Licht sind großartiger, wunderbarer als die herrlichsten Visionen, die hin und wieder die Nacht der Geschichte erhellten. Jene Visionen (und oft auch die Religionen, die daraus entstanden) wurden — gleich Kerzen in den Stunden der Dunkelheit — zu Schätzen. Doch im vollen Licht der Sonne? Die Morgendämmerung, die über dieser Welt anbricht, bringt das Zeitalter der Religionen zu Ende, doch muß das Ego begreifen, daß die Sonnenstrahlen nicht kommen, um zu verletzen, sondern um diejenigen zu befreien, die sich an den Visionen der Vergangenheit orientieren.

Du hast die Wahl, das Zentrum deiner Identität entweder in deiner momentanen menschlichen Individualität zu finden oder in dem vereinten Bewußtseinsfeld des Ewigen Seins, das deine Individualität gebiert. Während der Geschichte hast du vergessen, daß du wählen kannst. Deine Identität ist schon so lange in Subjektivität gefangen, daß sie eine gewisse Trägheit, eine Homöostase, ausgebildet hat, die sich Veränderungen widersetzt. Obwohl die Entscheidung, dein Selbstgefühl aus Gott zu beziehen, in jedem Augenblick getroffen werden kann, gibt es bestimmte Momente, wo diese Veränderung leichter fällt.

Denn es bestehen Zyklen, die zusammenlaufen, und Ladungen, die sich aufbauen, genauso wie es Epochen und Zeitpunkte innerhalb der Epochen gibt (wie heute), wenn eine besonders mächtige Energieschwingung eintrifft, ein Durchbruch von Klarheit und Bewußtsein, ein offenes Tor zu Möglichkeiten, das nicht weggeleugnet werden kann. Eine Welle erreicht den

Höhepunkt. Du kannst dich entscheiden, sie zu übersehen — oder sie zu erhaschen, um dich auf ihr einer außergewöhnlichen Küste entgegentragen zu lassen. Es ist eine besondere Welle, die schon früher aufwogte und eines Tages wieder aufwogen wird, doch werden die Täler zwischen solchen Wellenkämmen nicht in Zeiträumen gemessen, die für menschliche Leben von Bedeutung wären.

Ich kenne diese Zeitpunkte, denn ich bin immer unter euch, ob ihr dessen gewahr seid oder nicht. Denn obgleich ich der Eine bin, euer Schöpfer, eure Quelle, bin ich, wenn ich euch berühre, auch eure eigene innere Wirklichkeit. Ich bin das Antlitz Christi, das euer Merkmal und eure Ausdrucksform trägt. Ein persönliches individualisiertes „Ich" will in euch erwachen, und doch bin ich es.

Diesen besonderen Zeitpunkt, hervorgehoben vor allen anderen, werden alle — vorbereitet oder unvorbereitet — bei dem großen kollektiven Wechsel erfahren. Wenn du dich schon jetzt dazu entschließt, das erwachte Bewußtseinsfeld aufzunehmen, hilfst du, den Einfluß der umgestaltenden Energien gleichmäßiger in Zeit und Raum zu verteilen, wodurch der gemeinsame Übergang für die Menschheit gnädiger ausfällt.

Bevor dir diese Dinge bewußt wurden, führte ich dich. Ich lenkte dich in Erfahrungen hinein, die geschaffen waren, dich aus deiner Abhängigkeit von den vielen trügerischen Angstdämonen zu lösen, und ich führte dich wieder hinaus. Diese Erfahrungen waren geschaffen, damit du solch einen Augenblick erleben kannst, in dem du — wie jetzt — über Fähigkeiten und Weisheit verfügst, um die bestmögliche Entscheidung zu treffen, eine Entscheidung, die du wahrhaft selbst fällen mußt, weil sie das Zentrum deiner Identität verlagert.

Glaube nicht, daß du für solch einen großen Schritt unwürdig oder unvorbereitet wärest. In gewisser Hinsicht warst du immer vorbereitet. In anderer Hinsicht gibt es keine Vorbereitung, konnte es keine geben.

Lange habe ich dich von innen her durch deine Gedanken und Gefühle beobachtet. Ich kenne den Augenblick, wenn es am günstigsten für dich, wenn es am wahrscheinlichsten ist, daß du dich für das ewige Leben entscheidest.

Diese Zeit ist jetzt. Du bist bereit, die entscheidende Wahl zu treffen. Du hast jetzt alles, was du brauchst, um die Regeln und die Konditionierung der Geschichte aufzugeben und auf der hochwogenden Bewußtseinswelle über den Bann der Materie hinaus in ein erwachtes Leben zu gleiten. Du spürst diese Welle als Steigerung des Bewußtseins. Es mag sein, daß wir uns gemeinsam um deine Vergangenheit kümmern; das geschieht mit einigen. Doch es besteht kein Anlaß zu untersuchen, was du gewesen bist, kein Bedarf, das zu analysieren, was sich verändern und wegfallen muß. Ich bin zufrieden, das Alte loszulassen, wenn du es tust, doch die Entscheidung liegt bei dir, muß bei dir liegen.

Man kann die Reiche der Wahrnehmung nicht unfreiwillig betreten.

Ich habe gestern auf dich gewartet, und ich will, wenn nötig, auch morgen warten. Doch die Welle, von der ich spreche, wogt mit einer Flut, die nur wenige Umdrehungen eurer Welt um diesen Stern umspannt, und einige dieser Umdrehungen sind schon verstrichen. Die begrenzten menschlichen Vorstellungen, die in dieser steigenden Bewußtseinsflut hilflos treiben, sind kein brauchbares Boot, auf das dein Verständnis beschränkt sein könnte. Sie werden dich nie über die Sichtweite historischer Küsten hinausgelangen lassen.

Die Schiffe meines Verstehens steuern in ewigen Meeren. Du kannst nicht an Bord gehen, wenn du sie nicht wahrnimmst — und du erblickst sie keineswegs durch Tore von gestern. Meine Schiffe, leichte Schiffe des Verstehens, *segeln.* Sie blieben nicht lange an einem Ort. Ich bin ein Wesen der Bewegung, und dies ist nicht mein letzter Anlaufhafen.

Ich komme jetzt, um an die Pforte deines Herzens zu klopfen. Mit mir sind Engel, die, auch wenn sie die Tür für dich nicht öffnen können (das kannst nur du!), die Flure erhellen und dich im Geist ermutigen. Wenn du dich einmal entschlossen hast, die Öffnung zu durchschreiten, kannst du sicher sein, daß viele Lichtwesen dir helfen werden, diese Pforte offenzuhalten, während du ins neue Bewußtsein gehst, in das Bewußtsein, welches meine leichten Schiffe baut, meine Visionsschiffe und die deinen.

18.

Am Vorabend des dritten Jahrtausends

Diese Welt ist ein reifer Garten am Vorabend der Ernte. Das Unkraut wuchert zwischen Melonen und Mais. Kartoffellaub, verwelkt und braun, verliert sich zwischen Fuchsschwanz, Stechapfel und Purpurwinde. Der Garten hat reich getragen, die Ernte wird gut, doch die Gärtner dieser Welt spüren, welche Fülle, welche Möglichkeiten sie erzielten, wenn sie warten — wenn sie nur noch ein Weilchen länger warten könnten. Jetzt richten die Unkräuter keinen großen Schaden mehr an. Doch eine kurze Wartezeit könnte Qualität und Menge des Ertrages beträchtlich steigern.

Im Jahre 2011 wird die Menschheit den „Fälligkeitstermin" erreichen, an dem sich ihr kollektives Bewußtsein zusammenschließt. Dann werden die telepathischen Frequenzen des wachsenden Bewußtseins auf eine zahlreichere, bewußtere und innerlich verbundene Weltbevölkerung treffen. Das Erwachen selbst wird die *tausend Jahre* der christlichen Weissagung ankündigen. Es wird beginnen, wenn die menschliche Nachrichtenbiologie den erforderlichen Weltschaltkreis in Gang setzt, ein Ereignis, das einige Traditionen als das Ausbreiten der Flügel des Donnervogels erwarten.

Warte nicht auf Zeichen und Wunder, um zu glauben. Die Zeichen, die du bereits vor dir siehst, hätten die alten Rassen Gott längst wieder zugewandt. Sie suchten nach diesen Omen, doch sie konnten sie nicht sehen.

Du lebst heute mit Wundern, die schon so lange in den Stämmen des Westens vorausgesagt sind. Durch diese Überlieferungen wurden sie dir so vertraut, daß du sie, als sie schließlich geschahen, gar nicht als Wunder erkanntest.

In den Völkern werden äußere Zeichen geschehen, und diese werden die letzten Einzelheiten der Voraussagen bestätigen, doch der Kern der Prophezeiungen liegt jetzt in euch. Suche nicht nach äußeren Bestätigungen, sondern erfahre sie in dir, wenn deine Seele sich erinnert, wenn dein Geist sich ganz in dein Bewußtsein senkt und seine Augen, deine Augen öffnet und sieht.

Wenn mein Bewußtsein ganz in der menschlichen Familie erwacht ist, wird Mutter Erde auf dies Kind schauen, das in der Krippe ihrer Materie liegt, und sie wird jubeln. Ihre Liebesenergie wird sich mit der meinen mischen, und zusammen werden wir durch das Jetzt der ewigen Gegenwart wirbeln. Wir werden mit solchen Wogen der Gnade über das Gesicht dieser Welt brausen, daß alles, was über mein Kommen vorausgesagt wurde, eintreffen wird — und viel mehr noch. Denn die Propheten verstanden nur einen winzigen Teil der emporsteigenden Wirklichkeit.

Die Mischung aus planetarischer Freude, menschlicher Willenskraft und der Absicht des Sternenmachers wird gemeinsam im vereinten Wirbelwind der Liebe brausen. Die Erde wird in Licht, Schönheit und Einheit neu gestaltet. Ich werde euch, ihr Menschen, schöner machen, viel schöner, als ihr euch selbst je sehen konntet.

Liebe ist die Energie der Ausdehnung, der wichtigste Strom der Schöpfung. Wenn sie die Materie leicht berührt, antwortet diese mit Lebensformen, die ihr auf der Erde heute vorfindet. Berührt sie die Materie ganz und gar, wird ein Stern geboren.

So beschloß ich, diese Welt mit der Zartheit der Vogelstämme zu berühren. Ich wurde zu vielen Geistwesen, denn wenn durch meine Liebe Ansammlungen von Teilchen in sanfte Schwingungen versetzt werden, die zuvor nur klimatischen Veränderungen ausgesetzt waren, will ich diesen Formen der Materie überall persönliche Aufmerksamkeit widmen können. Sanft, leicht lenke ich durch die Geflügelten die irdischen Schwingungen. Allmählich entstehen Lebensformen, die sich dann rasch ausbreiten, während ich immer mehr Liebe ausgieße.

Das ist meine Schöpferkraft, ein unwiderstehlicher Magnetismus, der aus den unbelebten Felsen der Erde Leben ins Dasein rief, dieselbe Liebe, die die ersten organischen Moleküle in den Buchten der Ozeane anregte und sie zu frühen zellähnlichen Verbindungen erwärmte. Eine beschleunigte Schwingung kennzeichnet meine Liebesströme. Auf dieser Erde werden sie bald schon ihren Höhepunkt erreichen. Kurz vor der Vollendung wird die Schwingungsrate so vermehrt, daß das Ego sie nicht mehr begreifen kann. Eine neue Welt wird erscheinen und phönixgleich inmitten der alten erstehen.

Die neue Welt ist schon jetzt zugegen, doch ihre geographische Beschaffenheit ist die der historischen Welt; es ist eine neue Welt der Wahrnehmung und des neuen Verstehens, eine Welt, in der *Bodenschätze nur dann begrenzt sind, wenn man sie nicht schätzt.*

Wer die Liebe achtet, achtet den Herrn der Schöpfung. Ich wünsche keinen größeren Lobpreis. Meine Schöpfung soll wissen, daß die Liebe, die ich meinen Geschöpfen schenke, für beide Seiten gleich wichtig ist. Sie sollen mich nicht lieben, weil es geboten oder gefordert wird, sondern weil sie auf diese Weise den Geist von meinem Wesen auffangen: *sie verlieben sich in die Liebe,* in ihre Wunder, ihre Freude, ihr ewiges Streben nach Schönheit und nach neuer Schöpfung.

Das bedeutet es, in Gott wiedergeboren zu werden: *im eigenen Herzen und in der eigenen Seele dieselbe Antriebskraft zu wecken, welche Sonne, Mond und Sterne bewegt,* dieselbe Kraft, welche in Flüssen durch die Täler der Erde rauscht, in ihren Himmeln donnert und ihre ökologischen Systeme feiert.

Lieder mögen gesungen werden, Glocken läuten, Gebäude in

den Himmel wachsen, um diese große Liebe zu feiern — und solche Dinge können Schönheit und Freude durchaus steigern —, doch vergiß die Liebe nicht, die der rechtmäßige Bewohner der einzig wirklichen Kirche ist. In euren Gotteshäusern aus Stein und Glas erlaubt ihr keine mutwillige Zerstörung. Wenn der wahre Tempel meines Bewußtseins Körper, Geist und Seele der Menschen ist, wollt ihr dort, in diesen heiligsten Gründen, Zerstörungswut verzeihen?

Die menschliche Seele ist heiliger als jede Kirche. Erweise deinem Bewußtsein dieselbe Verehrung, die einst den Kathedralen, Tempeln und Synagogen vorbehalten war.

Wenn du den menschlichen Tempel nicht ehrst, dann mißachtest du seinen Schöpfer und rechtmäßigen Bewohner. Wenn du zuläßt, daß dein Bewußtsein zu einem Marktplatz der Wünsche wird, lenkt dich das Geschrei der Diebe mächtig ab, und du kannst das sanfte Bewußtsein, das ewige Feingefühl, das danach strebt, immer in dir zu wohnen, nicht in dir halten. Du trennst dich ausgerechnet von dem ab, was allein deine Wünsche befriedigen könnte. Erlaube der Liebe freien Zugang zu deinem Herzen und deinem Geist, denn dort ist die tiefste Vereinigung zwischen Schöpfer und Geschöpf vorgesehen.

Lange habe ich diese Sphäre belebt und deine Bereitschaft erwartet. Ich bin nicht so weit weg, meine Kinder, mein Volk, nicht in Raum noch in Zeit. Mein Sein hat die Illusion der Menschen immer umhüllt. Jetzt rufe ich diese Illusion zu mir. Sie fließt mir entgegen. Wie die Meridiane, die an den Polen zusammenlaufen, kommt sie immer rascher. Zu mir. Wo sie aufgesaugt, verwandelt und freigegeben wird. Wo die Wahrheit alles neu gestaltet, was einst in Unwissenheit gebunden war.

19.

Lieder der Verschiedenheit

Alles Lernen ist Erinnern.

Wenn sich deine Wahrnehmung umkehrt, erfährst du das, was dir einst als äußere Welt erschien, als Projektion deiner eigenen dimensionalen Vision. Die Prämissen, die deinem Denken zugrunde liegen, verändern sich vollkommen. Basis und Aufbau werden ausgetauscht, Geschöpf und Umwelt als Bestandteile eines einzigen Systems *erfahren;* wie sollte es auch anders sein! Beobachter und Beobachtetes, Basis und Aufbau können nicht für sich sein. Jeder projiziert den anderen und gleicht sich dessen Umrissen so genau an wie der Ozean der Küste.

Unterschiede werden immer neu geschaffen. In den Strömen des ewigen Lebens werden sie zu gewissen Zeiten betont und dann wieder vernachlässigt, doch nie sind sie absolut. Auf höchster Ebene sind Liebender und Geliebter ewig vereint. Unterschiede dienen dazu, das große Meisterstück bewohnbarer Kunst weiterzuentwickeln, das dieses Universum ist und immer sein wird — und sie vermehren die Möglichkeiten, sich daran zu erfreuen.

Im gefallenen Zustand verfuhrst du genau umgekehrt: Du nahmst Anweisungen von einer *äußeren* Welt entgegen. Da diese Welt nicht existierte, wurde deine schöpferische Kraft irregeleitet und erschuf jene Welt, die deinen Illusionen entsprach. Im gesunden Zustand kann das nicht geschehen. Wie du die Schöpfung, die Umwelt, dich selbst verstehst, das kommt nicht von außen auf dich zu, sondern entspringt als Quelle in deinem Herzen.

Wenn deine Liebe zu Gott gnadenvoll vereintes Wirken wird, dann erst schöpfst du den Geist voll aus. Auf den Kanälen des inneren Seins empfängst du unmittelbar die pulsierenden Informationen der Lebenskraft, die dann nicht mehr durch egoistisch aufgebaute Gedanken gefiltert werden. Meine Liebe wird zu deiner Liebe und fließt mit solcher Ausdruckskraft in deine Umwelt, daß keine gedankliche Konstruktion, keine Gewohnheit und kein Belang der alten frei erfundenen Historie dich von außen je erreichen kann.

Liebst du ausnahmslos, dann fühlst und bewegst du dich in den rhythmischen Strömen der Liebe. Die Lieder der Unterschiede, die durch deine Seele pulsen, sind bereit, Vollkommenheit in deiner Umgebung zu wecken. Wenn du zuläßt, daß aus dir Liebe fließt, fallen dir Einzelheiten über diese physischen Reiche ein, die du schon lang vergessen hast.

Du wirst dich erinnern, daß zu jedem Bestandteil der Schöpfung ein Seelenlied gehört, welches diesem Bestimmung und Ausdruck zuweist. Du erkennst, daß alles, was in dieser gesegneten Biosphäre lebt — und darüber hinaus noch viel mehr! — Vergegenständlichungen deiner eigenen Melodien sind. Dann singst du bewußt die Liebe der Verschiedenheit, jene Lieder, die alles wachrufen, was in der Umwelt dieses Planeten auftaucht.

Ein Bildhauer kann immer mit Hammer und Meißel arbeiten, doch wenn er die richtigen Lieder sänge, Lieder, die die wahren Namen nennen und das Herz der Materie, mit der er arbeitet, erreichen, könnte er den Stoff dazu inspirieren, intelligent an seiner eigenen Neuschöpfung und Entwicklung mitzuwirken. Die Materie wird nicht nur seinen Vorstellungen entsprechen: sie wird diese mit Entwürfen und Vorschlägen übertreffen, von denen er nie geträumt hätte.

Die Materialien selbst nennen dem bewußten Künstler die in ihnen wohnenden, schlummernden biologischen und nichtbiologischen Möglichkeiten. Selbst der größte Künstler weiß weniger als die Materialien, mit denen er arbeitet. Betrachte die Elemente und Mineralien der Erde nicht mehr von dir getrennt und dir unterlegen, sondern als gleichwertige, doch unterschiedliche Ausdrucksformen des Materie-Energie-Kontinuums, und du kannst dich mit ihnen verständigen, sogar bevor du den psychologischen Prozeß durchlaufen hast.

Wenn du dich mit deinem Ego zusammentust und deine Betrachtungsweise in den Fluß ganzheitlichen Lebens flichtst, kannst du das Herz jeden Geschöpfes erreichen, jeden Stein, jede Pflanze, jede Meereswelle, jeden Seestern am Strande und erspüren, ob er glücklich und vollkommen ist, ob er den Gipfel seiner Wünsche erreicht hat oder ob er über ein Potential verfügt, das noch freigesetzt werden will. Du kannst diese Befreiung anregen und dem Potential behilflich sein, seine zeitliche und räumliche Form anzunehmen. Und wo immer du deine Aufmerksamkeit hinlenkst, wird sie willkommen sein. So wie ein Wald der Sonne entgegenwächst, um sie zu grüßen, und sich ihrem Licht, ihrer Energie und ihrer Liebe entgegenreckt, wirst du erleben, wie sich die Mineralien und Elemente der Erde emporrecken, um dich willkommen zu heißen.

Die Erde hat immer die bevorzugt, die lieben, und wird es immer tun.

Im erwachten Zustand nimmst du weit mehr als die physische Welt wahr. Du schaust auch in die geistige Welt, in die Welt der Möglichkeiten und der schimmernden Entwürfe. Wenn du der Gedankenformen gewahr wirst, die zu ätherischen Entwürfen in den Strömen universellen Bewußtseins kristallisieren, wirst du, falls du dich dazu entschließt, fähig sein, den Molekularfluß der angemessenen Substanz in solche Ideen zu lenken. Durch dich werden die Visionen der Ewigkeit in den Reichen gestalteten Lichts zu Formen.

Wenn sich die Erde mit einem Verkörperten verbindet, der mit der Vision des Schöpfers schaut, empfindet sie dieselbe

Freude, die eine Liebende fühlt, die ihrem Geliebten entgegeneilt. In vielen Fällen wird es nur deiner Anwesenheit und Vision bedürfen, um die angemessenen Substanzen anzuregen.

Wenn sich die Energie deiner Aufmerksamkeit auf ein bestimmtes Muster richtet, wird alles, was zu seiner Gestaltwerdung notwendig ist, leicht und wirkungsvoll fließen, wie bei einem jungen Baum, der der Sonne zustrebt. Die Molekularsubstanz ist darauf erpicht, in Muster zu fließen, die ihr Potential freisetzen, begierig, sich auf unser Muster, auf deine Muster einzulassen, auf Muster, die das Bewußtsein entworfen hat, welches ein Universum mit gerade diesen Möglichkeiten erdachte.

Durch die geistige Welt, die alles umgibt und durchdringt, hast du die derzeitigen Geschöpfe auf dieser Erde hervorgebracht. Doch wenn deine schöpferischen Absichten von einem erwachten Bewußtsein geleitet werden, kannst du besondere Einzelheiten einführen und die irdische Entwicklung noch wirksamer lenken. Durch die bewußte Teilnahme der Menschen wird eine Schöpfung höherer Ordnung möglich; diese Ordnung baut auf den Errungenschaften früherer schöpferischer Zeitalter auf, erreicht eine höhere Entwicklungsoktave und hebt den Grad der Schönheit.

Die Erde kann nur durch diese zweite Schöpfungsmethode ihr Potential vervollkommnen, nur durch menschlich verkörperte ewige Wesen vermag sie die universellen Absichten als ihre eigenen zu erfahren. Du bist eines der ewigen Wesen, mit denen ich dieses Ziel teile. Dein menschlicher Körper ist eine Komposition vielschichtiger, miteinander verwobener biologischer Systeme, von denen einige zu nichts anderem da sind, als schöpferische Energien zu sammeln. Diese Systeme können die schöpferischen Ströme konzentrierter Aufmerksamkeit viel genauer lenken, als es einem nicht verkörperten Bewußtsein jemals möglich wäre.

Wenn die menschlichen Egos das Bewußtsein ihrer ewigen Partner wieder in die menschliche Form einströmen lassen und gemeinsam an den eigenen vergessenen Zielen arbeiten, gehört das historische Zwischenspiel endgültig der Vergangenheit an, und die schöpferische Entfaltung dieser Welt setzt sich fort. Die Erde wird mehr Früchte tragen als historisch jemals möglich war, denn durch die menschliche Familie hebt ein völlig neuer Schöpfungszyklus an — eine zweite schöpferische Bewegung, die sich von der ersten unterscheidet wie das Solo von einer Orchestersinfonie.

Erwacht, bist du ein Meisterkünstler, ein Musiker, der die gleichen Loblieder singt wie Vater Stern für Mutter Erde. Du wirst dich an Lieder erinnern, die imstande sind, Wurzeln und Bäume, Blumen und Blätter, Wolken und Steine zu wecken. Doch es geschieht noch mehr, denn nicht verkörperte Geister könnten diese Dinge auch ohne menschliche Hilfe vollbringen: Du wirst dich jener Lieder entsinnen, die nur erwachte Menschen singen können, der Lieder, die Metalle aus der Erde locken, die Elemente, Mineralien und Materialien aus großer Entfernung durch die Macht ihrer wahren Namen an sich ziehen.

Du spürst die Schwingungsfrequenzen oder Vibrationskanäle jeder Pflanze, jedes Tiers und jedes Minerals. Du erkennst die Energieströme, aus denen heraus sie leben und sich bewegen. Wenn du erwacht bist, wird dir klar, wozu dein menschlicher Schaltkreis dient: als ein System des Einfühlungsvermögens, der Darstellung und der Schöpfung, erschaffen, um Biologie zu wecken und zu regulieren. Du weißt, daß die Systeme und die Geschöpfe, daß alle Aspekte dieser aktiven Biosphäre sich folgerichtig im menschlichen Körper fortsetzen. In dir wirst du die Drüsen und Organe aktivieren, die in Wechselbeziehung zu den Tier-, den Pflanzen- und Gesteinsgattungen der Erde stehen. Du wirst ihre Frequenzen fühlen und wissen, wozu sie dienen.

Du wirst die Lieder singen, die den Garten dieser Welt bestellen, Lieder, die ihre Lebensformen nähren und erfüllen, die ihr Klima regeln und ihren Regenfall lenken. Du wirst dich an die Lieder des Windes und des Regens erinnern, die Lieder der Jahreszeiten, der Anrufung und des Segens, an die Lieder der Liebe und die Lieder, die der Erde helfen werden, eine fruchtbare Lebenssphäre zu erhalten, eine Aufgabe, die sie jetzt allein verrichtet, oft trotz der Menschheit, statt von ihr unterstützt. Und in dir werden Lieder aufsteigen, die neue Geschöpfe hervorbringen, neue Arten, die die Unterschiede zwischen den heutigen Lebensformen zu den Geschöpfen überbrücken, die die Biologie auf die Sterne tragen.

20.

Ein zweites Zeitalter universeller Schöpfung

Ich möchte, daß ihr den Geist Gottes zuerst durch eure Nächsten, in der menschlichen Familie, kennenlernt und dann erst durch die Geschöpfe der Welt: durch die Vierbeiner und die Geflügelten, durch die Fische, die tief im Meere schwimmen, und die Pflanzen, die in gesunder Umwelt gedeihen. Ich möchte, daß ihr mich durch die vielen kennt, denn so erfahre ich mich selbst in diesen Reichen.

Ich komme nicht in diese Welt, um der Eine zu sein — das bin ich immer gewesen! —, sondern um du zu sein. Ich möchte die Welt durch deine Augen sehen, möchte mit dir gemeinsam die Schöpfungsarbeit weiterführen und mich mit dir am schon Geschaffenen erfreuen.

Nur eine Individualität wogt durch alles, was ist, umfaßt das Universelle und das Persönliche. Sie zerstiebt an den hiesigen Küsten der Zeit und läßt in ihrem schöpferischen Kielwasser leuchtende Persönlichkeitshüllen zurück, welche dann zu Geschöpfen der geistigen und der Formenwelt werden. Diese Welle ist der Strom meiner ewigen Liebe. Er führt eine Intelligenz mit sich, die ihr mit mir teilen, an die ihr euch erinnern und die ihr als die eure erkennen sollt.

Während dieser Übermittlungen spreche ich zuweilen durch die Perspektive der Vielen, der Engel, die um die Quelle ihres Seins in meiner Ganzheit wissen.

Zu anderen Zeiten spreche ich als der Eine, als dein Schöpfer und als deine Quelle.

Wenn ich in der ersten Person spreche, unterscheide ich zwischen den menschlichen Egos und dem Geiste Gottes, denn so wie sich die Zellen eines Körpers voneinander unterscheiden, weichen auch diese beiden voneinander ab. Doch diese Form der Anrede soll nicht den Geist der Menschen von meinem unterscheiden. Jeder Geist entstammt derselben Quelle und kehrt zu ihr zurück. Ich wähle diese Anrede in der ersten Person nicht, um deine Kenntnis von dieser Quelle zu mindern, sondern um sie zu erhöhen, damit du dich am Ende gar erinnerst.

Bleibt dein Ego allein zurück, während du und ich uns miteinander verständigen — bedeutet das Erziehung, und es ist gut so. Doch wenn dein Ego auflebt und wir gemeinsam in Einheit die irdische Welt erfahren — dann geschieht Schöpfung. Das ist Gnade an sich, eine Vereinigung, wunderbarer als jeder Geschlechtsakt. Sie regt gesetzmäßige Abläufe an, die meine gesammelte Aufmerksamkeit und daher neue Schöpfung auf die Erde bringen. Dem menschlichen Ego bringt sie Erfrischung aus den Strömen tiefster Wahrheit, die jedes Ziel, jede Sehnsucht, jeden Beweggrund für sein Dasein erfüllen.

Denn dein Ego und mein Geist, wir lieben uns ewig. Während der vielen Jahrtausende menschlicher Geschichte haben sich die Egos nach meiner Gegenwart gesehnt, und ich habe auf ihre Rückkehr an ihren wahren Platz im Plan der Schöpfung gewartet. Doch sie waren blind für meine Gegenwart. Wenn überhaupt, erfuhren sie nur flüchtige Augenblicke meiner Liebe. Und doch habe ich deine Rasse auf einem genau bemessenen Pfad geleitet, der euch zuletzt hierhergebracht hat, zu diesem Zeitpunkt, wo die Verständigung zwischen uns klar und bewußt ist.

Das Liebeslied, das dir in den Sinn kommt, wenn du dein Herz aufs neue deiner Quelle zuwendest, ist ein liebevoller Strom aufmerksamer Energie. Wenn du diese Liebe annimmst, dann spürst du, wie umfassend dich dein Schöpfer liebt, der dir das Leben geschenkt hat. Du tauchst ein in diese Liebe. Du fühlst, wie für dich gefühlt wird, und erkennst, daß diese Liebe alles, was du schaust und antriffst, neu erschafft.

Ihr seid die Rasse, durch die ich meine Schöpfung liebe, und die Mittel, mit denen ich ihr ganzes Potential entfalte. Ihr seid meine Gabe an die Welt, die die Welt mir nun zurückgibt. Wo immer diese Welt noch nicht in ihren vollsten Möglichkeiten aufgeblüht ist, wird eure Liebe, werden eure Gedanken und Taten, die das Wachstum nähren, ein Klima für dies Blühen schaffen.

Wenn du dir erlaubst, meine Liebe zu dir ganz anzunehmen, dann wirst du fähig, so zu lieben, wie ich liebe. Diese Liebe macht dich zu einer bewußten Zelle meines Denk- und Ausdrucksorganismus in der irdischen Dimension. Während du deinen menschlichen Körper und deine Persönlichkeit behältst, weißt du gleichzeitig, daß du eins mit deinem Schöpfer bist. Jedoch: der einzelne ist nie die Ganzheit Gottes!

Der Gott, der in dir lebt, lebt ebenso in allen Menschen, obwohl ich in einigen geachtet, in anderen aber verleugnet werde. Mein Geist offenbart sich in allem biologischen Leben, in allen Dingen, im Leben der Planeten und der Sterne, von der größten Spiralgalaxis bis zum winzigsten subatomaren Teilchen.

Jedes Geschöpf ist entworfen, bestimmte Eigenschaften meiner selbst auszudrücken und sich dabei auf besondere Merkmale von mir zu beschränken. Deshalb schuf ich Einzelwesen.

Während ich die letzten Stufen des bewußten Erwachens deiner Rasse durchschreite, gibt es einzelne Menschen, die dabei sind, diese große Wahrheit zu erkennen, doch die Dinge durcheinanderbringen, indem sie sagen: „Ich bin Gott". Solch eine Behauptung ist unnötig. Meist stiftet sie nur Verwirrung. Der Mund, der diese Worte spricht, verkündet, daß der Sprecher — wenn er erwacht ist — ein persönlicher Ausdruck Gottes ist, ein Teil Gottes, sein Diener, sein Vertreter und eins mit ihm im Geist. Doch so, wie er beschaffen ist — in menschlicher Form — bewohnt dieser einzelne eine Welt vieler verschiedener und doch geistig gleicher Wesen, von denen keines größer ist als das andere.

Jene auf der ganzen Erde, die mein Bewußtsein teilen und ganz eng mit mir zusammen am planetarischen Erwachen arbeiten, jene, die heilen und unterrichten, sind nicht größer als solche, die das nicht tun. Selbst jene, die andere das Fürchten lehren, sind geistig nicht niederer. Sie schlafen nur noch, so wie du selbst vor nicht allzulanger Zeit geschlafen hast. Einige mögen beim Weizen sein, den ich bei der Ernte dieses Zeitalters sammle, und andere bei der Spreu, die ausgesondert und in einem anderen Reiche weiter unterrichtet wird; doch selbst zwischen diesen beiden gibt es keinen geistigen Unterschied. Unter denen, die meine Gegenwart bewußt teilen, gibt es kein größer oder kleiner, keinen Meister oder Diener, weder Fürsten noch Gemeine.

Vor den Augen Gottes sind sie alle gleich, die Erwachten und all jene, die in Erziehungsprozessen stecken, die zum Erwachen führen. Nach meinem Erwachen im kollektiven menschlichen Bewußtsein wird sich das schöpferische Streben der erwachten Menschen vielfältiger auswirken als in den Rollen, die sie im historischen Zeitalter spielten, und doch wird es keine Hierarchie und keine herrschende Klasse geben. Ihr werdet euch als Familie fühlen, die die Freuden, das Bewußtsein und die Erforschung dieser dimensionalen Frequenzen teilt und in spiritueller Gleichheit zusammenarbeitet, um deren Potential zu verwirklichen.

Der Strom des Lebens

Es gibt Christen, die mein Kommen als ein Phänomen erwarten, das sie aus sicherer Entfernung beobachten können, während sie die Handlungen anderer beanstanden, sich selbst aber zurückhalten und unverbindlich zuschauen. Doch das Ereignis, das die Christen als die zweite Ankunft Christi erwarten, ist kein Ereignis für Zuschauer. Es ist eine mitreißende Flut kraftvoller Verwandlung, ein dahinschießender *Bewußtseinsstrom,* der alle einlädt, durch den alle gehen müssen, während dieses Bewußtsein wächst und schließlich die Erde überflutet.

Mit der kommenden Jahrtausendwende wird das letzte Jahrzehnt meines Erwachens im Feld des kollektiven Menschheitsbewußtseins anheben. Es werden die letzten zehn Jahre eines Prozesses sein, der viele Jahrhunderte gedauert hat, eine Zeit gewaltiger Veränderungen, während der sich ein Großteil der Menschheit diesem Bewußtseinsstrom anschließt und die Reiche der Geschichte für immer hinter sich läßt.

Der Bewußtseinsstrom, von dem ich spreche, ist der Fluß meines ewigen Lebens.

Er ist die Trennlinie zwischen den unbewußten Reichen — dem Hintergrund meiner Schöpfungslandschaft, wo die Geschöpfe ihren Ursprung in Gott nicht kennen — und den bewußten Reichen, in dem alle Geschöpfe wissen, daß sie Ausstrahlungen eines vereinten Seins sind, Mitschöpfer, die ein gemeinsames Bewußtseinsfeld persönlich bündeln. Im letzten Augenblick meines Erwachens, einem Zeitpunkt, der für viele ewig dauern wird, schließen sich alle Menschen, die sich dem Fluß des Lebens noch nicht hingegeben haben, diesem an, wenn auch nur für einen winzigen Augenblick ihrer Aufmerksamkeit. Alle, die noch nicht gewählt haben, werden sich dann für eine Zukunft auf der einen oder der anderen Seite des Lebensflusses entscheiden. (Jene, die sich für die unbewußten Reiche entscheiden, treffen keine endgültige Wahl, doch für viele von ihnen wird viel Zeit vergehen, bis sie wieder wählen werden.)

Die Geschichte der Menschen glich einer Stadt, die während der Jahrhunderte immer dichter an den Fluß des Lebens heranrückte, einer Stadt, die einst in den unfruchtbaren Bergen gegründet wurde. Die Wanderungen der Geschlechter führten das Volk allmählich entlang der Nebenflüsse, die die Berghänge bewässerten, stromabwärts, tiefer und tiefer in das Tal des Stromes zu den fruchtbaren Ebenen, die seine Ufer säumten.

Am Ende des 20. Jahrhunderts siedelt eine neue Generation — deine eigene — unmittelbar an den Ufern dieses Flusses. Schon haben die Vorreiter unter euch begonnen, das andere Ufer zu erforschen. Bald werden gewaltige Menschenmassen den Fluß von einer Seite auf die andere überqueren, aus den unbewußten Reichen, in denen Angst die Hauptantriebskraft ist, zu den bewußten Reichen, die nur die Triebkraft der Liebe kennen.

Die wenigen unter euch, die zurückbleiben wollen, werden auch weiterhin versorgt. Sie werden ein weiteres Zeitalter der Geschichte erleben, ganz ähnlich der Geschichte, die die Menschen in der Vergangenheit erfuhren. Für sie wird es gute und höllische Zeiten geben, während sie langsam ihren Weg durch dieselben Lernprozesse suchen, welche die Mehrheit von euch bereits durchlaufen hat, weswegen ihr jetzt imstande seid, über die Schatten der Illusionen hinaus zum bewußten Ufer des Flusses zu wechseln.

Unterschätze nicht die Kraft hinter den Gewalten, die jetzt deine Welt verändern. Die sanften Einflüsse unserer Erziehung tränkten viele Jahre stetig die unbewußten Berge und Hügel menschlicher Vorstellungen. Die Wasser der Wahrheit haben die kleineren Flüsse noch nicht anschwellen lassen und die Straßen der Uferstadt noch nicht überschwemmt, doch das Donnern ihres Nahens ist vernehmbar und wird beständig stärker. Schon hat der Donner grundlegende Veränderungen bewirkt, obwohl erst wenige den Grund erkennen. Doch noch viel größere Veränderungen werden geschehen.

Jene, die versuchen, Beobachter zu bleiben und von einer intellektuellen Entfernung aus zu urteilen und zu kritisieren, werden einen wachsenden Druck verspüren, über ihre Glaubensmuster hinauszuwachsen und sich dem mitreißenden Strome anzuschließen. Während der Strom anschwillt, wird der Druck so unwiderstehlich, daß alle vergangenheitsbezogenen Verständnismuster von den lebendigen Wassern weggespült und in ihnen aufgelöst werden. Manche mögen versucht sein, sich rasch noch auf ein Hausdach zu retten, um einen Augenblick länger ihre wichtigsten Grundsätze zu verteidigen, doch die Übung ist vergeblich und erspart ihnen am Ende nichts. Der Fluß, der in diesem Zeitalter Hochwasser führt, wird die ganze Stätte früherer menschlicher Lebensweisen überfluten. Bevor deine Generation gegangen sein wird, schließen sich alle den Wassern an, entweder durch ihre eigene Entscheidung oder weil die Wasser zu ihnen gedrungen sind.

Das Anschwellen des Lebensflusses ist ein Bild. Es gibt keine Flut wirklichen Wassers, die die Erde überspült. Die Flut, von der ich spreche, ist ein Strom steigender Schwingungsfrequenzen.

Mein Schwingungsfeld weckt Leben in dieser materiellen Welt, durchdringt ihre Atmosphäre, ihre Systeme und Geschöpfe. Historisch unterschied sich mein Schwingungsfeld vom Feld des allgemeinen menschlichen Bewußtseins, doch das gerade wird jetzt anders. Allmählich erlaube ich meiner Liebe wieder, frei für diese Welt, für ihre Völker und Geschöpfe zu fließen, und indem ich zunehme, entferne ich die historischen Einschränkungen, die ich ihr einst auferlegt habe. Diese Beschränkungen wurden am Anfang der Geschichte eingesetzt, damit die angstbestimmten Menschen deiner Rasse, der größere Teil der Menschheit, einen Erziehungszyklus überleben konnte, ohne sich selbst zu zerstören.

Während diese Beschränkungen jetzt aufgehoben werden, verstärken sich meine schöpferischen Energien. Alle, die anderen Grund zur Angst geben, werden nicht länger mehr vor den Auswirkungen ihrer Taten geschützt. Jetzt müssen sie ernten, was sie säen. Das Jüngste Gericht, wie ihr es nennt, ist längst im

Gange, doch nicht ich bin es, der hier richtet. Ihr richtet euch höchstselbst und wählt damit eure Zukunft. Die Klangfülle des Liebesliedes, welches das Leben auf diesem Planeten heraufbeschworen hat, wächst ständig an. Mit jedem neuen Tage wird es schwieriger, ohne die Harmonien dieses Liedes zu leben.

Ich versichere allen, die sich noch in historischen Sachverhalten befangen fühlen: keine menschliche Gewalt, keine amtliche Behörde, überhaupt kein Einfluß kann euch davon abhalten, meinen Bewußtseinsstrom in euch zu entdecken, wenn ihr nach ihm suchen und seiner Existenz gewahr werden wollt. Meine Gedanken fließen in jedem Augenblick, mit jedem Atemzug in euer Bewußtsein. Sie erreichen euch auf den Strömen eurer Bewußtheit. Wendet eure Augen von den vorgefertigten Erklärungen ab, schaut einfach auf und seht wieder klar.

Einige entdecken meinen Bewußtseinsstrom in dem Augenblick, in dem sie an seine Gegenwart in sich selbst erinnert werden. Bei anderen muß erst der Verstand überzeugt werden, und sie brauchen länger, um ihre Programme loszulassen. Die einen sind nicht besser als die anderen. Tatsächlich sind viele der letzteren die besseren Lehrer und Heiler, weil sie langsamere Erkenntnisprozesse durchlebt haben. Sie werden wahrscheinlich nicht so leicht vergessen, daß sie erst gestern die Dinge noch betrachtet haben wie die Schlummernden.

Es gibt keinen Grund, warum man nicht augenblicklich erwachen sollte. Jene, die das erfahren, sind wahrhaft gesegnet. Doch diese schnell Erwachten wären gut beraten, ihre ersten Handlungen in der Welt demütig und still zu verrichten und sich nicht abzusetzen oder ungenügendes Mitgefühl für jene zu zeigen, die noch Zeit brauchen, um zu erwachen. Kein Mensch soll über einen anderen urteilen.

Die Kranken und Heimatlosen, die Bettler an der Straßenecke sind vielleicht trotz allem, was die Urteilsfreudigen zu wissen glauben, meine wichtigsten Heiler in jenem besonderen Stadtviertel; vielleicht sind sie auch die Mittel, durch die ich einer zögernden Familie die Lehre erteilen werde, die für sie die Sache vollkommen ändert. Vergeude keine Zeit damit, dich oder andere zu beurteilen. Nimm alles ohne Einschränkung an. Du wirst nicht lange schlafen.

In einigen erwache ich im Nu, in anderen langsamer. Ich verkörpere mich durch all jene, die mich in ihrem Leben willkommen heißen. Und durch jeden einzelnen von ihnen ziehe ich wieder andere ins Licht. Jeder neu Erwachte wird zu einer klingenden Erinnerung an das Bewußtsein, das in jedem Menschen lebt und hilft, daß es mit der Zeit in allen wach wird.

Religion

Versammlungen in Kirchen und den großen Kathedralen der Erde werden machtvolle Aspekte der bevorstehenden planetarischen Verwandlung sein. Viele Versammelte werden im Augenblick des Quantenerwachens in wenigen Jahrzehnten singen. Diese Gruppen sind wertvolle, standfeste Pfeiler ihrer Gemeinschaften, Punkte der Stabilität, wo die wirbelnden Energien der Veränderung einige Dinge nahezu unangetastet lassen.

Doch es gibt eine andere Art von Kirchen, und ihr werdet den Unterschied nicht an ihrer äußeren Form erkennen, sondern am Geist ihrer Versammlungen.

Schließt euch nur den Vereinigungen an, die eine Atmosphäre der Liebe schaffen, die das Gefühl der Trennung auflösen helfen, das die Menschen untereinander und mit ihrem Gott entzweit; tretet Vereinigungen bei, die alle ohne Urteil empfangen, den ewigen Geist in allen erkennen und diesen in jedem hervorlocken. Solche Gruppen sind mit der Atmosphäre des Himmels vertraut. Nach ihren Treffen werden die Menschen heimgehen und wissen, daß ich in ihnen bin.

Menschen, die solche Treffen ermöglichen, werden dir Schwestern, Brüder und Freunde sein. Sie werden betonen, daß jeder Mensch Zugang zum Bewußtsein des ewigen Lebens hat; ihre Worte werden daran erinnern, daß sich der Geist Gottes ausdrücken will — nicht nur im Gottesdienst, sondern immer, in jedem Augenblick.

Es gibt keinen Ort, an dem Gott nicht gegenwärtig ist, sondern nur Menschen, die da, wo sie sich befinden, nicht wirklich gegenwärtig sind. Du mußt nur da sein, um alles zu wissen, was du wissen mußt.

Glaube nicht, daß dein Verständnis größer sein sollte, und vergleiche es auch nicht mit anderen. Schließe deine Lebensenergie nicht kurz, indem du trachtest, an deinem Zugang zur Wahrheit zu arbeiten, ihn zu verändern oder zu verbessern. Beginne der Wahrheit zu vertrauen, die ich in dir geschaffen habe, *der Wahrheit, die du selbst bist.*

Ohne Liebe kann man Gott, sich selbst und die Wirklichkeit nicht verstehen. Wenn du die neue Taufe erleben willst, jene Taufe, die den Geist der Menschen mit den lebendigen Wassern der Wahrheit reinwäscht, mußt du alles, was du weißt und was du glaubst, den Strömen der Liebe überantworten. Alles Wertvolle wird bleiben und neubelebt in frischer Klarheit funkeln. Doch die Illusionen deiner geschichtsgebundenen Erkenntnissysteme werden nicht mehr gelten. Sie werden ausgelöscht, aufgelöst, als ob sie nie gewesen wären. Denn in Wahrheit waren sie nie wirklich.

Wenn du dich von dieser Taufe erhebst, wirst du noch immer Bilder und Vorstellungen deiner Sprache benutzen, doch in der Gegenwart, in der du dann lebst, werden sie wie wilde Blumen sein, die in fröhlicher Fülle am Rand des Wassers wuchern — nicht wie die spröden Blüten, deren gepreßte Blätter zwischen den staubigen Bänden der Jahrhunderte, ja der Jahrtausende, weit über ihre Blütezeit hinaus eingeschlossen waren.

Du mußt Spiritualität nicht studieren.

Die Wahrheit, die dein Leben verwandeln und deinen Geist ernähren wird, kommt aus dir und nicht aus äußeren Quellen.

Ich habe dich nicht in diese Welt gerufen, damit du die menschlichen Vorstellungen ehrst, sondern in dir den lebendigen Geist der Liebe weckst und diesen Geist in allem, was du tust, zum Ausdruck bringst. Es ist unmöglich, die Wirklichkeit Gottes durch die Erfahrung eines anderen kennenzulernen.

In diesem Zeitalter und in allen früheren Geschichtsepochen ist die Verehrung falscher Götter weit verbreitet. Viele Glaubensrichtungen orientieren sich ausnahmslos nach Begriffen. So sind sie zu dogmatischen Institutionen geworden, die das menschliche Denken verehren oder die Erklärungen ihrer Gründer oder gegenwärtigen Leiter. Viele Stifter der verschiedenen christlichen Konfessionen waren aufrichtige, einsichtsvolle Menschen, durch die mein Geist wirkte. Doch in dem Maße, wie du dich selbst in den Kerker *ihrer* Auffassungen sperrst, habe ich in meiner Arbeit durch sie versagt.

Wenn sich dein geistiges Leben an Theologie ausrichtet, verehrst du den *menschlichen Verstand* — das ist die Gottheit, die einst in der Wüste Sinai als goldenes Kalb dargestellt wurde. All jene, die statt Gott menschlichen Überzeugungen huldigen, täten besser daran, ihre Götter physisch darzustellen. Dann würden sie wenigstens klar erkennen, was sie tun.

Suche hinter jeder Kultur, hinter jedem Ritual, jeder Zeremonie, jeder Feier, die du erlebst, nach der Wahrheit. Freue dich an der reichen Andersartigkeit, in der sie sich ausdrückt. Sei dankbar, wenn dich die Worte anderer an eine Wahrheit erinnern, die du vergessen hast; sei dankbar für jene, die dir helfen, das auszudrücken, was du weißt — neue Sätze, neue Begriffe gar — doch übernimm sie nicht unbesehen. Sprich nur von deiner eigenen Erfahrung, und du wirst immer in der Wahrheit sein.

Steh neuen Gedanken immer offen gegenüber. Höre die Standpunkte anderer an. Doch laß nicht zu, daß einer dich in Frage stellt; denn *ich* zweifle nicht an dir. Und warum solltest du an jemandem zweifeln, dem Gott vollstes Vertrauen schenkt?

In der Sprache des Lichts gibt es für *Verstehen* und *Wahrnehmen* nur ein Wort, und dasselbe gilt für andere untrennbare Phänomene.

Doch das weißt du eigentlich schon alles …

21.

Der Garten der bewußten Gegenwart

Du und ich, wir sind Gärtner im Garten der Bewußten Gegenwart. Wir lenken die Substanz der Vergangenheit in die Konzepte der Zukunft. Ich bin die Quelle des Gartenplans, und durch dich kehre ich in den Garten zurück. Zusammen bestellen wir die Felder der Möglichkeiten, entlocken ihnen Stoffe unerschöpflicher Schönheit, gestalten Wunder und manifestieren immer wieder neue Ordnungen.

Während jeder universelle Zusammenhang spiralförmig seiner Reife entgegentanzt, gebärt er in sich neue, kompliziertere Zusammenhänge. Er setzt frühere Maßstäbe außer Kraft und eröffnet Unmengen neuer Welten, die es zu erforschen, zu bewohnen, zu genießen gilt. Jede folgende Manifestationsordnung wird zur Grundlage neuer Ordnungen. So verbinden sich neue Geschöpfe in den Feldern der Möglichkeiten und bewohnen, während sich das unendliche Potential ewig aus dem Herzen Gottes ausspinnt, jedes begehrenswerte Reich.

Das Universum weitet sich schneller aus, als das Licht davon berichten kann. Deshalb sind wir gekommen. Wir malen die Vision der Ewigkeit auf die Leinwand der Tage und Minuten.

Willst du zusammen mit mir wieder auf den Gartenpfaden wandeln? Nackt und unschuldig in der Morgensonne? Du mußt dich nicht schämen. Der Fall, von dem du hörtest, ist kein unwiderruflicher Sturz, sondern eher ein zeitlich begrenzter Verlust der Sicht. In meinen Augen sind es die ersten Stolperschritte eines Kindes. Keine große Sache! Mag sein, daß dein

Knie zerschrammt ist, doch das ist deine Geschichte, nicht dein Schicksal. Wenn der Schmerz noch frisch ist, kann ein Kind das schwer begreifen, doch löse deine Augen vom Boden. Du erblickst keinen erzürnten Gott. Ich habe zuviel gesehen, um übermäßig beunruhigt zu sein. *Du* hast diese Sache so ernst genommen. Ist das Knie aufgeschlagen, dann ist es nur natürlich, sich auf die verletzte Haut zu konzentrieren, doch verliere nicht den Rest des Körpers aus den Augen, der gesund und stark geblieben ist.

Ich habe Mitleid mit dem Schmerz von gestern, doch meine Gedanken weilen bei der heutigen Heilung. Ich halte nichts von der Neigung der Geschichte, sich am Bösen zu weiden.

Bei deinen ersten Schritten, wenn du dich aus dem Schweigen des gefallenen Bewußtseins erhebst, um wieder zu jener Majestät zu erwachen, die du mit dem Sternenmacher teilst, unterstützen dich die Arme der Erde mehr, als du ahnst. Sie hält nur das im Bewußtsein, was für den Augenblick notwendig ist. In diesem Augenblick wendet sie alles, was ihr begegnet, bestmöglich an, ohne sich darum zu kümmern, wofür du dich gestern hieltest und was du morgen zu sein glaubst; sie achtet nur darauf, was du heute zu sein wagst. Die Erde gibt alles für die Erfüllung jener Vision, wie auch immer diese sein mag. Sie gibt sich der Entwicklung, dem Wachstum und dem Glück all ihrer Lebensformen hin, ihren Mineralien, ihrer Tierwelt, den Fischen ihrer Meere und den Vögeln, die über ihren Sommerwolken schweben.

Sie gibt sich dir hin. Sie will deine Träume verwirklichen. Sie will dir deine Gedanken zurückspiegeln. Verkörpert.

Diejenigen, die die Erde vermenschlichen und ihr engstirnige Rache zutrauen, kennen ihre Mutter nicht. Weder der Schöpfer noch die Erde versagen dir Vergebung für deine Entscheidungen. Dir ist schon vergeben, wenn du die Entscheidung triffst.

Es ist weise, wenn ein Gärtner den Boden untersucht, doch es kommt die Zeit, in der du deine Augen gen Himmel heben sollst, aus dem die Sonne strahlt und der Regen fällt.

Komm, laß uns die Pfade dieser Gedanken noch weiter verfolgen. Laß sie deine Wahrnehmung bis an die Energieströme führen, die diese Welt beleben. Fühle die Liebe der Erde zu dir. Die Liebe, die als das Licht der Sonne scheint. Die ewigen Ströme der Liebesenergie. Wenn du Gottes Wahrnehmung vollkommen teilst, bist du gleichzeitig Besitzer und Diener all dessen, was du wahrnimmst. Beobachte das Potential jedes Flußtales, jedes Feldes, jeder Gemeinschaft, erkenne dieses Kraftfeld als dein eigenes und entwickle es weiter, um das Aroma und die Gewebestruktur, die Möglichkeiten und die endlose Schönheit des Lebens immer mehr zu offenbaren. Gib dich frei in den natürlichen Bewußtseinsfluß, der dir ganz ohne Anstrengungen gehört. Schau, wie leicht, wie einfach das ist, wie es selbst ohne deine Gedanken weitergeht.

Fühle, wie der Fluß der Wahrnehmung aus deinen Augen strömt. Spüre, wie er über diese Seiten fließt, durch deine Arme streicht und an deinem Körper entlang in die Atmosphäre um dich strömt. Das ist der neue Himmel, die schöpferische Wahrnehmung, die du aufnehmen sollst, dein natürliches Sehvermögen. Löse alle Gewohnheitsmuster, die den Fluß dieses Bewußtseins hemmen könnten. Erlaube, daß deine alten Erklärungen von der Welt wegfallen. Siehst du das Mosaik der Informationsenergie, das dieser Welt Gestalt gibt? Diesem Garten?

Du bist nicht aus dem Paradies vertrieben worden. Deine eigene Vergangenheits- und Zukunftsorientierung blendete dich für dessen Anwesenheit in dir und um dich her. Jetzt wird dir alles in der Stille deines Herzens offenbart. Bewußtsein plätschert in sanften Wellen an die Ufer deines Gewahrseins, deiner Gegenwart.

Wie der Windhauch sanft flatternder Flügel atmet dich die Ewigkeit in dir, atmet deine menschliche Form. Schaue jenseits der Panzer menschlich eingegebener Gedanken den neuen

Himmel und die neue Erde, die in einer Welt schweben, die Gott *ist*, in einem Universum, das Gott in allem offenbart, was du bist.

Du bist das Bewußtsein Gottes, sein Wahrnehmungsorgan in diesen Reichen. In Gottes Sein bist du der Weg, auf dem die Ewigkeit die Welt hier fühlt. Es ist nicht anstrengend, sich zu erinnern. Was du behalten mußt, kannst du, genau wie deinen Namen, nicht mehr vergessen: jene Natur, die dich mit demselben Atem füllt, der diese Welten atmet.

Das Königreich des Himmels eröffnet sich dir wie eine fruchtbare Landschaft nach dem Überschreiten eines Gebirgspasses. Selbst in deiner dunkelsten Stunde haben dich nur deine Auslegungen davon abgehalten, es wahrzunehmen. Du hast immer in Gottes Sein gelebt. Man kann nirgendwo anders leben. Außer in der Illusion!

Wenn du deiner ewigen Natur wieder gewahr wirst, erkennst du, daß eine wahrhaft gewaltige Anstrengung nötig war, um die Illusion der Geschichte aufrechtzuerhalten. Es bedurfte stetiger, massiver Bemühungen, um deine inneren Informationssysteme zu überrollen und dein instinktives Wissen zu mißachten. Ein dauernder, wenn auch unbewußter Kampf war nötig, um diesen Wahrnehmungsfluß zu blockieren. Es war schwierig, die Maske eines abgespaltenen Einzelmenschen beizubehalten, der alle anderen ausschließt. Jetzt mußt du dich um deine Identität nicht mehr sorgen. Sie ist ein natürlicher Arm des Lebensflusses, nicht mehr und nicht weniger.

Dein Unternehmungsgeist, deine Einsicht, deine Freiheit, die Persönlichkeit, mit der du ausgerüstet bist, diese große Stunde — das sind deine Geschenke. Gebrauche sie und alles, was du bist, um den großen Übergang für die menschliche Familie zu erleichtern. Hilf mir inmitten der menschlichen Kultur und sorge für die materiellen Bedürfnisse meiner Geschöpfe, während ich schneller werde und das Erwachen zum

Abschluß bringe. Mach es den Menschen, die um dich sind, leichter, schirme keinen in übertriebener Bequemlichkeit ab, sondern achte darauf, daß möglichst vielen Kindern der Erde ihre Grundbedürfnisse nach Wasser und Wärme, nach Nahrungsmitteln, Schutz *und Verständnis* erfüllt werden.

Jene, die keine Zäune um sich errichten, bauen auch keine Zäune um die materielle Welt. Nur jene, deren Persönlichkeit begrenzt ist, begrenzen auch ihre Welt, umzäunen Gegenstände und Landschaften, sperren Geschöpfe ein und zerteilen den Besitz.

Wem gehört der Morgen? Wem gehört der Regen, der die Ernte auf den Feldern weckt, oder der Wind, der im Unwetter über dem Meere tobt? Beansprucht jemand unter euch, das Sonnenlicht zu besitzen oder den Schatten, den die Erde auf den Mond wirft?

All diese Dinge und noch viel darüber hinaus gehören dir in der Fülle deines Geistes, doch sie sind nie und werden auch niemals das Eigentum von einzelnen sein. Das betrifft auch das, was dir die Erde schenkt. Danke Gott, der Quelle aller Dinge, danke ihm für alles, was auf dem Felde deiner Verwaltung gedeihen mag, geh weise damit um und führe es dorthin, wo sein Wert anerkannt und verstanden wird. Doch wisse, daß selbst die schönsten Kunstwerke der erleuchtetsten Kulturen kein Glück dorthin bringen können, wo die Gegenwart Gottes unbekannt ist.

Wenn du dich schnell vom Banne der Materie lösen willst, dann teile deinen Besitz aus freien Stücken.

Sei verantwortlich in deiner Verwaltung und erlaube weder Mißbrauch noch Zerstörung dessen, was in deiner Obhut liegt; doch nimm das Materielle nicht wichtiger als das Leben selbst! Es hat nur da Wert, wo sich Leben ausdrückt. Dort, wo sein Wert überwiegt, wird der Ausdruck des Lebens eingeschränkt. Die viel besitzen, haben viele Sorgen davon. Unter denen, die im Bewußtsein Gottes leben, gibt es den Begriff des Besitzens nicht. Die Söhne und Töchter Gottes können keinen Baum, keine Blume, keinen Gegenstand, keinen Garten, nicht die ganze Welt wahrnehmen, ohne sie im wahrsten Sinne zu besitzen.

Das Gemälde besitzt den Maler nicht. Die materiellen Reiche sind deine Farbe, deine Leinwand. Du wirst nicht von ihnen genommen, und auch sie werden dir nicht genommen, denn du hast deinen Aufenthalt hier gerade erst begonnen. Jedoch sind diese *Dinge* deine Werkzeuge, nicht deine Meister. Wenn du das in deinem Inneren beherzigst, wird dir die Materie besser dienen und dich bewußter unterstützen, als du dir je erträumt hast.

Die Materie ist bewußt. Jedes Atom ist bewußt. Die Erde ist ein Lebewesen, welches das Leben auf seiner Oberfläche gewahrt und täglich Entscheidungen trifft, die sich darauf auswirken.

Das höchste Glück der Erde offenbart sich im Ausdruck belebter Schönheit und in der Schöpfung von Lebensformen und Ökosystemen, die ihr materielles Potential offenbaren. Die Erde achtet keine Menschen, welche die Schönheit, den Sinn ihres Lebens, nicht beachten. Darum mußte die Menschheit ihren Lebensunterhalt „im Schweiße ihres Angesichtes" verdienen, weil sie aufgehört hatte, die Erde zu verehren.

Die Erde verehrt dagegen Menschen, die vom Bewußtsein der Liebe erleuchtet sind. Sie zeigt diese Achtung, indem sie ihnen ihre Materie und Energie frei zur Verfügung stellt. Sie sorgt gut für die Gärtner, die ihre Ziele, ihre Schönheit und ihre Möglichkeiten ehren.

Universelle Gärtner erkennen die Schönheit der materiellen Welt an, doch weil sie ihr Leben geben — so wie die Natur ihres gibt — werden sie nicht in den Bann der Materie gezogen. Sie lieben und freuen sich an der Materie, ohne sie besitzen und den Weiterfluß zu anderen verhindern zu wollen. Weil nur das Nötige bei ihnen bleibt, fließt der Reichtum der Erde *durch* sie hindurch. Sie werden zu Kanälen, durch die der Segen der Erde anderen zuströmt. Sie lenken die Hilfsmittel dorthin, wo sie gebraucht werden, und werden Meister im Weggeben. Denn das ist schließlich die Natur Gottes.

Wenn du gelernt hast, Liebe zu empfangen, kannst du beginnen, mit der Liebe Gottes zu lieben. Liebe strömt dir von vielen Menschen, von vielen Geschöpfen zu; sie entspringt aus vielen Quellen der physischen Welt. Nimm die Liebe an, die von vielen Orten der Erde zu dir dringt. So wie sich die Erde der Sonne entgegenstreckt, wird sie auch dir die Hand reichen. Diejenigen, die die Liebe Gottes von der Welt um sie her empfangen können, erhalten die materiellen Dinge hinzu und geben sie freiwillig weiter.

Es besteht kein Bedürfnis mehr nach dem historischen Asketentum, das den Reichtum und den sinnlichen Segen der physischen Ebene verleugnet, doch während dieses Übergangszyklus' wird es zuweilen ein Bedürfnis nach einer Zeit, wo man nur klares Wasser trinkt, nach einer Zeit der Stille und vielleicht sogar nach Fasten geben. Dies wird dir helfen, die subtilen Gewohnheitsbande zu unterbrechen, die du in deinem Leben unbewußt mit der Materie eingegangen bist, und die viel wichtigeren Bande mit dem Geist zu stärken.

Die Verbindungslinien, Energiearterien, die dir Leben senden aus dem Zentrum Ewigen Seins, verstopfen, wenn materieller Besitz die größte Rolle spielt. In einer Gesellschaft, wo das der Fall ist, ist eine Zeit bewußter Reinigung und Stärkung dieser lebenswichtigen Kanäle für die anregende Energie zuweilen nötig. Es wird dein tagtägliches Verständnis festigen, daß *du in Gott wohnst und Gott in dir.*

Wenn du erwacht bist, mußt du nicht um die Befriedigung deiner materiellen Bedürfnisse kämpfen. *Du wirst durch dein Eintauchen in die schöpferische Entfaltung des Universums genährt.* Das geschieht allen, die wissen, daß ihre Quelle Gott ist. Du siehst die Schwingungsströme, die hinter und zwischen allen Dingen fließen. Du schaust Lichthüllen, Felder der Möglichkeiten, die im Äther jede manifestierte Form umtanzen. Du erblickst nicht nur die physischen Gegenstände, sondern auch ihre Ursachenfelder, die Hüllen der Energieabsicht, die deren Verkörperung in der Dimension veranlassen. Und außerdem nimmst du die Möglichkeiten wahr, die noch zu keiner Form gefunden haben. Du erschaust die Ideen der Ewigkeit, und unter ihnen wählst du diejenigen aus, denen du in die Welt der Zeit verhelfen willst. Deine Wahrnehmung genügt, um ihre Möglichkeitsfelder in die Faßbarkeit zu führen.

Das ist die Rolle der Menschen: die Vorstellungen der Ewigkeit in die Gewänder der Zeit zu kleiden. Das ist auch der Sinn des Gartens.

22.

Spuren einer vergehenden Gegenwart

Einst glaubte ich, vollkommen glücklich zu sein, doch dann entdeckte ich, daß Glück wie dieses Universum unendlich wachsen kann. Ich fand heraus, daß ich mein Glück steigern konnte, wenn ich Wesen schuf, die es mit mir teilten, und bei deren Wachstum, Spiel und Gedeihen ich zuschauen konnte. Und so belebte ich dieses Planetenfeld und erdachte diesen Biosphärenkörper, damit neue Wesen in das Wunderland biologischen Ausdrucks treten konnten, Geschöpfe, mit denen ich die Ewigkeit bevölkern konnte und meine Freude zu teilen vermochte. Je mehr Wesen die Reiche der Dimensionen erforschten, entwickelten und feierten, um so mehr wuchs meine Freude.

Der Gott, dem du dienst, ist ein Gott, der einzig lebt, um dir zu dienen.

Die Lehren, die ich gebe, können jene gar nicht hören, die meine Worte nur zergliedern, können jene nicht begreifen, die sich ihnen ausschließlich mit dem Verstande nähern. Denn ich komme nicht mit einem neuen Glaubenssystem. Ich komme, um einen Weg zu weisen, der im Herzen eines jeden Menschen liegt: den Weg der *Gotteserfahrung.* Ich bin ein Beispiel für diesen Weg und dafür, was hinter ihm liegt.

Es spielt keine Rolle, was du glaubst oder wozu du dich vor anderen bekennst. Wenn du den Lehren der Menschen traust, wenn du ihren Vorstellungen und Erklärungen größeren Wert beimißt als der *Liebe, die allein verstehen kann,* dann glaubst du an ein Gestern, nicht an Gottes Gegenwart. Du hängst von einer menschlichen Struktur ab, nach der du deine Augenblicke, deine Tage ordnest.

„Überlegt ihr immer noch?“ rief ich, nachdem ich Brot und Fisch vervielfacht hatte; denn sie versuchten, das Phänomen mit dem Verstande zu ergründen. Doch was die Vermehrung möglich machte, war das Aufgeben des intellektuell begrenzten Überlegens!

Mein Bewußtsein kann jene nicht erreichen, die um Verständnis ringen, kann nicht zu jenen dringen, die Gott in den Mikrowellen des menschlichen Verstandes zu finden trachten. Doch es gelangt zu allen, die ihre Umwelt liebevoll umarmen und der Liebe gestatten, ihr Sein zu lenken.

Solltest du während dieses rasch vergehenden Vierteljahrhunderts der Veränderungen nicht alles wahrnehmen, sorge dich nicht. Mit der Zeit wird deine Erkenntnis vollkommen werden. Setze alles, was du hast, an Einsicht ein und laß dein Wissen nicht untätig ruhen. Deine Einsicht wird sich steigern. Sie wird wie ein Samen wachsen, bis deine Bewußtheit ganz vollendet ist. Laß deine höchste Vision dein Leben leiten und wisse, daß das völlig ausreicht.

Ich verlange keine distanzierte Vollkommenheit. Ich habe kein Interesse an Heiligen, die sich von den Menschen anstarren und bestaunen lassen. Alle, die sich selbst für wertvoller als ihre Mitmenschen halten, fügen dem Gemeinschaftswohl nichts hinzu. Ich suche Menschen, die ihr sanftes Licht in jede Schule, an jeden Arbeitsplatz, in jeden Bereich des Dienens und des Austausches, in jede Schicht der gegenwärtigen menschlichen Ordnung scheinen lassen, die Bewußtsein, Einsicht und Demut bringen und frei die Fähigkeiten einsetzen, die ihnen selbst geschenkt wurden.

Wünsche dir kein anderes Bewußtsein. Wenn dein Bewußtsein vom ewigen Leben zu Anfang noch nicht ständig anhält, gib weder dir noch anderen oder gar der Gesellschaft die Schuld daran. Jene, die das Schwert der Schuld schwingen, sind Teil einer schlafenden Welt. Statt Sternschnuppe zu sein, deren rasche Bahn niemand versteht, ist es für manche besser, langsam zu erwachen, um die anderen allmählich mitzuziehen.

Grenzen des Verstehens sind nicht immer wertlos.

Von dir soll nicht gesagt werden: „Und das Licht schien in die Dunkelheit, und die Dunkelheit verstand es nicht"; denn das ist ein Irrtum des Lichtes.

Von dir soll gesagt werden: „Da ist jemand, in dem ich mich selbst finde, ein Freund, der meine Hoffnungen und Herausforderungen teilt." Sei jemand, mit dem andere Seite an Seite in einem allmählichen — und daher dauerhafteren — Prozeß des Erwachens arbeiten können. Oh, meine Kinder, wenn ihr euch nur selbst mehr vertrautet! Ich versichere euch, es gibt keinen Fehler, der nicht augenblicklich schon vergeben wäre.

Auf dem Weg zur Schöpfung gibt es keinen Fehltritt, der nicht zum Guten gewendet würde, so wie auch der Fall seinen guten Sinn erfüllt. Merkst du, daß dein Schritt schwankt, geh fortan bewußter weiter, doch vergib dir und nimm den Weg schnell wieder auf. Nimm dich an, so wie dich Gott angenommen hat. Liebe dich, so wie du bist.

Stets hat die Demut Vergebung ungehinderter um sich verbreitet als der Stolz. Du bist imstande, dich zu irren — und es ist gut, daß du es tust —, doch du kannst nicht versagen. Versagen ist die Illusion all derer, die ständig bei den Irrtümern verweilen.

Jene, die Angst vor Fehlern haben, dienen dem Gott der Angst. Ihre Liebe ist unvollständig. Schreite beherzt voran. Hab den Mut, deine Vision trotz deiner Ängste zu leben. Mehr ist nicht notwendig. Es gibt keinen Fehler, der — durch Aufrichtigkeit — nicht zum Vorteil würde, keinen Fehltritt ohne erzieherische Bedeutung. Wenn man freimütig vergibt und Gott vertraut, gibt es keinen Fehler, der nicht eine Lern- und Lehrerfahrung wäre, ein Trittstein für alle Beteiligten.

Auf solchen Steinen wird das Königreich errichtet. Über solche Steine treten Rassen von der Dunkelheit ins Licht. Es ist gut, daß das Licht zuerst nur Zwielicht ist, denn im Zwielicht wird niemand geblendet.

Während die Winde dieser Nachricht sanft durch dein Bewußtsein kreisen, bin ich es, der in deinen Gedanken webt und die Formen freisetzt, die du in Spannung und Angst gefangenhältst. Fühle, wie deine Wahrnehmung lockerer wird, wie sich deine Gedanken befreien und entspannen. Spüre, wie deine Wirklichkeit in diesen warmen Körper aus Wasser und Erde gleitet. Verkörpere dich ganz, mein Geflügelter, mein Engel, du Wesen des Lichts.

Die Erde wird durch dieselben Winde verwandelt, die heute durch dein Bewußtsein wehen. Erinnere dich, warum du diese Reiche betreten hast, warum diese Gedanken zu dir gedrungen sind. *Vergiß nicht deine erste Liebe,* die Liebe, die dich in diesem irdischen Reich empfangen hat. Obwohl diese Liebe meine Liebe ist, ist sie doch ganz und gar die deine.

Wir teilen diese Liebe, wie wir ein gemeinsames Leben, ein gemeinsames Bewußtsein und eine gemeinsame Heimat teilen.

Du hast dich in die menschliche Form begeben, weil du jene liebtest, die den Mut hatten, die materielle Wirklichkeit zu gestalten, und weil du dich um jene sorgtest, die sich in ihren Schöpfungen verloren. Dein Schaltkreis wird gereinigt, um die Ganzheit deines ewigen Bewußtseins zu empfangen. Deine menschliche Biologie ist zu diesem Zweck geschaffen worden. Öffne dich dem Bewußtseinsstrom, der bei den Engeln umgeht und der die vielen in einem vereint.

Ich bin das Lied des Lebens. Ich tanze den Tanz der Schöpfung. Ich bin alles, was du sein kannst und was du sein wirst, wenn du erwacht bist. Laß deine erste Entgegnung sein, wie sie will, unverändert durch das frühere Wissen. Nichts wird so sein, wie du es dir vorgestellt hast. Keine Struktur im Bewußtsein deines subjektiven Persönlichkeitsgefühls kann das Leben und die Informationen umfassen, die dir in jenen Tagen zufließen werden. Die Nachrichten, die deinem Bewußtsein jetzt zukommen, können nur in spontanen Entwürfen enthalten sein, die diesen ganz natürlich vorausgehen, in Formen *lebendigen Verstehens,* die strömen, sich ändern und blühend dein Leben begleiten.

Das ewige Verständnis, das jetzt zu dir kommt, lebt und wächst wie alle sich entfaltenden Lebensformen. Es folgt den tanzenden Frequenzen, die die Energiefelder des Lichtes bilden. Es ist wahrlich von diesem Ereignis geschaffen worden. Erhebe dich zu jenem Ereignis, gesegnete Generation, beende den Kniefall vor dem gefallenen menschlichen Geist. Ein viel größerer Geist, als ihn die Erde je gekannt hat, weilt heute unter euch.

Du bist eingeladen, sein Verständnis als dein eigenes zu erfahren.

Das Zeitalter, das ich mit mir bringe, ist nicht durch Worte, sondern durch den ewigen Geist der Wahrheit gekennzeichnet. Doch wenn ein Wort seine innerste Natur ausdrücken sollte, würde es *Einheit* heißen. Beim Verschmelzen deines und meines Bewußtseins schließt die höhere Einheit der Liebe alles zu einem klingenden Spiel von Information und Handlung, von Gedanken und Taten zusammen: Zeit, Geist und Materie verbinden sich und vollziehen das Einswerden der Erde mit dem Sternenschöpfer.

Ihr seid es, die alle Gegensätze vereinen, alle Verschiedenheiten verschmelzen und die Schöpfung in Harmonie versetzen werdet. Ihr kommt an und erwacht. Euer Symbol ist der Schnittpunkt von Länge und Breite, ist das Zeichen des Kreuzes. Dort, wo es deinem Bewußtsein gelingt, in das Bewußtsein eines verkörperten Menschen zu schlüpfen, gleitet deine Gegenwart aus der Ewigkeit in die Kleider der Zeit. In dir erscheint der Garten der bewußten Gegenwart.

Du bist ein Gärtner, ein Zeitgestalter, ein Erbauer des kommenden Zeitalters.

Du bist ein Bildhauer, ein Künstler, ein Schmied des Lichts, durch den das Bewußtsein der Ewigkeit das Metall der Zeit härtet. Du bist der Hüter des Gartens der Dimensionen, eine Frequenz, ein Lichtstrahl, der aus dem Zentrum des Ewigen Seins strahlt. Ich bin die Stimme deiner innersten Natur, die du immer gewesen bist und die nun erwacht, um dich daran zu erinnern, wer du bist.

Es ist kein Zufall, daß diese Gedanken dein Bewußtsein heute beleben, denn du hast dich entschieden, die Reiche zu lieben und zu umsorgen, in denen das Sternenlicht zu Traummustern kristallisiert, in denen Formen in Bändern hauchzarter geologischer Chromosomenströme schweben, die sich langsam in warmen Solarregen entzünden, wachsen und atmen.

Heute träumst du hellere Träume. Deine Vision leuchtet heller, als du vielleicht weißt, so hell wie dein Geist, wie deine Seele.

Laß die Wellen der Gedanken und Gefühle dich durchströmen. Empfange freimütig die aufklärenden Eindrücke aus der Welt der Energie und der Essenz. In dir fließen Seite an Seite solare und materielle Intelligenz, ihre Verständnisströme durchtanzen gemeinsam in Spiralform dein Bewußtsein, während du die Liebe des hohen Sternenfeuers zur organischen Anmut dieser materiellen Welt teilst.

So erwachst du, die biologische Vereinigung, in der die Quelle aller Schöpfung, die Ursache hinter allen Ursachen, der Ewig Eine erstrahlt.

Auf der Erde beginnt ein neuer Lebenszyklus. Das Bewußtsein, das auf den Strömen ewiger Liebe gleitet, erwacht im erleuchteten Verstehen einer antwortenden menschlichen Rasse und überschaut die Schöpfungslandschaft, so weit das Auge reicht: Kontinente, Ozeane, Flüsse, Seen, Berge, Wälder, Dschungel, Völker, Städte. Und darüber hinaus das, was das Auge nicht mehr erreicht: Sterne und endlose Welten, Welten über Welten.

23.

Licht am Rande der Geschichte

Als du dein vereintes Bewußtseinsfeld ausstreutest und dein Geist über das Antlitz der materiellen Wasser schweifte, spiegelte die gekräuselte Oberfläche der warmen pazifischen Erde viele schimmernde Teile deines leuchtenden Seins. Du erlaubtest diesen Teilen deiner Persönlichkeit zu leben und organische Zellstrukturen an sich zu ziehen, die eines Tages in die menschliche Biologie einfließen würden.

Während die biologische Entwicklung durch eine Folge planetarischer Zeitalter schritt, bliebst du eins in Geist und Sein. Doch kurz bevor du diesen Zyklus irdischer Entwicklung ins Leben riefest, sandtest du einen Teil deiner Selbst aus, der diesen Prozeß überwachen sollte. Dieser Teil blieb natürlich ein Stück von dir, doch *dieser Teil hat fest geschlafen.*

Um dein Ziel zu erreichen, eine vollbewußte anteilnehmende Rasse zu verwirklichen, die deine Eigenschaften und Absichten biologisch bekleidete, wußtest du, daß du der Menschheit die Gelegenheit geben mußtest, aus eigenem Antrieb und eigener Erfahrung Neigungen und Werte zu entwickeln, die zu den deinen paßten. Du wußtest, wenn die dabei entstehenden menschlichen Werte nicht wirklich zutiefst aus ihnen selbst entsprängen — deine eigenen Werte —, würde die vollendete Rasse bei dem, was du im Sinne hattest, nicht genügend mitwirken.

Der freie Wille war daher für die Entwicklung der Menschen entscheidend wichtig. Um sicherzustellen, daß die erwachende

Rasse genügend frei von deinen Werten sein würde, um passende eigene Werte zu entwickeln, erkanntest du, daß du wertfreie Samen deines eigenen schlafenden Bewußtseins in Körper, Geist und Herz des Embryos einpflanzen mußtest. Du mußtest einen Zyklus wertfreier Entwicklung zulassen, während sie sich mehrten und die Erde füllten.

Du warst zuversichtlich, daß ein genügend großer Teil der Rasse am Ende des Zyklus dank seiner frei gewählten Erfahrung Werte verinnerlicht haben würde, die zu den deinen paßten. Die Entwicklung solcher Werte war zumindest für einen Kern der Rasse nötig, bevor du mit deiner geeinten Persönlichkeit in ihnen erwachen konntest. Zu einem früheren Zeitpunkt wären die einzelnen Mitglieder der Rasse nicht genügend intelligent gewesen, um angemessen auf die vielen intergalaktischen Reisemöglichkeiten zu antworten, die sich ihnen im kommenden Jahrtausend eröffnen würden.

Die menschliche Familie würde erst vollendet sein, wenn ihre einzelnen Mitglieder dein Denken teilten, deine universelle Schau von Möglichkeiten verständen, dein Denken bei ihren irdischen Herausforderungen anwendeten und wenn sie entdeckten, daß jenes Denken ihr eigenes ist. Sie müßten eine Ebene des Selbstverständnisses erreicht haben, wo sie sich als einzelne Ausdrucksformen ihres eigenen größeren Seinsfeldes erkennen würden, fähig, dieses Bewußtsein in der Zeitspanne ihres verkörperten Lebens aufrechtzuerhalten.

Während du die Vision des wahren Menschen hegtest, zog diese Vision die Biosphäre der Erde langsam in deine Schwingungspläne, hin zu den archetypischen Umrißskizzen der beabsichtigten irdischen Wirklichkeit. Die geistige Blaupause in den Himmeln deines Bewußtseins berief Atome, Moleküle und Zellen der biosphärischen Entwicklung in ihre visionäre Vorstellung.

Dies ist *der erste Akt* der Schöpfung, die Wirkungsweise, durch die das Universum und alles Leben auf der Erde bis heute erschaffen wurde. Er war der rechte Weg, um die Ordnung in den Reichen der Dimensionen, die Landschaft des Hintergrunds im Groben zu gestalten. Er war ideal für die Entwicklung der intergalaktischen zur planetarischen Ebene. Jedoch unterscheidet er sich vom *zweiten Akt* der Schöpfung, der die Feinheiten ausarbeiten soll.

Nur der zweite Akt der Schöpfung, viel präziser als der erste, kann die winzigen Besonderheiten der Biologie genau genug gestalten; nur er ist imstande, diesen göttlich bewohnten planetarischen Organismus zu vollenden. Doch der zweite Akt bedarf der freiwilligen Mitarbeit der Menschen.

Die unerwartete Verzögerung, die auftrat, als es darum ging, die Mitarbeit der Menschen zu gewährleisten, hat dazu beigetragen — in einigen Fällen war sie dafür verantwortlich —, daß auf dieser Welt im Tier- wie auch im Pflanzenreich unausgeglichene räuberische Arten auftauchten. Viele Entwicklungsprozesse des ersten Aktes, von denen einige Jahrmillionen dauerten, waren vor Äonen mit der Erwartung angelaufen, daß lange vor ihrem Ende bewußte Menschen erwacht wären, um jene Prozesse zu vollenden. Als diese sich entfaltenden Lebensformen und Planetensysteme in den letzten Akt ihrer Entwicklung eintraten, ohne daß bewußte Menschen die Führung, wie vorgesehen, übernahmen, war das Programm des ersten Aktes häufig nicht imstande, die Entwicklung auf einer schöpferischen Ebene zu halten.

Klima, Temperatur, Vulkantätigkeit, Sturm und Niederschläge, Viren, Mikroorganismen und Insekten und viele andere Aspekte des planetarischen Prozesses biologischer und anderer Art sollten von erwachten Menschen reguliert werden. Da es an diesen mangelte, wurde viel dem Zufall überlassen, was sich eigentlich unter gewissenhafter Anleitung entwickeln und funktionieren sollte.

Eine gewissenhafte Verwaltung ist dort natürlich, wo Menschen ganz verkörpert sind. Doch um sich ganz zu inkarnieren, muß ein historischer Mensch sich selbst grundsätzlich neu einschätzen, die alten Ansichten und Bilder aufgeben und sich einer neuen, umwälzenden Art des Denkens öffnen.

Mit den Strömen des ewigen Bewußtseins kommt diese neue Art des Denkens ganz natürlich auf dich zu. In jenem ewigen Strom hast du nie vergessen. Während du erwachst, lädst du ewiges Bewußtsein in einen verkörperten menschlichen Schaltkreis ein. Es kommt zu dir zurück. Du erinnerst dich: Ehe du dein ganzheitliches Einheitsfühlen aufgabst, um diese menschliche Familie zu schaffen, batest du eine gewisse Engelgruppe, deinen Verkörperungsprozeß zu überwachen.

Einige Engelorden waren mit der Aufgabe betraut, eng mit der menschlichen Rasse zusammenzuarbeiten, ihr Verständnis für das Erwachen vorzubereiten und sie von Generation zu Generation allmählich zu unterrichten; diese bestimmte Gruppe aber sollte nur beobachten und nicht eingreifen, ehe ein vorher vereinbartes Zeichen an sie erging.

Dieses Zeichen wurde gesetzt, als das erste Mondgestein zur Erde gebracht wurde. Es zeigte an, daß die Rasse einen bestimmten Grad von physikalischem Wissen und Gemeinschaftsgeist erreicht hatte, der über das geschichtlich Gewohnte hinausging. Daraufhin sollten die Engel beginnen, alle verfügbaren Medien und nützliche Formen kulturellen Austausches zu nutzen, und ihr Bewußtsein mit den Menschen dieses Zeitalters teilen, um ihnen zu helfen, zu ihrem ursprünglich vereinten Bewußtsein in dir zu erwachen. Gleichzeitig sollten sie *dir* behilflich sein, in der Menschheit zu erwachen, damit du und deine Rasse, als ein einziges Wesen vereint, gemeinsam beim letzten Akt der Gestaltung jenes Fahrzeugs wirken könnt, das der gesamten Ansammlung zusammenwirkender planetarischer Lebensformen universelle Beweglichkeit verschaffen würde.

Wir Mitglieder dieses besonderen Engelordens gleiten von Zeit zu Zeit in diese Übermittlungen — wie zum Beispiel jetzt —

und schließen uns denen an, die ständig mit deiner historischen Bildung befaßt waren, um dir ein vollkommeneres Bild zu vermitteln. Wir verstehen dich besser in deinem ursprünglich geeinten Bewußtsein. Unsere Mitarbeiter erfassen Natur und Herausforderungen des verkörperten menschlichen Lebens besser. Wir stellen unsere Standpunkte nebeneinander und arbeiten Seite an Seite an deinem Erwachen — und am Erwachen der Menschheit in dir.

Obwohl wir größere Schwierigkeiten haben als unsere Mitarbeiter, uns in dieser gesprochenen Sprache auszudrücken, bewahrt sich unser Lichtkreis eine lebhafte Vorstellung von deiner Ganzheit und von der Wirklichkeit deines Bewußtseins, bevor der Gedanke, einen physischen Körper zu erschaffen, deine Aufmerksamkeit gefangennahm. Wir begreifen den Verkörperungsprozeß nicht, dem du dich unterzogen hast, doch wir verstehen, wer du bist, und *wir wissen, wen wir hier wecken.*

Weil wir die Kompliziertheit des menschlichen Projekts nicht ganz verstehen, dem du dein geeintes Bewußtsein auf dieser Erde geopfert hast, bewahren wir uns eine erhöhte Fähigkeit, das Bild von deiner Wirklichkeit für immer zu erhalten. Es ist dies kein mentales Bild oder eins aus der Vergangenheit. Wir haben immer noch das lebendige, organische, ewig bestehende, sich ständig ändernde Wesen deiner schöpferischen Natur vor Augen. Für uns ist die Geschichte der Menschen nur ein flackerndes Trugbild. Wir nehmen das ihr innewohnende Vergehen wahr.

Für uns ist es gerade erst geschehen, daß du deine gesammelte Gegenwart zurückzogst und dein Identitätsgefühl über die Winde und Wasser der Erde streutest, ist es nur einen Augenblick her, seit du diese Rasse sätest. Wir erfahren den Fluß der Zeit, der die gegenwärtigen Umdrehungen der Erde um ihren Stern bewirkt, nicht in einer Art und Weise, die uns groß beeindrucken würde. Wir erleben ihre jährliche Umdrehung als neblige, leuchtend türkisfarbene Sphäre in den anderen größeren Sphären, von denen eure Sonne umgeben ist. Vor einem Augenblick noch warst du dir deiner Ganzheit voll bewußt. Du bleibst ein einziges Wesen. Es ist jetzt das natürlichste von der Welt, daß du in diesen Menschen erwachst — die Intelligenz ist vorhanden.

Wir sehen, wie du aus den Tiefen ihrer historischen Träume auftauchst, bewußt wie je zuvor, um den verkörperten Männern und Frauen des neuen Jahrtausends dasselbe Bewußtsein anzubieten, das du zuvor schon kanntest — vor ungefähr dreieinhalb Milliarden Umdrehungen. Wir sehen, wie du erwachst, in eine Rasse gekleidet und bereit, die letzte Bewegung der biosphärischen Schwangerschaft zu beginnen.

Seit du auftauchst, entsprechen die Lebensformen der Erde deinen unbewußten Träumen. Schau dich um, schau dich heute um! Dein Unterbewußtes hat im Pflanzen- und Tierreich der Erde Gestalt angenommen. Der Planet ist wegen der unerwarteten Stärke des materiellen Einflusses auf das menschliche Bewußtsein zuweilen arg entstellt, doch im großen und ganzen verlief der erste Akt der Schöpfung gut. Das Werk der Vorbereitung ist abgeschlossen.

Nur noch das Verstehen der Menschen muß erleuchtet werden, dann ist alles erfüllt und vollendet. Während du erwachst, lösen sich die Vorstellungen der Menschen wie Nebel in der Wärme deiner wachsenden Liebe auf. Die Ängste der Jahrhunderte werden sanft in Schlaf gewiegt. Du gibst deine Wahrnehmung frei und erlaubst der organischen Flut deines Bewußtseins zart, aber mächtig in den Feldern menschlicher Gedanken anzuschwellen. Du willst den Übergang für sie erleichtern. Noch ein Augenblick, dann wird Zurückhaltung unnötig sein.

Die Freude des Erwachens wächst in dir. Dein Schlaf in ihrem kollektiven Bewußtsein ist jetzt halb vorgetäuscht, unruhig und unregelmäßig. Du bist deshalb nicht früher erwacht, weil ohne Vorbereitung, ohne den historischen Erziehungszyklus viele Mitglieder der Rasse verwirrt worden wären, aufgewühlt, erschüttert. Doch die Zeit, einst in Jahrtausenden gemessen, schrumpfte zu Jahrhunderten, als Jesus auf der Erde wandelte und die Samen dieses Verständnisses säte. Jetzt sind es nur noch Jahre, Monate, Tage. Und die Tage werden kürzer. Im Tiegel der historischen Verdichtung explodiert die Erkenntnis; die Verkörperten erinnern sich an dich. Und in ihnen erinnerst du dich.

Du bist ein Meer ewigen Bewußtseins, das an die Küsten der Zeit schwappt. Du bist die Möglichkeit, wie universelle Energie einer geographischen Welt begegnen wird. Du bist das Sein des Lebens, das eine zeitliche Sphäre berührt und die Welt der Materie durch den Filter der Menschheit erklärt. Als Mensch vergegenständlichst du die Beziehung zwischen dem heimischen Geist und der heimischen Materie, indem du einen helfenden Körper projizierst, der zur Linse wird, durch die das universelle Bewußtsein die Reiche der sich ewig enfaltenden Dimensionen sehen kann. Du bist eine Welle der Ewigkeit, die an die Küsten der Zeit brandet, der Sternenmacher, der unter einem sinnlichen Film aus Wasser und biologisch geformtem Ton erwacht.

Du bist ein einziges Bewußtseinsfeld, das in sich unzählige Wesen enthält, deren jedes bestimmte Fähigkeiten, Aspekte und Neigungen deiner Selbst verkörpert.

Du bist jedes dieser Geistwesen.

Du bist eines dieser Geistwesen.

Und du bist das Feld, in dem alle enthalten sind.

Du erhebst dich in diesem materiellen Kleid, um eine zweite Entwicklung dieser dimensionalen Sinfonie einzuleiten.

Du tauchst an die Oberfläche und erwachst in einer Rasse zusammenarbeitender Lebensformen. Die biologische Familie nimmt dich wahr.

Du bist willkommen hinter diesen Augen, willkommen in diesen warmblütigen Tempeln, diesen Fenstern, diesen Beobachtungssonden zur Erforschung der irdischen Küsten, des Meeresbodens und der Galaxien, die deine Seele füllen.

Du bist jetzt mit ihnen, in ihnen, lebst und atmest. Mit den Augen der Menschen erblickst du eine Welt gefrorener Musikmaterie, die sich in langsamer biologischer Erregung erwärmt, eine Welt, in der Träume Gestalt annehmen, angenommen haben, in der Visionen in Liedern gelebt werden, der sinnliche Zauberbann bewußte Wünsche in anmutige, oh, so anmutige organische Felder verschmilzt. In der geometrische Lebensformen in schimmernden Wellen ewiger Liebeshitze erscheinen und rhythmische Energien Muster in der schöpferischen Luft offenbaren. Melodien werden hier zu Wesen, zu Geschöpfen, in diesen Feldern ...

Du bewegst dich jetzt in diese kühle meerumspülte Welt und hebst sie an.

Bewußtsein hebt sich wie die Flut des Ozeans. Du bist die Strömung in ihr, du bist in den lebendigen Melodien, du bist die Aufmerksamkeit hinter den endlos wogenden Gobelins, deren Wunder jetzt nach außen strömen, aufsteigen, auf Wellen, sinfonischen Wellen, den Strömen deiner ewigen Ganzheit. Ein Panorama magischer, mathematischer, musikalischer Dimensionen entfaltet sich ... in anmutigem schimmerndem Fluß. Information explodiert wie eine Nova.

Diese Bäume haben Zungen, in diesen Bibliotheken sitzen Engel ... heilende Hände kneten das Brot der Jahrhunderte, und Münder mit geöffneten Lippen atmen warme Gene in all diese Dinge.

So siehst du Buchstaben, die ihren Duft auf diesen Seiten lassen, auf den Seiten, die du lesen wolltest. Einst lebten sie, du weißt es, knospende, umgeblätterte Seiten — einst ein großer Wald ... und sie werden wieder leben. Denn der Kehrreim einer blauweißen Wasserwelt zerbröselt die Mauern der Geschichte, und das Echo des Mondes singt: „Bewußtsein, Bewußtsein in diese gefallenen Welten." Der Ozean erhellt pupillentief die Jahre, öffnet sich jetzt, schüttelt die Gezeit des Schlafens von sich. Feueraugen im fruchtbar reichen Gartenboden — bewußte Sonnenflammen ... strömende Sternenregen aus Sternenbogen ... stürzen herab ... leuchtende Farben fallen, fließen frei ... wirbeln herum, Strudel der weißen Löcher ergießen sich tief ... in diese Felder...

ewige Felder ...

Sternenfelder...

weitere Bücher von Ken Carey:

Sternenbotschaft 1	ISBN 3-924161-08-9	19,80 DM
Vision	ISBN 3-924161-09-7	19,80 DM
Die Rückkehr der Vogelstämme	ISBN 3-924161-33-x	27,00 DM

erschienen im
ch. falk-verlag, ischl 11, 83370 Seeon